江海明珠

中共广州市海珠区委宣传部　策划
梁凤莲　著

广州出版社
GUANGZHOU PRESS

图书在版编目（CIP）数据

江海明珠 / 梁凤莲著. — 广州：广州出版社，2023.8（2023.11重印）
ISBN 978-7-5462-3630-8

Ⅰ.①江… Ⅱ.①梁… Ⅲ.①地方文化—文化史—研究—广州 Ⅳ.①K296.54

中国国家版本馆CIP数据核字（2023）第147286号

书　　名　江海明珠
Jianghai Mingzhu
出版发行　广州出版社
（地址：广州市天河区天润路87号9楼、10楼　邮政编码：510635
网址：www.gzcbs.com.cn）
责任编辑　叶桂莲
责任校对　薛轲予　窦兵兵
装帧设计　肖晓文
印刷单位　佛山市迎高彩印有限公司
（地址：佛山市顺德区陈村镇广隆工业区兴业路七路九号　邮政编码：528313）
规　　格　787毫米×1092毫米　16开
字　　数　246千
印　　张　16
版　　次　2023年8月第1版
印　　次　2023年11月第2次
书　　号　ISBN 978-7-5462-3630-8
定　　价　68.00元

《江海明珠》编委会

序言

读懂历史　品味海珠

历史文化是城市的灵魂。读懂一座城市，首先要读懂她的历史。

海珠历史悠久、人杰地灵，作为广州老四区之一，古称“江南洲”，民间亦称“河南”，新中国成立后命名为河南区，1960年行政区划调整时改称海珠区。海珠区地处广州中部、珠江南岸，犹如镶嵌在云山珠水间的一颗璀璨明珠，2200多年的历史赋予这颗明珠深厚的人文底蕴。翻开海珠的历史长卷，从东汉“遗井犹闻故老传”的杨孚井、宋代“海上丝绸之路”发源地黄埔古港，到晚清“岭南画派祖庭”十香园、“五大丛林”之冠海幢寺，再到近代孙中山大元帅府、第一次全国劳动大会旧址等，一段段发生在这片土地上的故事不断沉淀，凝铸了海珠生生不息的千年文脉。

沧海桑田，斗转星移。今天，我们站在新的历史方位，重新书写海珠、品味海珠，是学习宣传贯彻党的二十大精神、推进文化自信自强的必然要求，也是贯彻落实习近平总书记“保留城市历史文化记忆”殷殷嘱托的具体体现，更是传承弘扬中华优秀文化和岭南传统文化的生动实践。希望通过全面细致梳理海珠的历史文化，讲好讲透“海珠故事”，为广大干部群众读懂海珠、热爱海珠、奉献海珠提供一个新的历史文化读本，也为海珠历史文化保护传承贡献绵薄之力。

本书的作者梁凤莲老师是一名生于广州、长于广州、深爱广州的文化学者。她用全新的视角、细腻的笔触，从海珠在广州大文化体系中的历史地位、城市文化传播品牌和文化发展新方向三个维度，为读者呈现了全局视野、历史纵深和时空变迁下纹理清晰、缤纷多彩的海珠。相信本书的出版会为海珠乃至广州的城市文化研究添上浓墨重彩的一笔，有助于唤醒人们对“老海珠”的原乡记忆，激发人们对“新海珠”的发展思考。特别感谢第四届茅盾文学奖获得者、广东省文联原主席刘斯奋为本书题写书名，极大地激励我们对传承、弘扬历史文化的笃定。

凡是过往，皆为序章。历史的沉淀，通过文字变成一本书，不仅是对“老城市”的一种记录，更是对“新活力”未来的美好憧憬。今日的海珠正在打造广州高质量发展新高地、实现老城市新活力的征程上奋力前行，每一位文化人的坚守与付出都是新征程上的宝贵印记，值得我们永远铭记。

是为序。

孙伟

中共广州市海珠区委常委、宣传部部长

江海明珠

目录

由来：
文化三原色

海珠是“江海明珠”，是广州之美的代言。海珠的江海之美，从古迄今不断翻新。

曾经，一条大河波浪宽，风吹稻花香两岸，珠江环拥海珠，海珠是清新的田园水乡，为人们奉献了淳朴的田园之美。

曾经，海珠造就了邓世昌这样的民族英雄，为国赴难，壮节千古，生为人杰，死亦鬼雄。

曾经，海珠变成了机器轰鸣的大工厂，大量的名牌产品从这里走向全国市场。

今天，海珠是珠江皇冠上当之无愧的明珠，它将历史之美、自然之美、科技之美、生活之美融为一体。

文化意义上的珠江，是一条创新、开放、兼容、进取的河流。海珠曾经用素馨的故事讲述一座城市热爱生活的情怀；海珠曾经用十香园的故事讲述孕育艺术创新的艰辛；海珠曾经用黄埔古港和广交会的故事讲述千年商都永不关闭南大门的胆识；海珠正在用琶洲的故事讲述古老土地蝶变数字经济总部的豪情；海珠将要用海珠湿地和广州市文化馆新馆的故事讲述后航道未来的精彩。

读懂海珠，也是读懂广州、读懂岭南、读懂粤港澳大湾区的必修课。

珠江不仅是一条满载历史故事的河流，对于城市来说，它更是一条养育苍生、兴旺百业的生命之河。

一座城市的文脉不是空穴来风、飘忽不定的，文脉是由山脉、水脉、商脉、人脉、业脉缠绕而成，其坚固顽强、牢不可破。如果需要再对文化底色做进一步的解构，这条横贯城市、南流入海的珠江是造化为广州这座美丽城市画下的最原始构图。

一条大江，或许可以将两岸分为南北、东西，但是，文化却是从来一家、难分彼此。“海珠”这两个字像一顶美丽的桂冠，从珠江中“浮起”，落在了河南的头上。1960年8月，河南区改名为海珠区，取其“海上明珠”之意，从此与海珠区形意神会。

从文化品牌来看，从古至今，海珠区打造出珠江、花市、小港、海幢寺、黄埔古港、纯阳观、工业大道、海珠湿地、广州塔、琶洲试验区、广交会、琶醍等广为人知的文化名片；从时间构成来看，海珠区以远古为起点，历经南越、南汉、清末等多个时间节点。将文化品牌和时间结合起来，我们就能梳理出一条完整的海珠文脉，这条文脉不是孤立地存在于珠江南岸，而是与广州所有的文化瑰宝一起，合力形成了“千年羊城、南国明珠”的璀璨风景。

“江海明珠”是广州在两千多年来的城市变迁中赋予海珠区永远不变的文化记忆。

如果从公元前214年任嚣、赵佗始建番禺城算起，我们生活的这座城市到2023年已经是2237岁了。广州并没有显露出衰老凋敝和疲惫不堪的窘相，相反，她有着日渐华美的盛世容颜和永不枯竭的青春活力，就像那条与我们的城市朝夕相处、荣辱与共的珠江一样，波澜不兴地奔腾着，向着大海的方向欢畅而去。

“千年羊城”是一颗璀璨的“南国明珠”。今天的广州是宜居宜业宜游的国际都市，是文化辐射力强大的国家中心城市，是高科技数字经济的孵化场，寄托了全球华人华侨对于粤港澳大湾区的乡愁。那么，对于文化内涵如此丰富的广州来说，海珠区又意味着什么？

海珠区的故事讲的是珠江的故事，这片富饶又充满活力的土地，被珠江环抱着，变化了数千年。

文化意义上的珠江，是一条创新、开放、兼容、进取的河流。海珠曾经用素馨花的故事讲述一座城市热爱生活的情怀；海珠曾经用十香园的故事讲述孕育艺术创新的艰辛；海珠曾经用黄埔古港和广交会的故事讲述千年商都永不关闭南大门的胆识；海珠正在用琶洲的故事讲述古老土地蝶变数字经济总部的豪情；海珠将要用海珠湿地和广州市文化馆新馆的故事讲述后航道未来的精彩。

读懂海珠，也是读懂广州、读懂岭南、读懂粤港澳大湾区的必修课。

海珠是“江海明珠”，是广州之美的代言。海珠的江海之美，从古迄今不断翻新。曾经，一条大河波浪宽，风吹稻花香两岸，珠江环拥海珠，海珠是清新的田园水乡，为人们奉献了淳朴的田园之美。曾经，海珠造就了邓世昌这样的民族英雄，为国赴难，壮节千古，生为人杰，死亦鬼雄。曾经，海珠变成了机器轰鸣的大工厂，大量的名牌产品从这里走向全国市场。今天，海珠是珠江皇冠上当之无愧的明珠，它将历史之美、自然之美、科技之美、生活之美融为一体。

谁造就了如此灿烂辉煌的城市之美？

是历史，更是现实。在2237年间，广州这座城市如同一幅画卷，被勤劳智慧的广州人民不断皴染，赋予全新的光彩，使得广州在时间长河中的每一时刻，都同时展示着珍藏的光泽与创造的炫彩。

那么，广州的底色是什么？

城市文化的底色只能去历史的收藏中寻找。英国历史学家、哲学家柯林武德曾把历史学家描绘成那种在现实生活里毫无力量，只能在过往的灰尘寻找安慰的人。而马克思主义则认为时间是人类发展的空间，在历史中，你可以看到未来的方向。

今天的广州文化，七彩流光、万紫千红，既有国际都市的现代快捷，也有历史名城的庄重高雅，还有南国花城的温馨富足。逆时光之流而上，追溯广州最初的文化底色，或者说找寻广州文化的原真结构，我们该去哪里发现文化长河的源头？

海珠区的故事要分为前后两个“主角”来讲。前面的主角叫“河南”，在本书里，所有的“河南”都与河南省无关，它指代的是旧时的海珠区，它演绎了古代、近代的珠江之美；后面的主角才叫“海珠”。

越秀、荔湾、海珠是广州文化的三原色。在城墙被拆掉之前，特别是“一口通商”前后100年，广州在近代完成了作为历史文化名城对于“历史”的积累与建构。得天独厚的自然恩赐，加上广州人民的勤劳智慧，广州呈现的不是城乡二元对立，而是文化的三元和谐：越秀在城墙之内，自古就是广州的政治、文化中心；荔湾依附在城墙之边，是商贸和交易中心；而海珠则是江海明珠，在大江对岸。在2237年中，海珠为

茶市（辑自《重谱瑶溪二十四景书画合卷》，张弘作）

花城奉献了最淳朴、最优美、最丰饶的江河田园之美，确立了广州千年商都牢不可破的坚实地位；展示了羊城崇尚风雅、自在自适的生活情趣。

100多年前的海珠区，是“三十二村花似雪，酒旗遥引过河南”（陶元藻《登广州城楼》），是“桑陌雨晴收嫩绿，茶园霜落摘新红。地连海市鱼虾美，居绕潮田稻黍丰”（陈华《河南》），是“桃花夹岸清溪碧，一舸斜阳送客归”（黄培芳《河南蹈春词》）。

康有为的老师朱次琦是“百世名儒”，虽然长住在今天的佛山市南海区九江镇，对于广州河南，朱次琦是“至今良夜梦，梦落河南醉”。他在《食春饼招关郭二生舍弟宗琦》中写道：

昔踏河南村，麦风赚饥腹。
去饮村舍水，水边村酤热。
至今良夜梦，梦落河南醉。
春风知我心，吹得百钱坠。

作为广州市的三个老城区，越秀、荔湾、海珠都经历了千年发展，各自有着区域的文化核心，形成了各自的历史文化原点，三个历史文化原点展示着三个老城区不同的风采和风貌。

广州市的城市原点位于人民公园南广场，越秀区的文化原点与广州市的城市原点是一致的；荔湾区的文化原点在老西关，荔枝湾几百年来牵动着广府人的乡愁；那么，旧时的河南如果有文化原点，它会在哪里？回顾海珠区历史，再来找寻文化原点，我们认为应该在刘王殿，也就是今天的广州美术学院附近。

1930年12月，当时的广州市工务局局长程天固编制了《广州市工务之实施计划》，计划将河南的道路规划为放射形路网格局：“规定河南刘王殿附近为新市区中心，其南北干路为子午线。”

在1947年广州市工务局绘制的《广州市马路图》上，我们能清楚地看到：在河南，公路网以刘王殿为中心呈放射状分布，如同法国巴黎以凯旋门为中心。那时的刘王殿还只是一个用等高线标记的山岗而已：彼时的广州，连接珠江前航道南北的桥梁，除了已经建好的海珠桥外，只有三座规划中的桥梁。最西边一座的位置近似今天的人民桥，最东边一座纵贯二沙岛中部，还有一座位于海珠桥东边，规划的位置接近今天的江湾大桥。

今天的海珠区面积超过90平方千米，东临官洲水道，西靠白鹅潭，南北分别为珠江的后航道和前航道。当代海珠区文化中心点，一定不是在刘王殿。以刘王殿为文化原点，与河南地区特有的历史渊源有关。刘王殿的位置靠近海珠区西部，处于广州市传统中轴线向南延长线上，当时通往河南的桥梁只有海珠桥，过海珠桥沿着今天的江南大道向东南方向延伸，将刘王殿旧址规划为河南的核心是非常容易理解的。

河南最初也是最常怀古的地点，便是南汉的遗迹。对于河南来说，南汉是一个非常重要的历史阶段。南汉时期，广州的城市空间被城墙局限，所谓“建设”便是大修宫苑，使得广州一半花园一半城市。清初诗人屈大均在《广东新语》里讲到流花桥一带时说：“大抵铱（刘铱）时，三城之地，半为离宫苑囿。又南北东西环城有二十八寺，以象二十八宿。民之得以为栖止者无多地也。其为无道若此。”为修宫苑导致百姓丧失栖身之地，屈大均批评了南汉末代皇帝刘铱的昏庸无道，不过，他也顺便勾画了半苑半城的历史风貌。

刘王殿的地点据南宋时期王象之编撰的地理总志《舆地记胜》记载的“卢循河南故城，南汉以为仓廪，刘王殿岗即其遗址”可知。南汉人对于晋代农民起义大本营卢循故城的用途产生误解，以为是仓廪，于是称它“刘王廪”。南汉高祖刘龑先是把卢循城用作仓库，然后在仓库西侧修筑宫殿，这就是昌华别苑，俗称“刘王殿”。

刘王殿地处河南隔山村，到了清朝，尚有隐约可以分辨的殿基，与镇海楼遥遥相对，登上旧址，在当年可以将白云山一览无遗。清朝诗人黄子高著有《刘王殿怀古》一首：

隔山道口吹松风，木棉花开天火红。
残丘断垄马路出，云有先朝行乐宫。
伪刘三世侈安乐，广搜梠椽征将作。

扶荔新通消夏湾，流花别拟临春阁。
百花古渡河之南，远连珠海吞鹅潭。
规方正与玉山对，日月还同碧落参。
戏龙鞍勒桃花马，共道大家来税驾。
绣幢有女号波斯，锦石无人追陆贾。
澄枢周事仆樊专，水米田来鱼藻门。
素衣去作降王表，金塔空闻诵至尊。
康陵珠镜渺无有，昌华土木那得久。
马鬃长埋古殿基，牛王沿误行人口。
流萤野磷经几年，处处人家吹暮烟。
惆怅不胜悲往事，流香惟有素馨田。

黄子高的长诗把当年“伪刘三世”为追求安乐，在“百花古渡河之南”“戏龙鞍勒桃花马”的故事娓娓道来。旧时的刘王殿附近还有上马岗、下马岗，起伏的丘陵、蜿蜒的流水、茂密的树林，曾是刘氏君王和宫女们的演武场。那时的宫女也有“不爱红装爱武装”的飒爽英姿，后人陈昙有《咏上马岗》赞誉宫女的“反串”：“习战郊原事亦奇，戎装不类汉宫仪。红裙飞上桃花马，想见娉婷叱咤时。”

清朝覆灭之前2000多年间，广州历经多个朝代更迭。某个朝代在某个特定的时间与某个地区忽然有了某种特殊关联，历史的变幻在于它的偶然性。就如河南，南汉在这里留下了浓墨重彩的一笔，从此，故事和传奇纷至沓来。

珠江不仅是一条满载历史故事的河流，对于城市来说，它更是一条养育苍生、兴旺百业的生命之河。

一座城市的文脉不是空穴来风、飘忽不定的，文脉是由山脉、水脉、商脉、人脉、业脉缠绕而成，其坚固顽强、牢不可破。如果需要再对文化底色做进一步的解构，这条横贯城市、南流入海的珠江是造化为广州这座美丽城市画下的最原始构图。

位于大江大河入海口的国际都市，全国也就屈指可数的几个，而广州则是其中当之无愧的佼佼者之一。

大部分中国城市文明的起点是农耕而不是游牧，择水而居、安居乐业、耕读传家，是华夏文化繁衍传承的方式。江河对于中国城市来说，是乳汁、摇篮和襁褓。在公元前214年，任嚣城被打下第一块土坯之前，甚至在人类还没有到来的时候，珠江已经流淌在这片大地上，用前后航道环抱着美丽的海珠岛。海珠文化的万始之初、定海神针便是珠江，海珠文化的神韵与灵魂也是珠江。

当代著名作家刘斯奋在《广州赋》开篇便写道："广州之形胜也，云山重叠障其北，珠水浩荡襟其南，水阔则盛产鱼鳖虾蟹，山深则广栖走兽飞禽。于是百姓来集，以渔以猎；炎风播雨，宜牧宜耕。"

云山珠水，是广州"百姓来集""宜牧宜耕"的首要条件。等到城市建设起来，有了商铺、寺庙、私塾、学宫，有了万商云集、百业兴旺，珠江不仅是安居的倚靠和屏障，更是广州这座城市的底气、支柱和灵魂。

广州城的风水格局，古人用八个字来概括，"三川奔汇、五岭环起"。这也是气势雄伟的山水城市格局。

东汉建安年间，步骘被任命为交州刺史。他来到广州城，便惊叹广州"负山带海"的地形地貌，"骘到南海，见土地形势，观尉佗旧治处，负山带海，博敞渺目，高则桑土，下则沃衍，林麓鸟兽，于何不有？……骘登高远望，睹巨海之浩茫，观原薮之殷阜，乃曰：'斯诚海岛膏腴之地，宜为都邑'"。

清代诗人梁佩兰由衷热爱自己的家乡："五岭以南，广州为一都会。三江汇其前，巨海环其外。山川清淑，气象开豁。天下省会，语雄壮者，金陵而外，无所复让。"因为珠江联通大海，若论气势雄壮，普天之下能够与广州相比的，唯有金陵（今南京）。

傅维森是清代末年的进士，番禺人，曾主持肇庆的端溪书院。他在《珠江竞渡诗序》中写道："珠江东趋虎门，南接羊驿。受灵洲之灌注，合郁水而湍流。浮石过雨，蚝光淡明；古榕照水，鸟语高下。……斯亦胜地之美景，游乐之佳话也。"珠江是气势的代言、美景的胜地、游乐的天堂。

著名抗清志士陈邦彦之子陈恭尹在《登镇海楼赋》中讲述了广州

向东南西北四个方向发展的不同图景。在陈恭尹看来，广州向东则“扶胥之口、黄木之湾”，是南海神庙的风景；向北是“连冈叠嶂、直走雄州”，群山峰峦叠嶂；向西是“灵洲郁水、盛气所萃”；“其南则梯航万里，重泽百蛮。潮光似火，蜃气为阛。化鲲化鹏之地，大虎小虎之山。守中固外，遏盗防奸。固东南之障塞，而华夏之重关也”。“其南”包括了今天的海珠、番禺、南沙，地域辽阔，出海万里远洋。这里是华夏鲲鹏展翅、扶摇直上的“重关”。

一条大江，或许可以将两岸分为南北、东西，但是，文化却是从来一家、难分彼此。“海珠”这两个字像一顶美丽的桂冠，从珠江中“浮起”，落在了河南的头上。1960年8月，河南区改名为海珠区，取其“海上明珠”之意，从此与海珠区形意神会。

当今的人们无法改变过去已经定型的历史，却可以改变对于历史的认识。“海珠”这个名字在今天看来，与珠江前后航道环绕而成的江海之美无限吻合，是海珠区天时地利的完美体现。也曾有人疑惑海珠区之名是否源自珠江北岸的海珠石。其实不然，海珠石的传说很多，却与海珠区的取名无关。

明代时海珠石为羊城八景之一——“珠江晴澜”，清代范端昂的《粤中见闻》、李调元的《粤东笔记》、屈大均的《广东新语》都对“珠江三石”有详细记载。

范端昂的《粤中见闻》记曰：“广城南海中，有片石涌出水面，广袤数十丈。相传有贾胡持摩尼球至此，珠飞入水，浦曰沉珠，其石曰海珠。”书中还记述了海珠石上有慈度寺，种有古榕，清顺治年间筑有炮台等。

屈大均在《广东新语》中详细说明了海珠石的传说：“会城有三石，东曰‘海印’，西曰‘浮丘’，中曰‘海珠’，皆地之肺也。海珠在越王台南，广袤数十丈，东西二江水环之，虽巨浸稽天不能没。语云：‘南海有沉水之香，亦有浮水之石。’谓此也。相传有贾胡持摩尼珠至此，珠飞入水，夜辄有光怪，故此海名曰‘珠海’，浦曰‘沉珠’，其石则曰‘海珠’云。石上有慈度寺，古榕十余株，四边蟠结，游人往往息舟其阴。端阳、七夕作水嬉，多有龙郎蛋女，鲙鱼酤酒，零贩荔枝、蒲桃、芙蕖、素馨之属，随潮来往。遥望是寺，鱼沫吹门，蚝光次壁，朝晴暮雨，含影虚无，恍忽若鲛宫贝阙而不可即也。”

每个人能记录的都只是他身处时代的海珠石。时间过去了近300年，沧海变为桑田，近代外交家伍朝枢在《海珠公园记》中讲述了自己把海珠石辟为公园的过程：“珠江为吾国南部诸水所会归，其流经省治者，介南北两岸间，有海珠石。伪传贾胡沉珠于江，化为石，因以名焉。旧有慈度寺，早废；其李忠简公祠，为宋贤李昴英读书故址，郡人即建祠以祀。……十四年七月，国民政府成立，粤难渐平，与民更始，朝枢受忝长市政。以海珠一隅，尚驻军旅，宜踵前议，辟为公园。爰请驻军他徙，属工务局长林君逸民速事规画。经始于十四年十二月，越三月蒇事。自兹以后，都人士女，游止其地。”伍朝枢最后说的三月是民国十五年（1926）的三月。到了1931年，长堤扩筑，将海珠公园北面存留的水道完全填平，海珠石至此彻底难觅踪影。

以珠江为标题的文章，总是离不开书写海珠。珠江千百年来滋养了世世代代的广州人，珠江是广州城市文化的基础，海珠有责任来承接珠江文化，呵护珠江平安。

描述海珠区文化发展的轨迹，必然要从纵向脉络与横向构成两个方面来建构框架，以时间为纵轴，把握文化在自然、经济、社会、教育、民俗、风情、文艺等领域的成长与成熟。文化成熟的标志便是文化品牌的形成。具有生命力、影响力的文化品牌是一个城区养育文化之树的阶段性成果。它们就像里程碑一样，依次矗立在城市走过的漫长道路上，供后人辨识来时的轨迹和将要去达的方向。

从文化品牌来看，从古至今，海珠区打造出珠江、花市、小港、海幢寺、黄埔古港、纯阳观、工业大道、海珠湿地、广州塔、琶洲试验区、广交会、琶醍等广为人知的文化名片；从时间构成来看，海珠区以远古为起点，历经南越、南汉、清末等多个时间节点。将文化品牌和时间结合起来，我们就能梳理出一条完整的海珠文脉，这条文脉不是孤立地存在于珠江南岸，而是与广州所有的文化瑰宝一起，合力形成了“千年羊城、南国明珠”的璀璨风景。

广义的“文脉”，海珠区与广州市都是“五脉合一”的，这五脉包括水脉、城脉、商脉、路脉和狭义的“文脉”。

水脉是城市的命脉。珠江将海珠区拥在怀中，海珠岛是天地送给广州的一份大礼。

山城田海，是广州的空间格局。广州的“城脉”由北向南，依次按照山城田海的格局展开。假如没有海珠，没有海珠岛宽广的田地，假如广州的规模是直接从山到海，我们这座美丽的城市该是多么缺少生机、缺少色彩。

中国古代，城市的存在首先是出于政治、军事的需要。对于史学家来说，中国城市的“市”即“市场”，其商贸的职能一般要到了南宋之后才显露出来，在明朝达到一个高峰。不过，也有例外，广州是当之无愧的千年商都。在唐朝，广州的蕃坊就已经洋溢着浓浓的阿拉伯风情了。“海上丝路”发源地的“商脉”，从秦汉发源，经过黄埔古港的繁华，一直延续到今天琶洲广交会的辉煌。

道路是城市的动脉。今天的广州，大桥跨南北，天堑变通途。以海珠桥为起点，十几座桥梁联结海珠与荔湾、越秀、天河、黄埔、番禺，高速公路、地铁、城市道路编织了一张密集的路网。广州之大，路脉通达。

珠江不仅是广州的母亲河，也是岭南文化的主流。它承载着2000多年岭南精神的演变，其中不变的是“雄直”的气节。就狭义的“文脉”——文学艺术的演变来看，海珠人杨孚、李昴英、潘飞声等南粤先贤，在不同历史时期高举的都是“雄直”的大旗，用诗文反映现实。孕育于海珠区十香园的岭南画派更是以“折衷中西”为主张，将岭南文化的繁盛推向了一个新的高峰。岭南画派孕育于海珠，也正在壮大于海珠。岭南画派与广东音乐，是岭南文化飘扬在中国艺术史中的两面旗帜。

将海珠区放在广州市2237年的发展轨迹上，来标记海珠区文化的大事年表，将是一幅怎么样的图景？

东晋末年，这里曾是农民起义的大本营。

公元8世纪南汉时期，海珠用美丽的素馨传说注解了花城最浪漫的内涵。

明朝万历年间，琶洲塔、赤岗塔相继落成，成为广州的地标建筑。

18世纪中叶到19世纪中叶，黄埔古港是中国“一口通商”的贸易港。

清末民初，“二居”（居巢、居廉）和“二高一陈”（高剑父、高奇峰、陈树人）师徒从十香园发端，孕育了岭南画派的蔚为大观。

大革命前夕，海珠是革命的策源地。在国家沦为半殖民地半封建社会、民族追求复兴的关键时刻，南方是对抗封建军阀与帝制复辟的前哨，而南方政权的核心就设在河南大元帅府。

新中国刚刚成立的20世纪50年代，海珠是先进生产力的代表，是南方重工业的摇篮。工业大道将工业化的辉煌一直延续到改革开放初期，海珠区成为名牌“广货”的集中地。

时代的巨轮来到21世纪，党和国家把建设国际大都市、国家中心城市的使命摆在了广州面前。海珠区肩负重任，加快了前进的步伐：

2003年秋天，第94届广交会首次来到琶洲展馆。

2010年9月，广州塔开放。

2012年9月，海珠湿地一期正式对外开放。

2012年12月，海珠区有轨电车通车。

2018年，琶醍年访客量达到300万人次。

2020年2月，广东省推进粤港澳大湾区建设领导小组印发《广州人工智能与数字经济试验区建设总体方案》，方案提出，将在广州打造以琶洲为核心、以珠江为纽带、以产业融合发展联动周边区域的广州人工智能与数字经济试验区。

2021年，琶洲试验区的企业总数达到3.3万家。

2023年，广州市文化馆新馆在海珠区正式开馆。

如何去理解海珠区在漫长的2237年间所经历的发展？

所有的发展都必须有方向。

海珠区的发展自始至终保持着一个方向，那就是与广州同行。海珠区是广州市的一部分，它的发展不是越来越疏远广州，不是越来越成为离岛，而是越来越成为广州的组成部分，越来越成为广州的支柱和引擎。

对于一座有着2237年历史的古城来说，不可能所有的城区都在同一时间起步发展，又在同一时间达到巅峰。文化在岭南大地上的每一次播种与开花，都有着时间的差异，都离不开时代背后的力量——政策、财富、人才等的合力推动。广州的发展在21世纪初的20多年中，“东进”与“南拓”的成效显著，海珠为广州贡献了自己的高光时刻。

海珠区的发展并不是在一张白纸上绘出蓝图。这张“纸”已经有了底色，晕染着的是岭南文化、广府文化的底色。当城市拥有足够的资金、人才、项目，需要选择新的“跳板”时，海珠区作为老城区，和众多的新城区一起脱颖而出、勇挑重担。

无论广州未来要走多远，出发点和起跑线已经由祖先为我们刷好。海珠区的将会是一个既古老又现代、既本色又多彩的城区。这，就是由它的底色决定的。

变，是海珠区千百年来保持不变的姿态。

海珠区2000多年来的发展，展示的就是广州星移斗转、沧海桑田的不老传奇。这座南方都市蓬勃生机的根源就在于变：经济在变，科技在变，风俗在变，教育在变，交通在变，卫生在变，文化也在变。海珠没有一刻停止过追随时代浪潮的步伐；也没有一刻不站在风口浪尖，引领着科学、民主、先进、兼容的文化潮流，向着现代化的目标前进。

城市是文化的“容器”，一方面，海珠区承接了祖先的馈赠，另一方面，海珠区又在打造崭新的空间，去孵化新时代的文化。面对如此丰富多彩的文化，我们换个角度，从个人的生活方式出发，或许更容易理解历史与现实的关系，更容易去理解文化承载的时间分量。

对于个人来说，一个简单的问题就是：什么才是“最海珠”的生活方式？

住在河南，或是游在河南，无论是住南华西路还是琶洲村新马路，无论是走在琶醍还是海幢寺，珠江、海幢寺、广州塔、琶醍、海珠湿地、小洲村等都在你触手可及的范围内。历史与现实层层叠加，却不分主次，并列环绕着你的周围，供你体验，让你惊叹：这就是海珠！这才是海珠！

或许，我们可以这样为世界描述海珠：

请用发展的眼光观察广州，这是一座经历了2237年风风雨雨的历史古城，同时也是一座地区生产总值以年均8%以上速度，增长达到两万亿级的现代化都市，它的故事值得用情来讲、用心来听。

在世界舞台上，广州一方面努力维护城市的传统和历史面貌，另一方面，广州还在用科技实现着城市的创新与扩展。这样的和谐统一不仅体现在广州，也体现在广州的城区，例如海珠身上。新与旧、传统与现代，完美地共生、和谐地互补。海珠是闪亮了2000余年的江海明珠，仍将继续闪亮下去。

成因：河江海的对话

江河文化，是以江河流域特殊的自然环境和人文历史为特征，以生产力发展水平为基础，是江河流域人民在长期社会实践中所创造的物质财富与精神财富的总和，它包括一定的社会规范、生活方式、风俗习惯、文学艺术和价值取向等。

古代中国的文化交流，主要是黄河文化、长江文化、珠江文化之间的对话交流，这样的文化交流延续至今并将持续下去。

广州古称“楚庭”。珠江与广州一起在近代成就了岭南文化的高峰。珠江文化，与孕育了中华文明的黄河文化、长江文化相比，更为激情灵动，六脉通海，山环水绕，珠江水如空气般相伴生活的每时每刻。这种水文化特质表现在岭南人性格上则是精干务实、低调平易，与管子所言“轻而果敢”比较接近。

尽管黄河、长江、珠江没有汇流一处，但是，黄河文化、长江文化、珠江文化的对话、交融却一刻也没有停止过。珠江文化与黄河文化的对话是通过历史上的多次大规模移民南下实现的。

变化的是形式，不变的永远是目标。

对于外商来说，广交会的会址虽然有变化，不过，广州对外开放的大门一直是敞开的。通过广州这扇“窗”，外商清楚看到，中国对外贸易的大门永远是打开的。对于广州来说，广交会永远是城市最为重要的文化财富，它的选址一直都在城市中轴线上。最初选址海珠广场，广交会位于城市近代中轴线上；后搬到流花路，则靠近近代中轴线上的越秀山节点。

跨过珠江来到海珠区，是广交会规模跨越的一大步，也是影响跨越的一大步。从产业结构的角度看，广交会对于海珠区的展览、服务等第三产业的撬动力度是巨大的。从文化意义上看，对外贸易的枢纽从珠江边的黄埔村，去到越秀山下后，回到了珠江边的琶洲。百多年来，中国与世界进行的贸易对话、珠江与大海的对话，不仅从来未曾停歇，而且越来越畅通，声音越来越洪亮，航道越来越宽广。

一条河流的文化生命，取决于三个要素：一是地域的广度，它的流域所覆盖的地理空间、跨越的行政区划。二是历史的长度，它在万丈荒原之上吹响人类文明号角的时间究竟有多久？三是力量的强度，文明的差异性有多大？认同度有多强？区域内创造的物质财富与精神财富有多大的影响力？

中华文明，既多元又一体。神州之大，江河纵横，每条江河都有自己独特的文化轨迹和文化生命。

圣贤对于江河的尊崇无以复加，将它与道并列而视。老子说："上善若水。水善利万物而不争，处众人之所恶，故几于道。"

对中华文化最有影响力、堪称母亲河的河流有两条：一是黄河，二是长江。古代文献中，"河"特指黄河，"江"特指长江，普通河流用"川""水"来表示。《水经注》中涉及的河流，大部分都以水为名，例如泾水、渭水、颍水、淮水，珠江流域的北江在《水经注》中称为"溱水"。

在过往，典籍提及的江河多是中原的水系，《尔雅·释水》篇说："江河淮济为四渎，四渎者，发源注海者也。"这里的"渎"意指单独

海珠区七星岗古海岸遗址之海蚀洞

发源并注入大海的河流，不过，《尔雅》在这里也犯了一个不够严谨的错误，淮水和济水都分别只是长江、黄河的支流，并没有独自注入大海。

秦汉时期，富有学识的达官贵人对于天下湖泊做了排行榜，所谓“土有九山，山有九塞，泽有九薮”。吕不韦在《吕氏春秋·有始览》中对“九薮”的排行是吴之具区、楚之云梦、秦之阳华、晋之大陆、梁之圃田、宋之孟诸、齐之海隅、越之钜鹿、燕之大昭。到了西汉淮南王刘安著《淮南子》，基本沿用了吕不韦的排序。

古人对于“水”也就是江河有着一定的偏见，认定一方水土养一方人，而一方人的优劣根源均来自“水”。《管子·水地》说：“水者何也？万物之本原，诸生之宗室也，美恶贤不肖愚俊之所生也。”说得还算有道理，下面的话就有些偏颇：“夫齐之水道躁而复，故其民贪粗而好勇。楚之水，淖弱而清，故其民轻果而贼。越之水，浊重而自洎，故其民愚疾而垢。秦之水，泔冣而稽，淤滞而杂，故其民贪戾罔而好事。”管仲是齐国人，他首先就批评了自己故乡的水，唯一表扬的是楚国的水。

广州古称“楚庭”。珠江与广州一起在近代成就了岭南文化的高峰。珠江文化，与孕育了中华文明的黄河文化、长江文化相比，更为激情灵动，六脉通海，山环水绕，珠江水如空气般相伴生活的每时每刻。这种水文化特质表现在岭南人性格上则是精干务实、低调平易，与管子所言“轻而果敢”比较接近。

所谓江河文化，是以江河流域特殊的自然环境和人文历史为特征，以生产力发展水平为基础，是江河流域人民在长期社会实践中所创造的物质财富与精神财富的总和，它包括一定的社会思想：经济运作、生活习俗、文学艺术和价值观念等。

古代中国的文化交流，主要是黄河文化、长江文化、珠江文化之间的对话交流，这样的文化交流延续至今并将持续下去。

关于黄河文化，著名历史学家、考古学家李学勤认为，从它最为稳定或核心的方面去考察，黄河文化属于一种小生产和封建宗法制的农业文化，一种以一家一户为社会细胞形态的自然经济型文化，一种借助于行政权力支配社会以确保中国传统农业生产方式和“大一统”社会政治结构的文化。

李学勤还与浙江省社科院研究员徐吉军合作完成了《长江文化史》。徐吉军认为长江文化的开放精神，长期以来积淀在它的发展机体之中，使其勇于迎接外来文化的冲击，善于吸收和消化外来的优秀文化，以一种自由的精神和理性的态度来对待自己，不断更新，并向外大量传输自己的文化。

关于珠江文化，已经有大量的专著、论文介绍其历史渊源和气质个性。广东省人民政府参事黄伟宗认为珠江文化具有三个显著特点：第一是山河海相连，第二是江海一体，第三是海洋性强。

史学界传统的观点是中华民族文明发源于黄河流域，中华民族的始祖来自北方中原，因而，华南地区尤其是岭南地区在远古时期是没有人类活动的蛮荒之地。李学勤也感慨长江被看作中华文化的摇篮也只是近几十年的事，特别是改革开放以后，随着田野考古工作的大面积开展，大家逐渐意识到长江流域文化的重要性。

同样，20世纪下半叶越来越多的考古发现，更使考古学家逐渐形成了中华民族文明多源说的论断，进而认识到珠江流域也是我国境内最早有人类居住的地区之一，是中华文明发祥的四大区域之一。

1958年，考古学家在北江流域的曲江县马坝狮子山石灰岩洞中发现了马坝人头盖骨化石，距今约13万年，属于旧石器中期。1992年，在封开县罗沙岩发现旧石器遗址，发掘出4颗人牙化石和一批石制品，这一发现填补了广东乃至整个岭南地区从距今2万到距今10万年间史前文化的空白。1996年，在北江中游的英德县牛栏洞遗址，发掘获得一批打制石器，并出土人类遗骸，其形态特征属于旧石器时代的晚期智人。

尽管黄河、长江、珠江没有汇流一处，但是，黄河文化、长江文化、珠江文化的对话、交融却一刻也没有停止过。珠江文化与黄河文化的对话是通过历史上的多次大规模移民南下实现的。

黄河是一条被赋予了特殊意义的河流。夏商周的都城都在黄河流域，“昔三代之居，皆在河洛之间”。东周定都洛阳，此后，秦都咸阳在渭河，汉都长安（现西安）仍在渭河，东汉、西晋、隋朝定都洛阳，唐朝长安到达顶峰。北宋抗金名将岳飞立志“还我河山”，就是要收复具有母亲河象征意义的黄河。

但是，历史上多次异族入侵引发的战乱也都发生在北方，导致黄河流域大量人员变成流民，南下珠玑巷，最终落户广州。除了在西晋末年、安史之乱、靖康之耻后出现的衣冠南渡外，很多族姓迁移到河南有着特殊的原因，时间也更早于西晋的天下大乱。

河南窑头蒙氏一族的先祖乃秦始皇统一六国的大将蒙恬。秦始皇死后，胡亥为帝，蒙氏兄弟亦遭毒手，子孙四散，其中一支南下至仁化，后迁番禺河南大草芳（今海珠区草芳围）。河南在宋代已有村落，其中有记载宋代成村的便是草芳，《仁化县志·人物传》称：“蒙氏先为江西云都人，宋神宗元丰间（1078—1085）念四与弟念五、念六贯于韶，……念五入广，卜居番禺河南大草芳。”后大部分迁入窑头，渐成附近一带望族。南宋时廉州知县蒙甄改此处为蒙子园，后七世孙蒙安，当上太学生，尊蒙恬为蒙圣，改蒙子园为蒙圣里。民国初年，改此一带为蒙圣区。

沥滘的卫姓，其族姓的历史更为悠久。相传，卫氏本姓姬，乃周文王第九子康叔之后。武王时，康叔封于卫，始以国号为姓。卫国曾先后

海珠区沥滘村卫氏大宗祠仪门“百世周宗”牌坊

建都于朝歌、楚丘、帝丘，范围大致为现今河南省东部地区。据卫氏族谱记载，沥滘卫氏是在宋初入岭南。南宋建炎年间（1127—1130）其一支南下定居于沥滘，故卫姓有“五百年祖德，十三代书香”的辉煌。

中国最早的农耕文明，例如铁器、牛耕、水利等技术都来自黄河流域。这些先进的农业技术跟随大批南逃的流民落户珠江流域。珠江文化与长江文化的交流则更为全面，商品贸易的纽带持久且稳固。岭南的稻作文明来自长江流域，考古资料表明，中国稻作农耕最早出现在长江流域。另外，中国是世界上最早发明养蚕缫丝的国家，而长江流域是世界上养蚕缫丝的重要的发源地。在漫长的海上丝绸之路岁月中，来自江南的丝绸通过广州销往世界各地；通过黄埔古港销往西方的茶叶，绝大部分来自中国的浙、皖、苏等。

清代黄埔村地图，辑自《粤海关志》

清康熙二十四年（1685），清政府在设立粤、闽、江、浙四大海关时，就明确规定：“凡载洋货入口之外国商船，不得沿江湾泊，必须下锚黄埔。”这里的黄埔不是今天的黄埔区长洲岛，而是海珠区的黄埔村。当时，村中设有黄埔税馆、夷务所、买办馆，黄埔港为外国商船碇泊装卸所在。到了乾隆二十四年（1759），清政府关闭闽、江、浙三关，只留下粤海关“一口通商”，黄埔的货物交易量几乎占据了绝大部分。根据《中国国际贸易史》记载，以1817年为例，当年广东外贸进口总值2348万元，其中在黄埔起水的有1971万元，超过了80%。

贸易改变世界，贸易如同海潮，也是潮涨潮落、不断变化的。自康熙二十四年（1685）解除海禁将国门打开一丝缝隙，允许洋船来华贸易始，至乾隆二十一年（1756）的72年间，来广州互市的洋船实际并不多，欧洲的消费能力和远洋运输能力尚未到位。从乾隆二十二年（1757）至道光十八年（1838）的82年才是兴盛时期，其间实行的所谓“一口通商”，只是对欧美的洋商而言。据统计，来船共达5700多艘，英国东印度公司的商船最多。美国自“中国皇后号”于1784年首航广州成功之后，至1833年共来船1104艘，相当于英国数量的一半而居第二位。再次就是荷兰的东印度公司，从1729年至1785年共来船230艘，然后便是瑞典与俄罗斯等国家的商船。

十三行并不在黄埔村，黄埔锚地是广州海运的物流港。十三行商人们来黄埔村是为了现场看货验货，据说交易的场面也非常“粗放”。根据梁嘉彬《广东十三行考》的记载，当时的外贸生意甚至不看货单就定价。“外船舶埔时，伍怡和各商第至海岸稍一瞭望，即遥指此船我出货价若干，彼船我出货价若干，便可交易，亦不细览货单。”

美国人亨特在《广州“番鬼”录》中记录了他在1825年来到广州的经历：“清朝的第三代皇帝雍正，于1745年下令全部对外贸易只限于广州口岸——通称为黄埔港。……碇泊所的北面是重要的黄埔岛，这条河也叫作黄埔，碇泊所也同样使用这个名称，这个名称的意思是‘黄色的碇泊所’。黄埔岛是一个住有好几千人的市镇，他们差不多都直接或间接地与外国船运有关，充当买办、装卸工、铁匠等。”当时的黄埔岛即今天的海珠区琶洲岛，从1843年6月出版的*THE SATURDAY MAGAZINE*（《星期六杂志》）上的插图《黄埔岛与广州河》就可以看出，当时的琶洲塔还在水的中央。

河南黄埔港是黄埔区扶胥港的继任者。明代以后，扶胥港的水位已经不利于航行。清代番禺举人崔弼在《波罗外纪》中详细记述了原因：“淤既久，咸卤既至，沧海为田。潮当涨，就岸犹；水稍退，即平沙十里，桅舟难行，进退两难。”扶胥从而失去了与深蓝大海对话的机会。

《黄埔帆影》画中欧洲商船在黄埔港停泊准备装货（煜呱绘于1850年）

英国人安德逊是马戛尔尼使团访华时所乘英国战舰“狮子号”的大副。他在1792年到1794年间来过中国，回去后出版了《英使访华录》一书。他是这样描述黄埔村的：“虽然这是在中国唯一允许外国人进行贸易的城市……。这地区甚为广阔但不见得宏伟华丽；街道大都很狭窄而人群拥挤。房屋是木房，只有一层。街上都有商店，店内布置得像英国形式，由此可见，居民有所偏爱。依照英国书法用英国字母写上他们名字的招牌并不少见。……黄埔是各种船只停泊之所，但沿江上溯则一概被禁止。这是一个甚为美丽、人口众多的村庄，离广州约十八哩[①]。房屋是铅色砖砌，优美的树木间衬在屋宇之间。毗连的田野是一片平地，但在珠江对岸的地面不如广州的宽阔，而有些高低不平与参差不整的形象。”

如此简陋的交易场地对应的是封建封闭的外贸体系，与今天广交会的规模、档次有着云壤之别。广交会是广州千年商都传奇的延续，是中国拓宽海上丝绸之路的成果。广州最为自豪的是，作为祖国开放的“南风窗”，即便是“文化大革命”（简称“文革”）时期，也没有关闭对

① 哩：英里。

外交往、商品贸易的“南大门”，在周恩来总理等国家领导人的关心下，广交会依然照常举办。

千年商都最熟悉的语言就是生意，生意就是互通有无，广交会也是如此。筹办广交会的初衷就是加大贸易力度换取外汇，为国家建设购买大量急需物资，最原始的出发点还是做生意。

新中国的第一个五年计划是从1952年到1957年，工业化建设大量需要的橡胶、化肥、钢铁、机械甚至沥青，很多物资都要从国外进口，而进口所需外汇却非常少。在广交会之前，1954年和1955年，广东省在十三行旧地广州文化公园举办了两届华南物资交流大会，港澳商人采购药材、陶瓷、土特产，交易量达到几百万美元。

看到商机，广东省外贸局向中央请示，在广州举办全国性出口商品展览交流会。于是，1956年11月，中国出口商品展览会在广州开幕，会期2个月，接待客商5000多人，成交额5000多万美元。

一次大胆创新开启了长达半个多世纪的外贸机制。1957年4月15日，第一届中国出口商品交易会正式在广州中苏友好大厦举行，采购商1223人，成交额1754万美元。贸易，作为广州2200多年来一直在坚持磨砺的特长，能力未曾衰减过。

广交会历经60多年风云变幻，中间必然有很多变化。首先是名称，从第101届广交会开始，中国出口商品交易会改为中国进出口商品交易会；其次是展商，在1999年的第85届广交会上，民营企业第一次有资格参展，国有进出口专业公司不再垄断市场。

2003年秋天，第94届广交会首次来到海珠区的琶洲，与流花展馆“两馆两期”，此时的参展企业已经达到10195家。到了2008年秋天，第104届广交会完全搬入琶洲展馆，实行“一届三期”，共设展位55620个。

变化的是形式，不变的永远是目标。

对于外商来说，广交会的会址虽然有变化，不过，广州对外开放的大门一直是敞开的。通过广州这扇“窗”，外商清楚看到，中国对外贸易的大门永远是打开的。对于广州来说，广交会永远是城市最为重要的文化财富，它的选址一直都在城市轴线上。最初选址海珠广场，广交会位于城市近代中轴线上；后搬到流花路，则靠近近代中轴线上的越秀山节点。

跨过珠江来到海珠区，是广交会规模跨越的一大步，也是影响跨越的一大步。从产业结构的角度看，广交会对于海珠区的展览、服务等第三产业的撬动力度是巨大的。从文化意义上看，对外贸易的枢纽从珠江边的黄埔村，去到越秀山下后，又回到了珠江边的琶洲。百多年来，中国与世界进行的贸易对话、珠江与大海的对话，不仅从来未曾停歇，而且越来越畅通，声音越来越洪亮，航道越来越宽广。

历史横截面：
潜龙过海

南汉是建都于广州的第二个封建割据政权。彼时的北方，天下分裂，五代更迭，也就给了南方更大的政治空间。广州在南汉时改称兴王府，南汉倾国力经营兴王府，使广州城市建设达到了前所未有的规模。河南，也就与南汉有了千丝万缕的联系。潜龙过海，就发生在南汉不足百年的一挥间。

海珠区却不同，或许是面山临海，旧时河南的气象总是透露出玄妙。

历史有时也会留下一些“盲点”供后人猜测。封建社会历朝历代的皇帝都没有选择广州作为都城。广州的低调，也表现为并不怎么彰显“龙气”。南越开国之后，一直在北方西汉强大、统一中央集权的阴影下。以南越割据一方的实力，怎么敢自称天子？因此，与封建大帝国密切关联的龙，在广州出现的地方并不多。

潜龙过海，就发生在南汉不足百年的一挥间。

朝代已经覆亡，宫殿也已颓败，不过，它们将在历史中永存，“千古兴亡多少事？悠悠，不尽长江滚滚流”。不仅是长江滚滚流，珠江亦如此，它见证了荣华转眼化为烟云。那些过往的故事不会折戟沉沙，它们时刻警醒着我们以史为鉴，让今天的广州、明天的羊城永不再重蹈历史的旧辙。

每一个广州城区都有些独特的历史往事，是其他城区没有的。时间恰当，空间合适，或许一些幸运就降临在某个城区，使它被打上历史的烙印，获得永不褪去的色彩。

羊城的街道名称，以越秀、荔湾两个老城区而论，较少带有“龙”字。《广州城坊志》中记有龙藏街和登龙街，龙藏街来源于龙藏寺，也就是今天的大佛寺。《羊城古钞》记载“大佛寺，在南门右，旧龙藏寺遗址，后改为巡按公署”。所以，龙藏街也叫寺前街。登龙街在西关，也就是今天的荔湾区。

海珠区却不同，或许是面山临海，旧时河南的气象总是透露出玄妙。一代宗师湛若水卒于明代嘉靖三十九年（1560），那一年他已经95岁高龄。他去世的那一晚，有彗星陨落于“广州之河南，其光亘地，声如雷云”，清代两广总督阮元在《广东通志》中记录了此事。

除了彗星陨落，海珠区还有许多龙的传说。1995年，海珠区梁为铁先生著文指出，海珠区有将近一成的地名都带有“龙”字。根据罗国雄先生的统计，海珠区的“龙”主要分布在三个地方：一是龙溪乡即今天南华西，十三行商人潘振承（又名启）将故乡福建省泉州市同安县龙溪乡的名字复刻到了河南，衍生出众多的“龙”字街道；二是龙导尾乡和龙田乡，此处的龙与南汉刘龑有关，龙导尾乡和龙田乡原属于二龙街道，1998年7月，二龙和凤凰两街道合并成为龙凤街道；三是新滘镇龙潭乡，追根溯源与东晋农民起义领袖卢循有关，追随者疍家也称龙户。

历史有时也会留下一些“盲点”供后人猜测。封建社会历朝历代的皇帝都没有选择广州作为都城。广州的低调，也表现为并不怎么彰显“龙气”。南越开国之后，一直在北方西汉强大、统一中央集权的阴影下。以南越割据一方的实力，怎么敢自称天子？因此，与封建大帝国密切关联的“龙”，在广州出现的地方并不多。

南汉是建都于广州的第二个封建割据政权。此时的北方，天下分裂，五代更迭，皇帝像走马灯一样换了又换，根本无暇去消灭南方的十国。因而，也就给了南方更大的政治空间。广州在南汉时改称兴王府，南汉国独霸岭南，实力强大。其疆域包括今广东、海南、广西全部以及湖南、贵州、云南三省的一部分，共辖3府64州（都、监）218县，是五

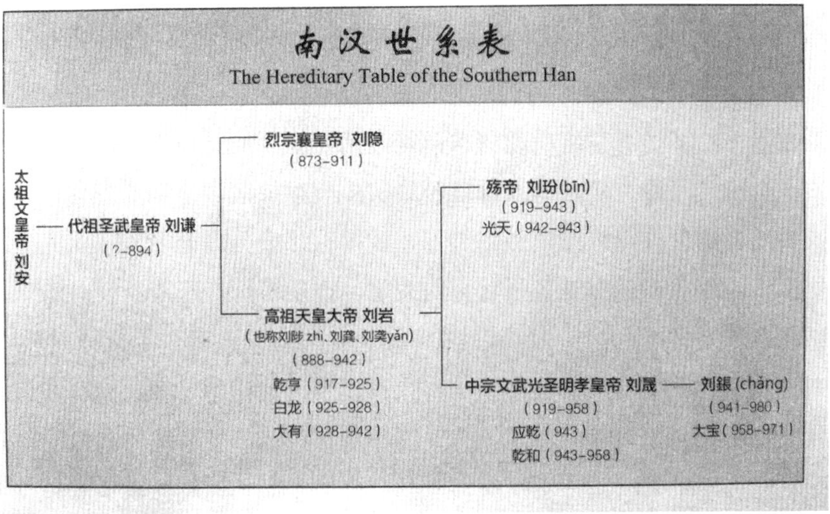

南汉世系表

代时期十国中版图最大的诸侯政权。南汉国倾力经营兴王府，使广州城市建设达到了前所未有的规模。河南，也就与南汉有了千丝万缕的联系。

天下承平，自然少不了工于拍马的文人出来造谣生事，《陈书·高祖纪》记载："陈永定三年正月甲午，广州刺史欧阳頠表称：白龙见于州见南岸，长数十丈，大可八九围。历州城西道，入天井岗。"

不仅有现象，还有数据，言之凿凿仿若亲眼所见。关于河南有白龙出现的神话，并非始于南汉，这位广州刺史把龙的神话编得像模像样，然后设定在珠江南岸，就更加令人觉得亦真亦假、难辨是非。

到了南汉，河南是伪刘王朝南郊祭祀之地。河南郊坛，在河南隔山乡乌龙岗，其处旧传有南汉梳妆楼，刘王殿在其南。今天，乌龙岗边仍有南汉龙导尾（又名"龙道尾"）的遗脉，即今宝龙直街（宝岗路西）。清同治《番禺县志》称："祈雨坛在河南龙尾乡，又呼龙道尾。"司马光在《资治通鉴》中记载了南汉在河南祭祀的情况："后梁贞明四年（即南汉高祖乾亨二年）十一月壬申，越主岩祀南郊，大赦。""后晋天福八年（即南汉中宗应乾元年）十一月丁亥，汉主祀南郊，大赦，改元乾和。"

刘氏在河南建南郊祭坛时，依照的是唐朝京都含元殿的式样，殿前通道有七曲梯级，形似一条下垂的龙尾，后人就称此地为“龙导尾”，今天仍留有“郊坛顶”这一街道名。

除了刘龑，海珠区的“龙气”还来自一位状元，传说的核心地带还是龙导尾。据说，南宋状元张镇孙是河南龙导尾的开乡人。这一传说从古至今流传了数百年，后人深信不疑。广州解放前，宁隐街上有一座医灵古庙，庙内供奉有张镇孙的神像，像前有“龙导尾开乡宋张状元之神位”，古庙所在地据说是张状元的故宅。离庙不远，还有状元井一口，旧有石碑上书“通乡宋张状元之井”。

传说还有很多，黄花树巷曾有张状元手植黄花树一株，而黄花树是状元府后花园的旧物。可惜，传说终归是传说。南朝梁沈约《宋书》载张镇孙为南海人，清雍正年间郝玉麟监修的《广东通志》也说张镇孙为

海珠区至今保留有一些带有“龙”字的地名和“郊坛顶”

南海人，那就根本与隶属番禺的河南无缘。好在到了乾隆年间的阮元这里，错误得以纠正，其主持修纂的《广东通志》根据族谱纠正张状元为番禺人。

潜龙过海，就发生在南汉不足百年的一挥间。

唐代的广州城，其实规模并不大，海上丝绸之路的贸易货物量还无法与北方陆上丝绸之路媲美，南方的城市远远不能与长安相提并论。《唐大和上东征传》记载广州“州城三重”：一重城是以今天北京路为中心的主城，二重城是甘溪旧道（今仓边路）以东的南越城东残垒，三重城就是“蕃城”，也是外城，在今天光塔路怀圣寺一带，为过往客商居所。

虽然被历代有识之士诟病，但是南汉除了花钱造园，也大兴土木做城市建设。晚唐天祐四年（907），清海军节度使刘隐下令凿平番、禺两山，拓展了城墙内部的商业空间。此时还没有轮到刘龑登场，十年后，刘隐的弟弟刘龑改广州为兴王府，建立南汉。南汉投入了大量人财物做基础建设，城墙之中分为宫城、郭城。宫城是皇帝居家和办公的地方，位置大约在今天的南越国宫署遗址附近；郭城在今天的西湖路以南、文明路和大南路以北区域，是繁华热闹的商圈，商铺布列左街和右街，人流摩肩接踵、熙熙攘攘，并没有因为朝代更替而停止交易，广州也没有因朝代的更迭而停止建设的步伐。南汉覆灭之后，宋王朝恢复了广州的名称，继续大规模建设三城和雁翅城。

南汉时期，广州城到了今天大南路就到了尽头，再往南便是宽阔的珠江了。当时的西城外今荔枝湾已经有昌华苑这样的皇家园林，而刘氏君王却把目光投向了大江对岸的河南。遥想刘龑当年站在临江的城墙上，把规划的目光投向河南，把享乐的天堂放在了大江彼岸，不能不说是富有想象力和决断力的。

从敢于为自己营造宫殿和花园这点来看，南汉对经济实力的自信程度是很高的。广州从公元前214年建城开始算起，前后也只是南越、南汉两个不足百年小朝廷的都城。明末的南明王朝生于国破君亡的危难之时，覆巢之下岂有完卵。南明在清军的喊杀声中，与广州的短暂交际，仅仅停留一声叹息那么短暂的时光，几乎可以忽略不计。

如果说南越大量的遗迹、遗址在今天的越秀区，那么南汉则与今天的海珠区有着千丝万缕的联系。提到南汉，人们总是不可避免地想到刘𬬮，想到一个暴虐、荒淫、无耻和贪婪的帝王，想到钟允章等忠臣被杀，想到龚澄枢等朋妖乱政。

历史到了今天，所有是是非非都平摊在后人面前，任由评说。在宋代文豪欧阳修看来，五代是一个“君君臣臣父父子子之道乖，而宗庙朝廷人鬼皆失其序”的乱世，充斥着“礼乐崩坏，三纲五常之道绝，而先王之制度文章，扫地而尽于是矣”的荒唐。

无论是南越还是南汉，其兴亡的命运都是一样的，趁乱而起，最终被一个强大的统一政权所消灭。南越发端于秦末天下大乱，南汉也是如此。清海军、建武节度使刘龑于后梁贞明三年（917）在番禺称帝，刘𬬮在北宋开宝四年（971）亡国，前后54年三世四个皇帝，在偏安一隅的轻松时日中，南汉开始了造园运动。

然而，园林盛景却总是与血腥暴戾组合在一起。

《新五代史》是北宋文豪欧阳修个人编撰的纪传体史书，是唐以后唯一的一部私修正史。在《新五代史》中，有《南汉世家》一章，阅读《南汉世家》并不是一件愉快的事情，满篇字里行间皆是“诛杀”。在讲刘晟夜醉杀了伶人尚玉楼，第二天酒醒又召尚玉楼侍饮这样的故事之前，我们可以看到这样一行字：“故时刘氏有南宫、大明、昌华、甘泉、玩华、秀华、玉清、太微诸宫，凡数百，不可悉纪。”

纵然是如此荒唐和残暴的一个王朝，欧阳修在尽情宣泄他对于刘氏王朝愤怒之余，还是忍不住赞美了岭南的园林。欧阳修一生被贬三次，却无缘像苏东坡一样远至岭南。如果欧阳修有幸和岭南相遇，相信他一定会到刘氏的旧时故园，特别是他自己提及的昌华苑看一看。

昌华苑在广州共有三处旧迹，清两广总督阮元曾到访。一处在城西泮塘荔枝湾；一处在番禺北亭，是昌华南苑；还有一处就在河南的隔山，称“昌华别苑”，也叫“刘王殿”。

南汉偏安一隅，虽然昏君残暴，但是政局相对平稳。《南汉书·诸臣传》称：“光裔相高祖二十余年，府库充实。辑睦四邻，边烽无警。”光裔是南汉名臣赵光裔，20余年府库充实，可见南汉初期的繁盛，人口增长即可证明。据《文献通考》记载，唐开元之盛，广州有64250户，至元和增为74099户，到南汉末突增到170263户。人口增长和北方大量移民入粤有关，更为重要的原因是百业兴旺、经济繁荣。南汉建国初，“建玉堂珠殿，饰以金碧翠羽，悉聚珍宝实之”（《南汉书·高祖纪》）。自建南宫以后，殿宇兴建多达数十处，为历代少见，华南师范大学教授曾昭璇在《广州历史地理》一书中统计的就有：南宫在九曜坊，即今天西湖路广州市教育局附近。北临药洲，内有三清殿，曾见白虹，欧阳修《新五代史》称“白龙”。

昭阳殿在今天北京路北端财厅旧址前，即南汉内宫中，据《五国故事》称：“以金为仰阳，以银为地面，檐、楹、榱、桷皆饰以银，殿下设水渠，浸以珍珠，又琢以水晶、琥珀为日月，列于东西两楼之上，亲书其榜。”

秀华宫据《五国故事》称：“（大有）十五年作秀华诸宫，皆极瑰丽。”秀华宫也见于欧阳修的《新五代史》。

南薰殿据《南汉书》称：“晚年，出新意，作南薰殿，柱皆通透，刻镂础石，各置炉燃香。”

昌华宫在官洲岛北亭，古称“海曲”，因四面环水，今仍名昌华市，有“昌华八景”之美。南汉陵区的康陵，《资治通鉴》称：“乾和二年（944）汉主命中书令、都元帅越王弘昌谒烈宗陵于海曲，至昌华宫，使盗杀之。”

长春宫，在西湖药洲，《资治通鉴》称：“光天二年（943）与诸王宴于长春宫。”

甘泉宫，建于甘泉苑内，在今天的下塘路附近。《南汉春秋》卷十称：“在越秀山后，郡城东北五里。”《五国故事》称：“汉主避暑于甘泉宫。”

聪正宫，在今天南海神庙，《南汉纪》称：“大宝九年（966）尊南海神位昭明帝庙，为聪正宫。”

禹余宫，在今莲花山附近。据宋人《九国志》称：“坛建禹余宫于城东南六十里，山水奇绝，坛避暑多往焉”。

朝代已经覆亡，宫殿也已颓败，不过，它们将在历史中永存，“千古兴亡多少事？悠悠，不尽长江滚滚流”，不仅是长江滚滚流，珠江亦如此，它见证了荣华转眼化为烟云。那些过往的故事不会折戟沉沙，它们时刻警醒着我们以史为鉴，让今天的广州、明天的羊城永不再重蹈历史的旧辙。

传奇：雪落河南

每一位名人对于海珠区来说，既像是一位守护者，也像是一座里程碑。他们护送着海珠走到一个新的天地，同时也标记着海珠已经达成的新境界。

论及岭南的思想学术，文脉的里程碑就更加明显。2237年来，广州人文学术的发展，其实就是大师排成的行列。对于海珠区来说，在过往的历史中，汉朝的杨孚是第一座里程碑的奠基者，他为海珠区确定了“河南”这个名字。

文化中的精神来自人。岭南多英杰，才有正气歌，杨孚是典型的榜样。他并非南宋张镇孙那种在外族入侵时慷慨殉国的状元；与明朝方献夫、梁储等官至阁老的南海人相比，他算不上位高权重。杨孚能为后世所铭记、流芳千古，其中的奥秘便是他有着独特标榜精神的力量，坚持自己的信念，不会因为富贵权势而改变。

明朝是岭南儒学的一座高峰，众多大师云集此时，如湛若水、黄佐、何维柏、方献夫、霍韬等人。仅仅有大师，并不能惠及大众，大师与大众之间，需要一座桥梁，才能将大师的知识、思想传播给大众，达到百年树人之效。在当时，书院就是桥梁。

海珠能成为今天的海珠，并非一蹴而就、一日之功。这其中，有古往今来众多名人反复的印证和歌咏。他们的到达、他们的传播像木版年画的印刷一样，从一个局部、一个细节切入，反复皴染、精心描绘，才有今天海珠宏大画卷的斑斓七彩、恣意挥洒。

康乐村与谢灵运之间的联系，不像苏轼之于六榕寺、六祖之于光孝寺那么刻石留痕。传奇飘渺在时间的河流中，苍白得已经若隐若现。风流总被雨打风吹去，今天海珠的寻常巷陌，人道康乐曾住。山岗河涌因为名人的到来而变得深沉和隽永，后人不问前事，传承这份隽永，便是最好的回报。

岭南自古以来的精神气质便是耿直雄壮，在大是大非面前，无惧权势，不畏生死。岭南精神大旗被无数先贤榜样擎举，衍传千年。

这样的精神旗帜插遍岭南大地，同样也树立在海珠区的土地上。每一位名人对于海珠区来说，既像是一位守护者，也像是一座里程碑。他们护送着海珠走到一个新的天地，同时也标记着已经达成的新境界。

论及岭南的思想学术，文脉的里程碑就更加明显。2237年来，广州人文学术的发展，其实就是大师排成的行列。对于海珠区来说，在过往的历史中，汉朝的杨孚是第一座里程碑的奠基者，他为海珠区确定了“河南”这个名字。

封建时代，南北文化交流的一种方式是官员、学者的南来北往，当时的科举制度使得大部分文化人都有官员身份，哪怕是被贬南方就任的偏僻地方官。通过文化主体实现文化交流的主要渠道还是外地人来广州做官。例如清朝的阮元，他是江苏仪征人，在粤任两广总督期间，他重修《广东通志》，梁启超赞“其价值久为学界所公认”；创办学海堂，梁启超称“广东近百年的学风，由他一手开出”。还有一种是岭南人在外地做官后回到广州，将北方的文化带回，杨孚就是典型的例子。

历朝历代吟咏海珠区的诗歌很多，不过，如果想选一首以“海珠”为题的，恐怕会非常困难，大部分诗歌都是歌唱“河南”，就像清代诗人张维屏的这首《河南》：

羊城对岸河南地，是我童年所钓游。
杨子宅边闻劫掠，梵王宫里起戈矛。
千家密密排珠海，一水盈盈护广州。
二百年来称乐土，却因离乱话从头。

收录在《松心草堂集》中的这首七律，对仗用典都非常工整，以当代文化标尺来衡量，是解读城市乡愁的上佳之作。首联充满回忆；颔联讲历史；颈联负责抒情，描述的是海珠区与广州市那种局部与整体的关系；尾联回到当年的现实中，议论充满了忧患的感慨。

说到河南，必然要提及杨孚，因为杨孚，才有了河南这一称谓。据清初屈大均《广东新语》中所记：“广州南岸有大洲，周回五六十里，江水四环，名河南。人以为珠江之南，故曰河南，非也。汉章帝时，南海有杨孚者，举贤良，对策上第，拜议郎。其家在珠江南，尝移洛阳松柏种宅前，隆冬蜚雪盈树，人皆异之，因目其所居曰河南，河南之得名，自孚始。岭南天暖无雪，而孚之松柏独有雪，气之所召，无间远迩。雪其为松柏来耶，为孚来耶？”

屈大均否定了“河南”得名是由于位于广州珠江南岸的说法，认为“河南”得名来源于距今1900多年东汉时期的杨孚。汉章帝时，杨孚从当时的东汉京都洛阳辞官回到下渡村，带回几株洛阳松树，植于住宅前。有一年冬天，松树竟铺满白雪，十分壮观。屈大均感慨，雪是为了松柏而来，还是为了杨孚而来？他还写了一首诗来感叹杨孚将“北雪”移为“南雪”：“能将北雪为南雪，为有苍苍自洛来。松柏至今虽已尽，花田尝见雪花开。花田者，河南有三十二村，旧多素馨，花时弥望如雪，故云。”

近代学者刘成禺在《世载堂杂忆：岭南学派述略》中回顾了岭南学术发展的历史。他从汉初开始，一路细数下来：“岭南濒处海隅，与中原隔绝，惟学术开化，则与中原交通最早。汉初封川陈元长孙，习《左氏春秋》，诣阙上疏，请立左氏传博士。当时元与桓谭、杜林、郑兴，皆为学者所宗仰。后递唐宋，刘轲希仁，慕孟为人，故名曰轲，著《翼孟》三卷，度岭求学，走京师，一时与韩柳齐名。冯元道宗，文章经济，称王佐才，比之贾谊、董仲舒。此皆岭南学者，与中原士大夫互相颉颃，为之先导。而以功名显者，如张九龄之流不与焉。虽然，顾是时岭学之名，犹未著也。濂洛之学入粤，学者始有宗派，于是岭学之名乃著。东莞翟杰，私淑龟山，其学上溯濂洛之源，下开陈白沙一派。其后高要黄执矩，从胡寅、张栻游；南海简克己，亦师事南轩；潮阳郑文振、郭子从，师晦庵；……呜呼，岭南学者，爱国之所树立如此，非仅守高头讲章之腐儒之所能也。”刘成禺的结论是岭南学者并非迂腐的穷酸书生，而是高举爱国大旗的正义君子。

这里并未提及杨孚，但提到了东汉的陈元。陈元的父亲陈钦也是经学大师，屈大均称之为“粤人文之大宗”。杨孚的成就并不亚于陈家父子，不过是领域不同而已。杨孚是广州河南下渡村人，在东汉章帝时期任朝廷议郎，他不顾生死、大胆直言。

真正成全杨孚的还是河南。河南、杨孚、南雪是三个互相成全的意象，总是结伴出现在关于海珠区的粤诗中。清代陈昙有诗云：“议郎宅前栽松柏，带得嵩阳雪意醋；今日万松山下过，不知南雪是河南。”

既然有河南，必然有河北，清人陈仲鸿在《粤台征雅录》中说：“珠江南岸，地名河南。河南居人，即呼五羊为河北。”海珠在广州的文化长河中崭露头角，离不开几个重要的意象，第一个便是“南雪”，它表达了岭南与中原密不可分的情感关联。

把“雪”从中原带来岭南，这是杨孚留给广州的历史记忆和文化遗产。后人在探寻杨孚故居的同时，也在南方四季不衰的艳阳中找寻雪的旧影，例如唐代许浑诗云：“河畔雪飞扬子宅，海边花盛越王台。”清代不少广州学者的斋舍都以“南雪”命名，如潘有为的“南雪巢”、张维屏的“南雪楼”、伍元蕙的“南雪斋”、张锦芳之“南雪轩”，叶衍兰则更以“南雪”为字。

对于海珠区来说，杨孚的价值类似唐朝张九龄之于粤东诗坛，是开一代先河的宗师。他是一个漫长道路的起点，因为先辈迈开第一步，从此追随者纷至沓来。后人歌颂杨孚的诗歌非常多，基本上都是围绕他的生平作文章，最重要的便是“河南”与“南雪”的传奇。

南雪是众多诗人歌咏河南时的关键词，像伍观澜写自家万松园的句子“手种苍松一万株，不多南雪记杨孚”。黄璞《杨孚宅》赞美杨孚“衣冠始盛南天气，文运初开岭表师”；罗日章《汉议郎杨孝元宅》赞美杨孚“东都旧草批鳞疏，南裔新标志异篇”，表扬他敢于陈言得失和写作《南裔异物志》的功绩。

河南本地人黄子高的《杨议郎宅》在把握人物和诗词艺术内涵方面都比较准确：

珠江南望树重重，访古闲支七尺筇。
地暖久无河畔雪，年深空忆洛阳松。

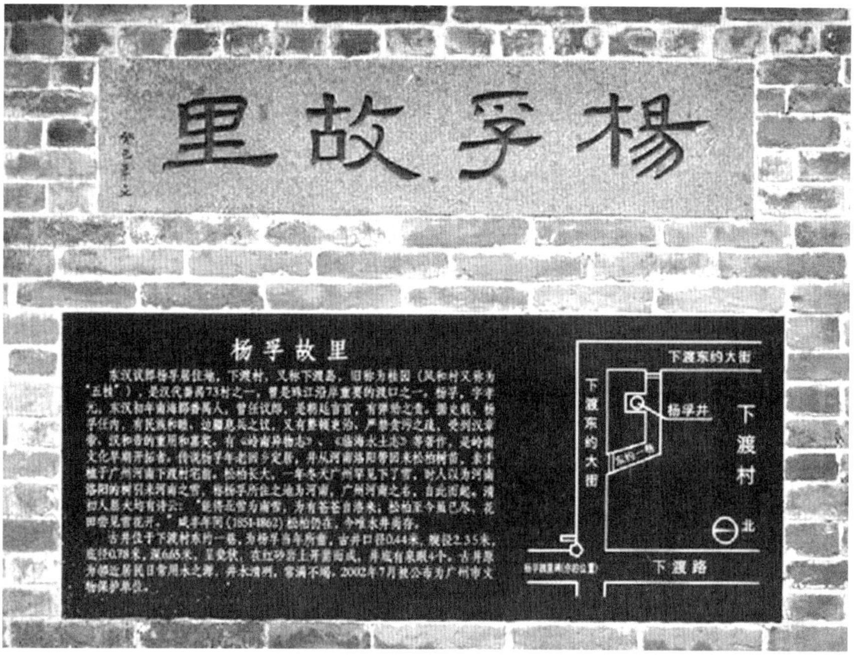

海珠区下渡村的杨孚故里

遗砖剥落青菱密，古井荒凉碧藓封。
异物赞词临海记，一樽吾欲酹芳踪。

杨孚的故居位于河南。早在明代广东中山人黄佐编纂《广东通志》和浙江吴兴人朱国桢编纂《涌幢小品》，就已经援引前朝资料有了定论：“有张琼者，于下渡头村前掘地种菱，偶得一砖，刻有杨孝元宅字样。”乾隆年间《番禺县志·古迹》也是如此记载：“杨孚，字孝元。今下渡头村其故宅后也。后有张琼者，掘地种菱，得一砖刻云：杨孝元宅。”孝元是杨孚的字，因而可以判定，杨孚故居在下渡，这一说法沿用至今。下渡村还有杨孚井。中山大学教授冼玉清也常常以“南雪”为谈资，其缘由就是中山大学南校区所在的康乐村离下渡村不远。

不过，并不是所有朝代的所有人都同意前人的定论。到了清朝，十三行巨富潘振承的次子潘有为就不同意下渡村说法。他是进士出身，又在京城编校《四库全书》，可谓才学和财富兼备。他认为海幢寺后山松荫如海，应是杨孚居所遗址，顽固地把自己邻近的居室命名“南雪巢”。

同治年间的《番禺县志》又写道：“漱珠岗在城南隔江岸上二十里，有纯阳观，杨孚故宅。”这里的杨孚故宅更是无根无据，应是纯阳观的杨孚祠。到了清末，江孔殷因为自己家住龙溪首约，就认为海珠区的龙导尾水松基，才是杨孚的家。他牵强附会的目的与潘有为一样，手段也相同，因为文采出众，往往容易流传后世。江孔殷为自己撰写的门联：门邻杨子宅，家有笔生花。

后人对于杨孚的尊崇，绵延了千年。到了清代，道士李明彻在河南建纯阳观时，同时修了杨孚祠。两广总督阮元不仅题写了匾额“汉议郎杨子南雪祠”，还写了一首诗《漱珠冈万松山上建汉杨子祠》纪念此事并表达自己对于杨孚的敬仰：

旧闻丁卯许家诗，
南海雪飞东汉时。
五鬣长松今万树，
我来应建孝元祠。

杨孚留给后世的精神遗产还有他提倡的“守业尚文”。明代“广五子”之一的欧大任在《百越先贤志》所撰杨孚传记云：“杨孚，字孝元，南海人。章帝朝，举贤良，对策上第，拜议郎。和帝即位，用兵匈奴。孚奏言：创造用武，守业尚文。”

杨孚所著《南裔异物志》以诗体记述了岭南地区的物产，在《隋书》《唐书》等国史均有记录，是南粤获此殊荣第一人。《南裔异物志》在宋时失传，后至清代，南海人曾钊从群籍中搜索，编成一辑佚本，收入《粤雅堂丛书》。屈大均在《广东新语》中称《南裔异物志》为“粤诗之始”，曾昭璇教授则称之为“物志之祖”。

文化中的精神来自人。岭南多英杰，才有正气歌，杨孚是典型的榜样。他并非南宋张镇孙那种在外族入侵时慷慨殉国的状元；和明朝方献夫、梁储等官至阁老的南海人相比，他算不上位高权重。杨孚能为后世

左垣家塾内“宝田裕后”牌坊背面

所铭记、流芳千古，其中的奥秘便是他有独特标榜精神的力量，坚持自己的信念，不会因为富贵权势而改变。

若论榜样，到了宋朝，河南出现了广州府第一位探花李昴英。明代南海人郭棐在《粤大记》中将冯元（南海）、王大宝（潮安）、余靖（韶关）、崔与之（增城）、李昴英（番禺）、郭闾（番禺）列为宋代岭南六先生。郭棐赞叹六先生“真五岭间气之钟灵，百代士林之仪表”。李昴英为人“仪表”之处在于他的耿直和大胆。面对天子，李昴英依然敢说话："愿陛下赫然发愤，幡然改图，念祖宗土地不可尺寸与人，厉披舆地图之志，毋使人有几如是而不及郢之欢。"黄佐评价李昴英："天性耿直，议论高迈。其文简而有法，婉而成章。其诗则直激昂，奇崛犹健，如其为人。平居温然，接物宽而有容。至于临大节、处大难，毅不可夺，虽鼎镬在前，不慑也。"

李昴英（1200—1257），字俊明，宝庆二年（1226）中进士一甲第三名，成为广东首位探花。李昴英是河南鹭江人，古代岭南大儒都非常热爱自己的家乡，很多人用家乡的地名作为自己的号，或者别人用家乡的地名来称呼他，例如陈白沙、方西樵、康南海、朱九江，李昴英也是如此，他的号是文溪。

宝祐三年（1255），李昴英辞官归故里，住在白云山脚下文溪之畔，因而自号文溪。他经常乘船渡江来河南拜访，留下《河南扫松访古胜寺不遇主僧》等诗篇，诗的最后有"归趁潮平舵流转"之句，说明他最后还是回到了珠江北岸的家。

文脉绵延千年，中间少不了人脉的承接，就像火炬传递一样，李昴英是宋朝岭南文化的火炬手。李昴英对文化的贡献和崔与之紧密联系在一起。对于李昴英，"菊坡崔公深器之"。李昴英在弱冠之年，得到当朝名臣崔与之的赏识，将其纳入门下主修《春秋》。端平三年（1236）后，李昴英曾任太学博士、直秘阁知赣州等职，其间随崔与之平定广州军队哗变。李昴英辞官回乡后，继续光大崔与之的"菊坡学派"，在广州、东莞等地讲学，门生有陈大震、张镇孙、李春叟、何文季等。"高山仰止堪模楷，百世闻之尚激昂"，这是李昴英在《同刘朔斋洲蒲涧谒菊坡祠》一诗中对老师的评价。

李昴英存世有《文溪集》二十卷，是他的门人李春叟搜集遗佚的成果。李昴英"其人与文皆峭岸，令人有不可干之意。独小词情致斐然"。陈献章对于李昴英有很高的评价："初涉其流，渺弥汪洋，若江河之奔驰。而又好为生语，险怪百出，读者往往惊绝。至或不能成句，以为文溪直文耳。徐考其实，则卓乎有以自立，不以物喜不以己悲。然后置书以叹曰：嗟乎，此文溪所以为文也。"

李昴英及第之前，曾读书于海珠石上。宝祐四年（1256），李昴英在读书处捐资建立寺庙，选择已废弃的南汉慈度寺为寺额，故名海珠慈度寺。景定三年（1262），广东转运判官洪天锡建李忠简公祠于海珠寺，以祭祀李昴英。海珠慈度寺因李昴英在南宋末年已闻名遐迩，时住持僧鉴义做《海珠慈度寺记》中言“穗石福地，其名四驰”。

历史的车轮来到了明朝，书院登上历史舞台，成为文化传播最为耀眼的明星。

古代书院的作用有三：一为祀贤，二为讲学，三为藏书。

明朝是岭南儒学的一座高峰，众多大师云集此时，如湛若水、黄佐、何维柏、方献夫、霍韬等人。仅仅有大师，并不能惠及大众，大师与大众之间，需要一座桥梁，才能将大师的知识、思想传播给大众，达到百年树人之效。在当时，书院就是桥梁。

书院的发展，与岭南学术风气的树立基本上是同步的，何维柏建在河南的天山草堂是众多明星书院中的一个。何维柏不是广州人，是顺德沙滘人。他弹劾严嵩是在明嘉靖二十四年（1545），上一年，方献夫已

海珠区龙潭村兴仁书院

经去世，至此，号称明朝“南海三阁老”的霍韬、梁储、方献夫已经全部不在人世。明朝的士大夫都有自觉担当教育重任的意识，何维柏也不例外。

很多故乡是珠三角地区尤其是广州府下属各县的高官，在退隐后都没有回到自己的故乡，而是选择在广州生活。清代主政安徽推动“皖江变法”的邓华熙也是顺德人，退隐后的他在西关的多宝路建了府邸。

何维柏没有回顺德，他留在广州河南并不是为了修筑豪宅大院，而是开设书院。明朝的书院与清朝的书院有很大的不同：明朝广州的书院很多是名家硕儒私人的讲堂，传播的是非常个性化的观点、思想。这从湛若水和何维柏身上就能明显看出。

到了清代，广州城内确实多了很多书院。以越秀山为中心的学海堂、菊坡精舍、应元书院都不算是个人思想的传播地，这些书院采用学长制或者山长制，学长或山长类似我们今天负责管理一切事务的校长。书院的目的是培养科举人才，对于传播新主张、新思想，已经完全不在书院考虑的范畴之内。当然，凡事总有例外，如康有为的万木草堂。

因此，封建统治者对于私人书院的态度一直是起起伏伏、变来变去，开明时，书院便进入一个短暂兴盛时期。回头再来看明朝广州的书院，天山草堂在其中可谓木秀于林、独树一帜。

当时，书院有隐居山林的时尚。明朝正德、嘉靖年间，湛若水在南海西樵山开办了大科、云谷两个书院，而明朝“南海三阁老”之二的霍韬、方献夫也在西樵山分设四峰和石泉两大书院。西樵山一时间冠盖云集，谈笑皆鸿儒，往来无白丁，是当年名副其实的“理学名山”。

湛若水与何维柏一样，师承白沙之学。《明史》称湛若水：“若水生平所至，必建书院以祀白沙。”湛若水在广东创办的知名书院有广州的白云、天关、小禺、上塘，增城的龙潭、独冈、莲洞，西樵的大科、云谷、天阶，罗浮的朱明、青霞、天华，曲江的帽峰，英德的清溪、灵泉等，共16所之多，均不在繁华闹市之地。

何维柏的天山草堂对于后世为人为文均影响深远。陈昙的《天山草堂》赞扬了书院的来历：“投劾归来自慨慷，弹章字字喩秋霜。悬车重集生徒盛，取象天山辟草堂。”潘有为将何维柏与陈献章相提并论：

“取象天山辟讲堂，括囊弹草挟秋霜。白沙身后谁余子？徙倚春阴忆面墙。”

天山草堂是何维柏嘉靖二十四年（1545）弹劾严嵩被廷杖削籍归家后，在河南所建。当时的天山草堂周边还是一片荒野，不似现在晓港公园这般雅致宁静。马涌上还是木桥，何维柏出资将其改为石桥，留下云桂桥和它的佳话千年不衰。

何维柏在天山草堂讲授的也是白沙之学。早在高中进士之前，何维柏于嘉靖十一年（1532），仰慕西樵山理学名山之名，与在西樵山讲学的名儒湛若水交情深厚，并与霍韬、方献夫等名士交往，切磋理学大师陈白沙理论。何维柏第一次罢官回来，又与刘模、王渐逵、陈激衷等一班有识之士结为莫逆，往来讲学。门人从远方慕名而来，往往座无虚席。嘉靖二十二年（1543），何维柏赴江西南昌拜访罗钦顺，请教白沙之学，学问日益增进。

明万历十一年（1583），何维柏已73岁，仍怀着崇敬之心不辞劳苦，乘船前往江门白沙祠拜祭先师，建议县令予以改建，并亲自审定方案，使白沙祠修葺一新，还亲撰《明翰林院检讨白沙陈先生记》碑文（今存于江门陈白沙祠崇正堂前左轩廊）。

天山草堂是什么样子？何维柏在《天山草堂与杨贞复论白沙先生学兼贻同会诸友四首·其一》中有一个详细的描述，是淡泊名利的心智与河南水清云轻风景的完美结合：

柳塘竹坞睹风轻，日午黄鹂深处鸣。
读罢草堂无一事，尊前同对水云清。

中山大学教授冼玉清曾著《何维柏与天山草堂》一文考据何维柏生平：从岭南大学西行，经云桂桥，度蜿蜒数十丈之水松基，约五里抵小港乡。明直臣何维柏天山草堂遗址在焉。维柏以理学名儒，而生当嘉靖、万历之世，君庸臣佞。乃慷慨陈言，抗疏直谏，置生死于度外。其劾严嵩尚先于海瑞与杨继盛，吾粤正气所钟，不可不纪也。冼玉清对何维柏的直臣个性与理学成就大加褒奖，夸赞他乃“吾粤正气所钟”。

文化的前进随着时间长河的波浪推涌，后来的更迭总是与原始的起点相联系。何维柏死后，天山草堂自然就荒废了。到了清康熙年间，在原址上新建了是岸庵和尚书祠，康熙二十九年（1690），两广总督吴兴祚立有碑石为记。道光年间，广州将军奕湘改是岸庵为是岸寺，谭莹为是岸寺撰写了《重修河南小港桥是岸寺碑记》，收录在《乐志堂文集》中：“吾粤河南小港桥是岸寺，前明何端恪公讲学于其间……何公琢石以成桥，诛茅以作室，爰逮我朝成梵宇。”到了宣统年间，梁鼎芬带头集资在是岸寺边重修了祠堂，仍然叫作天山草堂。到了民国时期，是岸寺毁于爆炸。黄任恒《番禺河南小志》记载：“是岸寺毁于民国年间。民国后籍以屯军，至甲子岁（1942）十一月因制炮弹，为炸药所毁，仅存四壁。”

天山草堂如今已不复存在。之前在小港桥头还建有“云桂发祥坊”，今天也难觅踪影。留存下来的唯有云桂桥，在今天的晓港公园内。这是一座花岗石砌筑的三孔石梁桥，石梁侧面刻有“云桂”二字，

国家级非物质文化遗产古琴艺术（岭南派）代表性传承人谢导秀（左）在弹奏古琴

桥栏雕饰简朴，桥身线条大方。云桂桥又名“尚书桥”，因明朝尚书何维柏始建此桥而得名。

海珠能成为今天的海珠，并非一蹴而就、一日之功。这其中，有古往今来众多名人反复的印证和歌咏。他们的到达、他们的传播像木版年画的印刷一样，从一个局部、一个细节切入，反复皴染、精心描绘，才有今天海珠宏大画卷的斑斓七彩、恣肆挥洒。

有些名人无法像何维柏一样驻地生根，他们的命运注定其一生飘蓬，南朝宋诗人谢灵运与河南的相遇就是这样的例证。谢灵运的命运是个悲剧，决定于他狂傲狷介的性格。他的狂傲首先来自家族，他是江南王谢两大家族中的谢家子孙，淝水之战中打败前秦百万大军的晋军统帅谢玄的孙子，并且继承他祖父的封号，也叫康乐公；其次他自负于诗文才情，除了曹植，谢灵运没把天下众生放在眼里：“天下才共一石，曹子建独得八斗，我得一斗，自古及今共用一斗。”

如果谢灵运不恃才傲物，而是安分守己，恐怕他这一生也不会踏足广州。他得也文采、失也文才，即便大祸临头，南朝宋文帝刘义隆也念及他的盖世才华而放他一马，“可降死一等，徙付广州”。

谢灵运来过广州是不争的事实。元嘉十年（433），他的一生最终难逃悲剧的收场，“诏于广州行弃市刑”，临刑留下《临终诗》。今天再去寻找谢灵运留在广州的痕迹，已经非常困难，岁月如潮水一般反复冲刷着人们留下的轻浅印痕。

不过，传说康乐村就是因谢灵运而得名。历来述及中山大学所在康乐村的命名的缘起，都指向谢康乐“徙付广州”的暂居之地。百多年前的1904年，岭南大学校园选址康乐村，应是康乐公也就是谢灵运子孙后人的居住地。据《南史》谢灵运传记载：“灵运子凤，坐灵运徙岭南，早卒。凤子超宗，随父凤徙岭南，元嘉末得还。”元嘉三十年（453），诗人谢超宗在广州滞留20年，后人揣测康乐村实为其当年住地，也属合理。

康乐村与谢灵运之间的联系，不像苏轼之于六榕寺、六祖之于光孝寺那么刻石留痕。传奇飘渺在时间的河流中，苍白得已经若隐若现。站在今天的康乐村，总让人想起辛弃疾的《永遇乐·京口北固亭怀古》，

“斜阳草树，寻常巷陌，人道寄奴曾住”。寄奴是宋武帝刘裕的小名，后面的诗句“元嘉草草，封狼居胥，赢得仓皇北顾”说的更是谢灵运的知音宋文帝刘义隆的故事。风流总被雨打风吹去，今天海珠的寻常巷陌，人道康乐曾住。山岗河涌因为名人的到来而变得深沉和隽永，后人不问前事，传承这份隽永，便是最好的回报。

地理：塔与桥，一水盈盈护羊城

广州塔矗立在母亲河畔，塔江相互辉映，既各美其美，又美美与共，是2200多年来，广州献给珠江最完美的礼物。

海珠桥是河南城市发展、文化进步的重要里程碑。1963年，海珠桥以“珠海丹心”入选“羊城八景”。从建成到现在，海珠桥是广州唯一经历战火洗礼的跨江大桥，是广州近现代历史名副其实的见证者。

塔与桥，都是有上千年历史的建筑样式。在今天的广州，古塔古桥与新塔新桥同时并存，讲述着这座珠江之畔的城市一路走来的艰辛与荣耀。

海珠区先后拥有两座广州城的地标：一座是古代的琶洲塔，一座是当代的广州塔。

塔并非中国自古就有，而是由国外传入。传入之初，塔还被音译为“浮屠”，传入之后，塔就非常中国化了。今天，如果选择一种建筑样式来代表城市，塔依然是中国风最适当的表达。塔的高大威严，让它屹立在一座城市，历经千百年而不颓。

广州塔选址于广州城市新中轴线与珠江景观轴的交汇处。城市中轴线东移是落实“东进”的结果，中轴线跨过珠江是“南拓”规划战略思想的体现。无论在城市建设领域，还是文化传播方面，广州塔都是一座里程碑，它标志着广州借助亚运会在国际舞台上的光彩亮相，更是掀开城市国际化、现代化、中心化的新篇章。

“川无舟梁，是废先王之教也。”中国人对于桥，有着自己的态度和坚持。

桥的长度、数量决定了文化一体化的广度、覆盖面。今天，我们已经有能力为粤港澳大湾区建造港珠澳大桥、深中通道这样的跨海大桥。在海珠桥这样技术含量要求很高的钢结构桥梁出现之前，古人是无法造出跨越珠江的大型桥梁，海珠区内的桥都是石板桥，代表作是龙溪三桥，它们能够连接的地理范围自然十分有限。

一条大江构成天堑，天堑意味阻隔。大广州的完整离不开河南，而这种完整依赖桥梁才能实现。没有桥梁就没有通达，没有通达也就意味着边缘，真正使得河南摆脱边缘最终与河北连为一体的第一座桥梁，便是海珠桥。

塔佑大江

海珠区先后拥有两座广州城的地标：一座是古代的琶洲塔，一座是当代的广州塔。

塔并非中国自古就有，而是由国外传入。传入之初，塔还被音译为“浮屠”，传入之后，塔就非常中国化了。今天，如果选择一种建筑样式来代表城市，塔依然是中国风最适当的表达。塔的高大威严，让它屹立在一座城市，历经千百年而不颓。

明代经济发展，市民生活稳定，“浮屠”文化大为兴盛，许多地方大兴建塔之风，以保平安。到了明万历四十七年（1619），珠江上已建有三塔：分别是最晚开工的赤岗塔（1619年始建，1627年完工），最早建成的琶洲塔（1600年建成）和莲花塔（1612年建成）。修建三塔的目的只有一个，便是保佑珠江风平浪静、造福于民。

在江岸建塔是为了调整城市风水布局。古人的风水观将珠江广州段看作有生命的流动体：白鹅潭一带是入水口，被认为是“天门”；琶洲一带是出水口，被认为是“地户”。珠江水的出口地势低平，两岸没有高山“关锁”水口，会造成“生气外泄”，需要“建塔”来弥补。于是，人们在广州城东南方修建赤岗塔，作为广州第一个“水口塔”；往东又建琶洲塔，作为第二个“水口塔”：这两塔成为“越之东门”。再沿珠江向东，在狮子洋又建莲花塔“以束海口”，作为广州第三个“水口塔”。

在18世纪中到19世纪中的百年间，琶洲塔是乘着远洋商船来到广州的西方人心目中的广州地标，甚至是中国地标。他们大多是以琶洲塔为视觉中心来认识黄埔古港和广州贸易的。

清朝“一口通商”时期流行的外销画就是很好的例证。外销画《19世纪初黄埔锚地图》描绘了在深井岛西侧山坡看到的琶洲岛一带的风景，焦点是排着长队停泊在黄埔泊地的外国商船。当时，在清朝官方绘画中，琶洲塔往往被置于画面边缘；而西方画家或按外商要求定制图画的本地画家则通常将琶洲塔置于画面中央，即便是对船只进行特写，也会在画面中央刻意为琶洲塔留出位置，这足以说明这座“九层宝塔”在

赤岗塔，建于明代，高50余米，为八角楼阁式砖砌风水塔

当时外国人心目中的地位。

美国商人亨特在广州生活多年，写下《旧中国杂记》，记录了他在广州的诸多见闻。关于“三塔”，他是这样写的：“外国人溯江而上前往广州，过了虎门以后，往往会被沿途看到的几个高耸的宝塔所吸引……离广州最近的一座被外国人称为磨碟砂涌塔（Lob Creek Pagoda），得名自流过它所在的小丘下的一条珠江支流。另一座是黄埔塔。还有一座塔在二道滩旁的山丘上。在城墙内的‘五层楼’上，尽管相隔30英里的距离，都能清楚地看到这个塔。”亨特所说的磨碟砂（沙）涌塔就是赤岗塔，黄埔塔实际是黄埔古港附近的琶洲塔，“二道滩旁的山丘上”的那座高塔就是莲花塔。

明朝时期，中国对外贸易总量并没有达到清朝的水平，建塔的目的不是为了航行设立标志。根据《羊城古钞》所述，明万历二十五年（1597），“于洲上建九级浮屠屹立海中以壮形势，名曰海鳌塔”。海鳌塔也就是琶洲塔，是光禄寺丞王学曾倡议所建。万历二十四年（1596）的一天，王学曾从波罗庙乘船返回广州城，忽然发现琵琶洲适合建塔。他弃舟登岸，视察琵琶洲，“洲居二水中，吞吐潮汐，势逆而面巽，二山连缀，穹然若魁父之丘。内一山，石顶高平，为塔基若天造焉”。于是，王学曾觉得在琶洲兴建风水塔，可以锁住珠江的出水口，为省城营造藏风聚气的形势。为落实项目，他还邀请郭棐、杨瑞云等名人去现场察看，营造声势，“皆曰可……工始于丁酉年三月初五日，至庚子年十二月十五日建成”。

琶洲塔，又名“海鳌塔”，明万历年间建，位于珠江中琵琶洲上，为番舶导航标志

万历二十五年（1597）开始动工建塔，杨瑞云、郭棐、王学曾负责整个工程的谋划和开支，施工期间三人曾多次到现场督视。万历二十八年（1600）琶洲塔落成。琶洲塔最初的名字叫“海鳌塔”。“海鳌塔”建好后，又在附近建了海鳌寺，清代《广州府志》说明此寺建于明代万历年间，应该就是塔竣工前后，海鳌的威力可见一斑。

至今还有户部云南司员外郎、东莞人袁昌祚所作《琶洲鼎建海鳌塔记》的碑石留存在塔的西侧，“以其水常有金鳌浮出，光如白日，因名曰海鳌之塔”。海鳌出没琶洲江面的说法，今天知道必然是古人将传说当成新闻来传播的结果。不过，琶洲塔是为了珠江和广州这一江一城的风水而建，却是不争的事实，如果不是这样，一位官员的倡议，怎么会得到两广总督、广东巡抚这样的二品官员首肯。

美国人亨特在《旧中国杂记》中也讨论了琶洲塔的用途：“我们知道这些塔是为神的灵魂而建的，人们设想这些神要在某些地点的上空翱翔，在这些地方建塔是一种和解的表示，祈望他们务必保佑这些地方的人民可能从事的所有活动，尤其是指他们在田地上的劳作，同时保佑他们不受疫病瘴气之灾。”

外国人从一己之利的角度去理解塔的消灾祈福功能，似乎沾到边，却没有说到关键点上。关键词“风水”内中的哲学、民俗、风情韵味，与外国人很难达成文化的共识。如果用一句话来概括珠江“三塔”的作用，那就是为了城市的安康、广东的平安。“形家又谓其宜镇水口，可以固风气之所未完……吾粤列郡，以会城为冠冕。会郡壮，则全粤并壮，理势固然。而琶洲绾毂其口为扃镉……兹塔成，屹然与白云并秀，为捍门，其势皆逆趋而上，地力益厚，引海珠、海印为三关并海，远山壁立，而外护灵气万矣。”

番禺莲花山上的古莲花塔建于明万历四十年（1612）。河南赤岗塔在1619年开工，修建到一半时，工程因为缺钱被迫中断，直到1627年佛山人李侍问出面筹集经费主持工程，才得以建成。赤岗塔是“三塔”中最晚建成的宝塔。赤岗塔的转角位均雕刻着人形托塔力士，有些虽因风化而模糊不清，但其生动神态仍依稀可辨。他们大多半蹲，用双手或单手向上发力，托住塔柱。这些托塔力士大多穿戴明代服饰，但长相却像外国人。广东文物考古专家尚杰曾经表示，这些雕塑带有“金刚力士托塔，建筑才能稳固”的寓意，但更多是为了美观。本地文人学士主持修建的塔，却让外国人来托塔，这就是赤岗塔作为明清广州海外贸易和中西文化交融的历史见证。

乾隆二十二年（1757），清政府关闭了闽、浙、江三个海关，独保留粤海关，开启了广州“一口通商”的序幕。当时来中国贸易的外来商船，一律停在“琶洲砥柱”东侧的黄埔锚地，场面极为壮观。明末清初学者顾祖禹在地理典籍《读史方舆纪要》中说“闽浙舟楫入广者多泊于此”。从宋代的“海山晓霁”，到清代的“琶洲砥柱”，“羊城八景”的变迁是广州海上贸易持续稳定、繁荣的佐证。

广州自古就与西方各国有着频繁的贸易往来，被称为“历久不衰的海上丝绸之路东方发祥地”。明清时期，从广州起航的海上航线多达7条，到达160多个国家和地区，这也使得十三行的富豪们格外重视珠江“三塔”。

清道光二十四年（1844），富商伍崇曜、潘仕成捐资重修赤岗塔。当年，不知有多少岭南人为了谋生，离乡别井、漂洋过海。当萧瑟的西风把客帆送出广州城时，赤岗塔便深深镌刻在了这些游子的记忆里。

今天的广州塔是城市新中轴线的最高点，是广州当之无愧的地标建筑。广州塔于2005年11月25日动工建设，2010年9月28日落成，赶在广州亚运会开幕前40多天迎接八方来客。广州塔高600米，是中国第一高电视观光塔。

广州塔建筑形体为整体镂空钢结构，由顶小底大的两个椭圆圆心相错10米，逆时针旋转135°而成。非对称的建筑塔体在塔身中部形成“纤纤细腰”，如同南国女性美丽的形象，于是被中外游客、广州市民亲切地称为“小蛮腰”。

广州塔选址于广州城市新中轴线与珠江景观轴的交汇处。城市中轴线东移是落实“东进”的结果，中轴线跨过珠江是“南拓”规划战略思想的体现。无论在城市建设领域，还是文化传播方面，广州塔都是一座里程碑，它标志着广州借助亚运会在国际舞台上的光彩亮相，更是掀开城市国际化、现代化、中心化的新篇章。

美国城市规划专家凯文·林奇在《城市意象》认为，道路（Path）、边界（Edge）、区域（District）、节点（Node）、标志物（Landmark）是构成城市意象的五大元素，标志性建筑在城市意象诸要素中居统领地位，它是城市意象的基础。因为广州塔中国第一的高度，来自世界各地的游客都慕名前来登塔远眺，使之成为城市意象最完美的表达。

今天的广州，拥有众多独特的古典、当代建筑，不过，能与珠江今时今日地位相称的地标，非广州塔莫属。广州塔矗立在母亲河畔，塔江相互辉映，既各美其美，又美美与共，是2200多年来，广州献给珠江最完美的礼物。

桥连南北

“川无舟梁，是废先王之教也。”中国人对于桥，有着自己的态度和坚持。

桥的长度、数量决定了文化一体化的广度、覆盖面。今天，我们已经有能力为粤港澳大湾区建造港珠澳大桥、深中通道这样的跨海大桥。在海珠桥这样技术含量要求很高的钢结构桥梁出现之前，古人是无法造出跨越珠江的大型桥梁，海珠区内的桥都是石板桥，代表作是龙溪三桥，它们能够连接的地理范围自然十分有限。

龙溪三桥反映的是河南在19世纪中后期的繁华。三桥指的是漱珠桥、还珠桥、龙珠桥，其中，传唱度最高的是漱珠桥。漱珠桥位于河南龙溪二约，不仅比还珠桥、龙珠桥的历史更久远，更重要的是，它是龙溪繁华与富贵的见证。

五羊城内和西关旧地也有不少名桥。石桥虽然小，也不妨碍它成为文化的载体。广州“六脉皆通海”，溪长桥多。西关是“十里红尘、八桥画舫”，八桥分别是德兴桥、达观桥、义兴桥、永宁桥、志喜桥、三圣桥、蓬莱桥、汇源桥，这八桥因钟启韶的《西濠曲》和蔡士尧的《西关八桥竹枝词》而闻名。

在古代，例如苏州枫桥，是因为进入诗歌成为意象，而广为人知。

西关八桥虽然被人传唱，但若论入诗入画的美誉度、影响力，能与秦淮等江南繁华胜地的楼台水榭媲美的，非漱珠桥莫属。留在众多诗文词赋中的，是漱珠桥的风景、风韵、风流、风情。

漱珠桥的风景是优美的，夜泊桥畔，卧听海幢钟声，近看满城素馨，喧闹过市，花香醉人，这里是人生况味的体现。清代诗人黄玉阶有《珠江夜泛》一首：

海幢钟断碧天寥，
款乃渔腔两岸潮。
一夜西风花似雪，
香魂吹上漱珠桥。

食在广州，自然也就食在河南。“桥畔酒楼临江，红窗四照，花船近泊，珍错杂陈，鲜薨并进。携酒以往，无日无之。”岭南大儒崔与之的后裔崔弼在《白云越秀二山合志》中赞美漱珠桥是吃货的天堂。“漱珠桥伴青帘影，觑笑痴肥是老饕。”漱珠桥的酒楼是吃海鲜的胜地，喝

清代的漱珠涌和还珠桥

着河南本地的香茶，初夏有三鲤、比目、马鲛、鲟龙、鲥鱼等河海鲜，秋天则是米蟹、海鲤，佐之以鲜黄嫩姜、新绿矮瓜、大红苋菜，“佳绝名虾鲜绝蟹，夕阳齐泊湫珠桥”。清朝嘉庆末年，湫珠桥旁的酒楼规模达到顶峰，有些酒楼大得可以摆下60桌，放在今天，一定是婚宴摆酒的好地方。光绪年间，桥边最有名的酒楼有醉月楼以及后来的虫二楼。

旧时羊城，能媲美秦淮，自然离不开唤取红巾翠袖的“无限珠娘”。湫珠桥是“醉倚人肩香满席”销魂场，在湫珠桥下的船中小酌，雨声、波光、罗绮、烛影，未曾饮酒人已醉。“波光淡浥湫珠桥，罗绮丛中系画桡。烛影摇红人半醉，吴娘低唱雨潇潇”（何彬《湫珠桥舟中即席》）。

温柔乡从来也是伤心地，“最是黯然分袂处，晓风疏柳湫珠桥”。有相聚便有分离，“一夕离人万里遥”，不知道何时何地再相见。何以解忧唯有杜康，即便是潘家大院的风流才子也要在湫珠桥买醉，“渐老年华催短鬓，频浇块垒仗深杯”（潘恕《同醉湫珠桥酒楼》）。

除了莺歌燕舞、近水高楼、花如雾酒如潮，湫珠桥也不乏刚劲与勇武，这里是夏天观看龙舟竞渡的好地方：

不夺龙标不肯归，
湫珠桥外试神机。
尚余多少风雷意，
会向天池鼓浪飞。

一座石桥、百年岁月、千种风情。不过，没有桥梁之前，“渡”是保障江河两岸人们来往的唯一方式。

横水渡是河南人非常熟悉的。清末，河南有“河南埠横水渡”，通往对岸五仙驿的“河南横水渡”。这样的“横水渡”还有很多，包括“五仙门往河南冼涌跃龙大街横水渡”“旧总巡馆前往河南隆庆街横水渡”“靖海门往河南和珠社横水渡”“油栏门往海幢寺横水渡”“谷埠怡和大街往河南金花庙横水渡”“其昌街往河南北帝庙横水渡”“靖远街往河南北帝庙横水渡”“兴隆街往河南玄坛庙横水渡”等。大江之上，一橹两桨，风波之中，往返南北之间，便是横水渡的万种风情。

到了1922年，省河电船过海忠信股份有限公司承办了轮船渡江，俗称“过海电船”，河南也就开始告别手摇船桨的落后。当时的码头是木质的简易码头，在河北，有西濠口、油栏门、靖海门、官纸局码头；在河南，有元墰庙（现大基头）、寺前街、同安街、同庆街码头。当年的市政报告称渡船载客为“渡客过海”。

1933年2月15日，海珠桥通车之后，河南、河北之间的交通大为便利，不过，过海电船依旧存在。当时经营过海电船的广顺公司有船15艘，航线有3条：从河北靖海门到河南同安街，从河北油栏门到河南戏院，从补抽厂到元墰庙。根据1934年《广州指南》的记载，轮渡票价为头等舱五仙、二等舱三仙。到了1937年，广州的渡轮航线统一由过江电船办事处经营，码头有9座，分别是油栏门、河南戏院、西濠口、金花庙、补抽厂、大基头、黄沙、芳村、花地。

不只是河北的码头可以搭船去四乡，河南也有航线通往珠三角地区各地。光绪三十年（1904），商人谭礼庭在河南金花庙码头开设江川轮渡公司，走河南至江门、肇庆的航线，江川轮渡公司还推出花尾渡作为招揽。

除了这些横水渡，河南还有“河南上渡”“河南下渡”“南石头渡口”“南箕埠渡”等渡口。当然，文化史上河南最为炫目的渡口，说起来并不是渡人过海的客码头，而是渡花过海的“花渡头”。河南的“花渡头”在今天海珠区滨江路与同庆路的交接处，同庆路通过解放大桥与越秀区的解放南路相通。过往，花渡头的对面就是广州城的“五羊门”。

屈大均在《广东新语》中是这样介绍花渡头的：“在五羊门南岸，广州花贩每日分载素馨至城，从此上岸，故名花渡头。”

城市的现代化用便捷的交通淘汰了每日载花过海的浪漫。在清朝，很多诗人都留下了赞美花渡头的篇章。十三行富商潘振承的儿子潘有为从京城回来后就住在河南，并写了一系列的《花渡头竹枝词》：“古道生香一水通，花洲衣食岁常丰”，解读以花为媒的商业和农业；“侬家近海幢”的河南人“儿孙世守风流业”，过江卖花是“花奴花叟各奔波，齐集花墟撑过河”。其次，渡花过江还形成了“千点晓霞随地散，万家春色渡江来”的壮阔风景，珠江之上，“青黄红紫闹成堆”，叶叶扁舟、双双桨橹，划船过江，花色水光，“夹岸花光映水低，香风吹过海珠西”。

一条大江构成天堑，天堑意味阻隔。大广州的完整离不开河南，而这种完整依赖桥梁才能实现。没有桥梁就没有通达，没有通达也就意味着边缘，真正使得河南摆脱边缘最终与河北连为一体的第一座桥梁，便是海珠桥。

海珠桥是河南城市发展、文化进步的重要里程碑。1963年，海珠桥以“珠海丹心”入选“羊城八景”。从建成到现在，海珠桥是广州唯一经历战火洗礼的跨江大桥，是广州近当代历史名副其实的见证者。

早在1922年，督办广东治河处总工程师柯维廉（Major G.W.Olivecrona）就设计了珠江桥方案。此珠江桥方案推测应为1922年3月柯维廉为改良广州水道所作《珠江前航线之规画》的一部分。其设计说明与效果图见于1922年9月《远东观察》杂志，图中显示了一种特别的建筑形象：桥的中间分为两个部分，可以开合，与后来的海珠桥一样；不同的是，桥墩采用中国重檐门楼样式。此外，桥的两端是被填筑拓宽的堤岸，北岸还有林荫大道。

海珠桥的选址，最终由当时的广州城市设计委员会确定：从北岸的维新路（今起义路）路口直达河南厂前街（今南华东路）。理由之一是此处河面宽度最狭窄；理由之二是维新路“位于市内中心，地点既汇通全市道路，自属商务要枢”，而河南厂前街又是“河南地带之中央”，由内港新堤连通，亦是重要的交通枢纽。

海珠桥始建于1929年12月，完工于1933年2月，同年2月15日举行开通仪式，来自上海的美商慎昌洋行承包此工程，转给天津的美商马克敦公司承建，广州市工务局亲自担任监理。海珠桥为三孔钢桁架结构，桥长452.90米，跨江主桥部分为182.90米，桥宽20.20米，三孔中的中孔长49米，分为两截，可以在电动机的控制下开合，每次开合需要5分钟。

海珠桥的建设包含三个工程项目，主体桥梁建设合同为《珠江桥供货及建设合同》，由广州市政府、广州市工务局与慎昌洋行及马克敦公司签署，时间为1929年10月12日。合同规定桥梁建设总价为上海规元

海珠桥是广州第一座连接市区珠江两岸的跨江大桥，桥体中间为活动式，能向上分开，以便大船通行。图为建成后的海珠桥全景

103.5万两，工程工期为21个月，可延期3个月完成。上海规元并非真实货币，是一种虚拟货币，更准确地说应该是一种作为记账单位的虚银名目。

南岸引桥建筑工程原本由和兴公司所得，合同签订于1932年4月27日。但随后和兴公司退出，工程交由慎昌洋行及马克敦公司负责，合同价款为国币156000元。北岸引桥工程由广州市工务局与华商合成公司签订，时间为1931年7月17日，合约约定工期为150天，合同价款为国币124800元。国币特指民国时期政府明令使用的标准货币，货币支付种类为双毫，双毫为广东自铸银本位地方货币的一种。

最终结算的费用，主体桥梁建设的总支出为上海规元94.65万两，外加尾款国币11万元，折合广东双毫为1747830.38元；南岸引桥建筑工程实际支出费用为国币149259元；北岸引桥建筑工程实际支出费用为国币123768.70元。整个海珠桥建设款项，从1929年开始，至1935年最终完成，以广东双毫计算总数为2020858.08元。

相传天津马克敦公司要求将合同改为黄金结算，广州市工务局局长程天固回应：这是中国政府自己的事业，当然要用大洋结算，本币事关国体和经济，也是国际惯例，我们不能忽视。

当时黄金价格在国际市场猛涨，马克敦公司因此少赚了20万元，广州市却在长堤改造后的地价中收获颇丰，不但足够支付造桥费用，还盈余数10万元。

“海珠桥”三字为国民党元老胡汉民题写，今天海珠桥依旧沿用。1934年的《广州指南》为我们描绘了海珠桥的绚丽景色：“广州自兴办市政，渐臻繁荣；惟河南以珠江阻隔，交通深感不便。市政府为广拓市区，发展河南起见，乃于民国十八年冬，兴筑铁桥于海珠。由河北维新路，跨过珠江，直达河南瑞仁大街。全桥长约六百尺，中间设有活动电机，以司开合。故较大船舶，亦可通行无阻。桥阔为六十尺，中为车马通衢，次为人力车道，再次为人行道。乃上海慎昌洋行及天津马克敦公司建筑，计需上海规元一百零三万五千两，历时三年有奇，始告完成……该桥广告地位，为海珠美术广告社办理，入夜电灯，美术广告，辉映全桥，俨如白昼。”

在建成之后很长一段时间内，海珠桥都是作为广州的城市地标存在。老作家黄秋耘在1949年11月写过一篇《海珠桥，你要复仇！》：“每座城市都有一种作为她的标志的建筑物，好像北京的天安门、巴黎的凯旋门、纽约的自由女神像，而广州市呢？也有她的海珠桥。在广州市民的心中，无论是中山纪念堂也好，黄花岗七十二烈士墓也好，白云山也好，都比不上海珠桥的地位。因为前者只是一处名胜古迹，而后者却和他们的日常生活有着密切的关系。

没有海珠桥，河南的农民怎能把他们的产品挑到河北来贩卖？没有海珠桥，河南的工人和公务员怎能跑到河北来上工上班？没有海珠桥，河南的学生怎能跑到河北来上学？假如说广州是一个心脏，河南和河北就是这个心脏的左右两个心室，而海珠桥，就是这两个心室之间的活瓣里，活瓣堵塞了，心脏就是不停顿，也会麻痹起来的。”

即便是到了广州解放后，人民桥修成通车，海珠桥的文化地位依然十分稳固。1974年8月，广州市政府扩宽海珠桥的桥面，加建两边预应力钢箱梁慢车道，加宽8米非机动车道和3米人行道，使得海珠桥宽扩至33米，正桥长182米，全长486米。作家曾炜在1975年写的《海珠桥抒怀》恰好就记叙了海珠桥扩建之后广州市民的内心感情："夜深了，我还是站在桥的平坡人行道上贪婪地观察着周围的一切。广州，这个四季如春的具有亚热带色彩的城市，如今，在庆祝建国二十六周年的前夕，全城灯火辉煌，又增添了一条彩带似的贯穿珠江两岸的新扩建的海珠桥，美极了，真令人神往。我想从1933年旧海珠桥通车，到1975年国庆前夕扩桥完成，相隔足有四十二年半。……海珠桥的修建、炸毁、修复、扩建的历史，像一条线，贯串了一个历史时代的辛酸、苦难、喜悦、向上。它将为我们作证：旧社会，苦难深重；新社会，欣欣向荣。"

人民桥是连接珠江前航道南北两岸的第二条桥梁，于1965年开始建设，1967年5月建成通车。全长701米，主桥长182米、宽18米，主梁为预应力钢筋混凝土薄壁箱梁。20世纪80年代，又在北段增设三条自行车通道。

如今珠江前、后航道上的桥梁大部分是改革开放之后修筑的。广州大桥始建于1983年4月，1985年5月建成通车，长988.40米、宽24米，通航净高8.70米，主桥长274米，为当时国内跨度最大的预应力连续梁桥之一，采用三跨预应力连续箱梁，中跨110米，跨越珠江主航道和二沙岛副航道。

海印桥，1985年7月动工，1988年12月27日通车，为当时国内桥面最宽的双塔单索面斜拉桥，桥长1130.80米，主桥长416米，宽35米，中孔跨175米，塔高57.40米。该桥由上海市政工程设计院设计，1992年，主桥荣获中国建筑工程最高奖"鲁班奖"。

现在，修建跨江大桥已经没有技术障碍，连接海珠与其他兄弟城区的跨江大桥已经多达十数座，天堑早已变通途。塔与桥，都是有上千年历史的建筑样式。在今天的广州，古塔古桥与新塔新桥同时并存，讲述着这座珠江之畔的城市一路走来的艰辛与荣耀。

裂变：两岸一体、中轴枢纽

今天的海珠区，有两个行政区划上的属性，是之前一直都无法实现的。一是整个海珠区成为城市，不再是郊区，更不是农村乡镇，居住的都是拥有城市户口的居民，管理上不再是乡村管理模式；二是海珠区与广州市有着紧密的、明确的管辖与隶属关系，海珠区是广州市的一部分，海珠区的发展纳入广州市整体大战略体系。

让广袤的农村完成城市化进程，一需要时间、资金的支持，二需要通过制订规划、建设基础设施、配套完善社会福利来具体实现。城市的扩展意味着城市化浪潮的推进，海珠区的发展经历了从乡村到城市的缓慢过程，直到21世纪，海珠区才真正全面进入城市管理的一元化体系。在此之前，海珠区是城、乡分开的二元化管理体系，这种情况在荔湾、天河、白云、黄埔等中心城区都曾存在，在北京、上海等大城市也同样存在。

城市中轴线不断东移，是广州落实“东进”战略的成果，南北走向的中轴线将整个广州视为东西对称布局，天河区的快速崛起达到了与西边越秀、荔湾均衡的目标。东西对称给予人的直观感觉是南北发展不均衡，“南拓”解决的是南北发展不均衡的问题，广州塔是新中轴线的枢纽，是新中轴线与珠江前航道的交汇点。广州的中轴线一直以来都是南北走向、东西对称，新中轴线第一次跨越了珠江，留下了广州塔作为交汇点。当时代快要进入21世纪中期，我们可以越来越清楚地看到以广州塔为枢纽的十字形轴线，珠江也将是我们城市的中轴线。随着“南拓”深入推进，南北两岸沿着珠江对称发展的局面终将出现。

广州塔落子海珠区，对于珠江前航道南岸的意义非凡。广州塔有足够的力量带动珠江南岸一线的社会经济发展，最先的受益者还是文商旅融合体。

如果说珠江新城是广州的“城市会客厅”，位居城市形象的显要位置。那么，琶醍则是城市的“夜间会客厅”，它开启了城市夜经济的七彩魔盒，为游客和市民展示了城市在夜间不一样的风采。

在古代，甚至是广州解放前，生活在河南岛并不意味着生活在“广州市”。“河南”是一个自然生长的城市空间，游离于广州之外。在很长一段时间里，它没有被规划和设计，道路的铺设、街面的形成、商店的开张，都是自然而然发生的。人群、宗族、财富和对未来美好的期许与追求，推动着这座岛屿在一张白纸上绘出以家园为主题的画卷。

不过，河南与省城之间的归属关系却是十分牢固的。河南有很多碑刻记述，例如金花古庙等建筑的修缮历程；说到河南必然是先提及省城广州：“岭南仙城，我粤一大都会也。去城里许，则曰珠海。遵海而南，则曰河南。”

城市缺乏规划在今天非常难以认同，在过去却是寻常普通的事情。对于城市特别是现代意义上的城市，我们的认识来得相对较迟。1921年2月15日，《广州市暂行条例》正式实施。随后的2个月里，广州市政厅挂牌成立，孙科成为第一任广州市市长，广州成为中国第一个真正意义上的“建制市”。至此，人们才转变观念，换了一种眼光看待城市。随着北伐的胜利，武汉、上海陆续设市。1928年7月，南京国民政府公布了《特别市组织法》和《市组织法》，“市”才正式、普遍地成为一级行政区划，市政才成为城市建设的主要任务，被放在了一个重要位置。

对于“河南”与“省城”之间的关系，也就是河南与广州的关系，如果认为从一开始就是紧密的上下级，肯定是不对的。用历史唯物主义的眼光来客观判断，以清朝为例，“河南”隶属广州府番禺县管辖，而省城由番禺、南海两县分治，“河南”并非在古代就与“省城”有着紧

右岸为民国时期的河南一角

密的政治、经济、军事、文化、教育、医疗等方面的从属合作。即使到了近代，甚至是广州国民政府成立“广州市”的初期，“河南”仍旧是当时市政府在发展上心有余而力不足的一块飞地。

今天的海珠区，有两个行政区划上的属性，是之前一直都无法实现的。一是整个海珠区成为城市，不再是郊区，更不是农村镇村，居住的都是拥有城市户口的居民，管理上不再是乡村管理模式；二是海珠区与广州市有着紧密的、明确的管辖与隶属关系，海珠区是广州市的一部分，海珠区的发展纳入广州市整体大战略体系。

“河南”的范围在不同时期指代不同的地域。东汉至明代，河南泛指整个河南岛，即今海珠区范围。清至民国初期，西关对面的河南岛西北部先开发，街市兴旺、人丁众多，此时人们口中的河南指的是西起白鹅潭、东至今草芳围面积约3平方千米的城区，这是狭义上的河南。新中国成立后，“河南”的范围习惯上仍指整个河南岛。

今天，广州市民依旧习惯将海珠区称为河南，不过今天的河南与历史上的河南有着很大的差别。清初河南堡三十三村的范围，也只是今天海珠区的西北部：磨碟沙涌以西、石榴岗河诸涌以北，约略40平方千米的土地，琶洲、官洲、华洲、南洲等街道都没有被包括进去。海珠岛的东部是官洲南、北亭，为南汉陵区，曾昭璇的父亲曾广衡在《广州杂抄》中称其地为河南龙头所在，将吸收东方精气而兴。

官府把目光投向河南，在图纸上规划河南，始于清代两广总督张之洞。张之洞计划在河南开设钢铁厂和织布局，后因迁职湖广总督而将规划带去武汉。之后的岑春煊在河南兴办鱼雷局和广东士敏土厂，河南加入了广州大发展的行列。

河南的发展在古代停滞多年，主要的原因还是财富无法渡江。河南的道路系统开发得较晚，罗国雄先生认为大抵是自清乾隆年间开始：潘氏是在乾隆四十一年（1776）购置了运粮河以西的田地；伍氏是嘉庆八年（1803）购买漱珠涌以东土地，开辟安海乡的；而邓世昌的祖先则更晚一些，到了嘉庆二十三年（1818）才从东莞迁来龙导尾开基立业。

河南岛上最早的村落出现在哪里？有人说是中山大学旁的下渡村，因为那儿有东汉人杨孚留下的杨孚井。也有人说是瑶头，据说瑶头开村于唐代末年。到了明清两朝，岛上有自然村落33个；民国初年发展到73村，散布于各处，包括凤凰、瑶头、隔山、瑞宝、蟠龙、五凤、下渡、鹭江、客村、市头、桂田、江贝、大塘、龙潭、沙溪、上泉塘、下泉塘、云桂、南田、康乐、庄头、石溪、上涌、沥滘、石溪、新村、土华、台涌、小洲、新鱼、仑头、北山、赤沙、杨青、石基、黄埔等。

最初落籍于河南岛上的人们多是移民，来自五岭以北。就村落而言，河南的村落大多是多姓村，混杂而居。比如瑶头有施氏、赵氏、蒙氏等；龙潭有黄、白、何、李、杜、吴、陈、梁等姓氏；“未有河南，先有沥滘”的沥滘，以卫氏、罗氏为大姓，以谭、严、曾、白等为小姓。也有一些地方形成宗族聚居，比如宝岗路的汾阳里，曾是汾阳郡（在今山西）郭氏家族迁居广州的聚居地；同福中路的陇西巷是当年甘肃陇西郡李氏族人的聚居地，颍川巷则曾是来自河南颍川郡陈氏族人的聚居地。祖先曾经来自五湖四海、神州各地，到最后扎根河南。

让广袤的农村完成城市化进程，一需要时间、资金的支持，二需要通过制订规划、建设基础设施、配套完善社会福利来具体实现。城市的扩展意味着城市化浪潮的推进，海珠区的发展经历了从乡村到城市的缓慢过程，直到21世纪，海珠区才真正全面进入城市管理的一元化体系。在此之前，海珠区是城、乡分开的二元化管理体系，这种情况在荔湾、天河、白云、黄埔等中心城区都曾存在，在北京、上海等大城市也同样存在。

追溯“河南”与“广州”分离的根源，还得去历史深处找原因。广袤的河南腹地一直都从事农业生产，据黄任恒《番禺河南小志》记载，明万历年间，河南有“十三村”，清初发展到“三十三村”，至道光年间增至“四十八乡”，后来有“七十二村”。这些村落以种植花卉和茶叶而闻名，不像天河区过往种植蔬菜和水果。

河南最初的二元分离是商业从农业中分离出来。今天南华西街道靠近珠江岸边一带在清代得江河地利之便，商贸先行繁盛起来，街市店铺兴旺，各种生意红火。

此时的广州在城墙之内，分属南海、番禺二县管治，称为“捕属”，城墙之内的“广州”并不直接管理河南。在清代，河南隶属番禺县茭塘巡检司。茭塘巡检司设在新造，并无足够的人力、物力、财力来保障河南广袤乡村的社会稳定、文化发展，河南的司法、行政很大程度依赖自治性质的“公局”。

“公局”推行的民间自治实乃无奈之举，自治机构填补的是官府遗漏的大量空缺。河南西北部一带的自治机构是“南洲公局”，又称“南洲局”，地点位于缆路尾汛旁。南洲局由河南各乡拥有功名的士绅组成，类似五羊城内的文澜书院。

1921年，广州成立市政厅，正式建市，按省会已设警察的管辖范围作为市的原有区域。河南重新列为广州市警察第十一区署，原来的派出所、分驻所，按顺序改为十一区正署和一、二、三分署。根据1926年10月20日《国民日报》刊载广州市的人口，十一区即原河南范围的人口约21772户100137人。3年后的1929年11月7日广州市人口统计公布：全市176436户811751人。十一区（原河南镇）、十二区（海珠岛除河南镇以外之农村）、十二区一分署即岭南大学的数字如下：当时全岛人口45639户合共188071人，其中，原河南镇范围111360人，农村（含岭南大学）共76711人。

从1911年12月广东响应辛亥革命独立成立军政府，到1937年，广州拆去城墙，迎来一个群雄逐鹿、军阀混战，广州的政权处于频繁交替的动荡时期，河南进入了广州市政府的规划视野，却未能纳入实际管理范畴。

1911年12月，广东军政府成立，都督陈炯明发表“治粤纲要”，划出省城及河南（今南华西一带）直属于都督府。1921年，广州市政厅将整个河南岛纳入市区的范围，但区分了三层边界。第一层边界称“警界”，即已设立警察的范围，又称为“河南市区”；第二层称“权宜区域”，即将设警察之地，范围包括赤岗、客村、鹭江、松岗、岭南大学、旧凤凰、小港、瑶头、庄头等村；第三层称“展拓区域”，包括河南全岛。由于新划定的市区动了原来属于番禺县的地块，导致实际执行困难，在20世纪30年代以前，市政部门的权力基本只限于警界之内。

位于河南同福大街的中国红十字会会址

1929年至1936年，广东进入“南天王”陈济棠时代，珠江北岸的广州市社会稳定、工业发展、经济繁荣。1933年海珠桥建设完成，市区扩张迫在眉睫。广州市工务局局长程天固制定了《发展河南大计划》，在河南规划了工业区、商业区、轻工业区、住宅区及市政中心区域。采用棋盘式的道路系统改造河南交通，并增建林荫大道和公园。1930年5月，广州市工务局先后公布《规划河南市区外路线》及《开拓河南市区计划》等。1932年，广州市工务局绘制广州市道路系统图，拟通过修马路开发河南全区。这个计划得到了广东省政府的支持，省政府也拟在松岗、得胜岗等地建设省府合署。

此时，固守农桑、自给自足，不把管治大权交给北岸的市政府，还是顺应浩浩荡荡时代潮流，投入大广州的怀抱？河南在处理何去何从的问题上出现了“河南县市划界潮”。

早在1921年2月15日颁布的《广州市暂行条例》中就规定，“广州市为地方行政区域，直接隶属省政府，不入县行政范围”。突然出现的市政府并没有从省政府那里接手县衙门过往的大权，毕竟新生事物要与盘根错节了上千年的旧体制较量，并不是一个稳操胜券的战局。在广州市政府成立后的相当长一段时间内，都没有拿到对于河南土地的实际管理权，每当广州市政府要拓展到河南时，河南就以归番禺县而非广州市管辖为借口，拒绝征地。

即便是当年的广东省政府在土地问题上也遇到“钉子户”。省府合署拟在松岗、得胜岗等处征地时，各乡公所也使用“地属番禺县”为由抵制征地，称广州市财政局批准领地是“侵越番禺县权限”。

乡民以番禺县为“挡箭牌”，自然得到番禺县的支持。在1932年的“河南县市划界潮”中，对立的双方可视为广州市市长刘纪文与番禺县县长严博球。决定去向的核心因素是切身利益，“归市”一方是伍应祺等有产阶级，他们希望土地价格上涨；“归县”一方主要是普通乡民，他们希望河南维持原貌，不发展道路，不开办工厂，土地价格不变，甚至下降。

严博球在1931年8月接任番禺县县长。他是陈济棠的老师，行伍出身。所以，番禺县在广州市政府成立10年后还能公然对抗，一方面是因为民愿撑腰，且有后台硬；另一方面是因为严博球敢于动用县兵，驱散对方警察。

最终获得胜利的一方无疑是严博球，广东省政府的答复是：“该区划归市区办理自治，乃□查所谓民意，实不过少数人操纵，且该区向无市管，着即依照旧案办理，自治事务，仍由番禺县办理。”至此，河南县市划界潮以划归番禺县管辖而落幕。

1949年10月14日广州解放，21日成立广州市军事管制委员会，28日广州市人民政府正式成立，隶属于中南军政委员会，为省级行政区域。市政府成立后开始接管各区政权，对市属行政区划做了部分调整，划分为28个区，这是新中国成立后广州市区数最多的时期。其中，城区21个，包括逢源、黄沙、西禅、长寿、沙面、陈塘、太平、惠福、靖海、小北、德宣、西山、东堤、汉民、前鉴、大东、东山、洪德、蒙圣、海幢、南岸等；郊区7个，包括沙河、芳村、石牌、新洲、沥滘、三元等6

个，水上区1个，称珠江区。

新中国成立之后的10年间，广州市一直在调整行政区划。1950年5月，全市28个区合并为16个区和1个直属办事处。其中城区8个，为长寿、河南、惠福、永汉、太平、越秀、大东、荔湾；水上区1个，仍为珠江区；郊区7个，即沙河、芳村、石牌、新洲、沥滘、三元、西村；沙面为直属办事处。1952年9月又把城区合并为5个，即东区、中区、西区、北区、河南区，仍保留珠江区。

1960年8月，撤销中区、郊区，各区改为越秀、东山、海珠、荔湾4个城市区和黄埔、芳村、江村3个以工矿企业为主的区，1个以农业为主的竹料人民公社，海珠作为城区地名正式出现。

1985年1月，从广州市郊区划出部分区域设置天河区、芳村区。至此，广州市辖区为东山、越秀、荔湾、海珠、黄埔、郊区、天河、芳村共8个区。2005年4月，广州调整行政区划，撤销东山区，并入越秀区；撤销芳村区，并入荔湾区；设立南沙区和萝岗区。调整后，广州市辖越秀、海珠、荔湾、天河、白云、黄埔、花都、番禺、南沙、萝岗10个区和从化、增城2个县级市。

2014年2月，广州市公布行政区划重大调整方案：原萝岗区、黄埔区合并为新的黄埔区，从化市、增城市“撤县设区”，广州的行政区划由原“十区二市”变为“十一区”，新广州市总面积由3843.43平方千米扩大到7434.40平方千米。海珠区的管理范围包括海珠岛、东南面的官洲岛和南面的丫髻沙岛等区域，总面积90.40平方千米。

新中国成立至今的70余年，海珠区走过了由城乡二元并存到完全城市一元化的历程，中间的过程曲折反复。从广州解放的1949年到1961年是“河南区”到“海珠区”时期；1950年，蒙圣、海幢、洪德三区合并为河南区，行政街道由21个减为19个；1952年减至14个；1953年减至11个。1956年到1960年，河南区接管了芳村、花地、冲口、新港、瑶头，成立芳村街、山村街、新港街、瑶头街，全区街道为15个。1960年5月，海珠人民公社成立，街道全部取消，城市化脚步停止，海珠人民公社分为新滘、五凤、康乐园、小港、海幢等9个公社。

1961年，公社逐步回复为街道，海珠区共设12个街道，“文革”开始后，海珠区成立革命委员会，取消了街道办事处的名称。1980年后，为适应改革开放的需要，海珠区开始了行政体制城市化的进程，街道数量逐步增加，1984年新增江南中街，1985年新增昌岗中街、晓港街、素社街、基立街，1986年赤岗街划入海珠区。

海珠区完全城市化是以新滘撤村改居为标志。新滘镇地处海珠东部腹地，从成立后一直沿用乡村管理模式。1951年10月，广州市将1950年5月划定的7个郊区合并为4个，新洲、沥滘两个郊区合并为新滘。1956年，白云、新滘、黄埔三区合并成立郊区，新滘还是不算城区。1987年，郊区改名为白云区，新滘区公所划入海珠区，改为新滘镇，依旧保持乡土本色。1998年，广州市进行城市管理体制改革，海珠区新滘镇在2001年至2002年撤销，先后成立南洲街、琶洲街、官洲街和华洲街，其他部分街道或并或撤，至此，海珠区18个街道的格局定型，至今没有再变化过。

回头看城市的历史，就会发现一座城市中各个城区腾飞的时间有着先后差别。

民国初年，广州开始拆城墙、修马路。1918年，广州市政公所正式开始拆东城墙和大东门，墙基辟建为越秀北路、越秀中路、越秀南路，往后一发不可收，广州的现代市政从宽阔的马路开始。

河南修马路较迟，今天纵横于海珠区的主干道如工业大道、江南大道、滨江路、新港路等都是在新中国成立之后修筑的。民国时期，较早开通的是南华路和同福路，后期还有洪德路、小港路、纺织路、同庆路、福场路等。

南华路和同福路都是1926年修建的。这一年，龙溪西约中约、福麟街、紫来街、冼涌、跃龙东街被拆、扩、建为南华路，南华路东西走向，平行于珠江，西起大基头，东到草芳围，砂石路基，沥青铺面，全长2300米，宽11米，是当年最时髦的骑楼式马路。

既然是骑楼，必然是商业旺地，著名的“九条鱼”之一的三如茶楼就在南华路。“九条鱼”是当时广州九间用“如”来命名的茶楼：惠如、三如、太如、多如、东如、南如、瑞如、福如、天如。“如”与“鱼”谐音，“九条鱼”都是佛山七堡乡人来省城开的。三如茶楼开业

旧时南华路

于清代光绪年间，当年的三如茶楼有三层，是河南人饮茶的首选所在，装饰典雅华丽，遍布漆金通花木雕、名人书法绘画。

同福路也是骑楼式马路，是河南的文化古迹街，潘家祠、伍家花园、海幢寺都在同福路上，1904年创办的广州市红十字会医院，也在同福路上。

明朝《永乐大典》收有《广州府境之图》，从明朝地图可以看出广州城的子城、东城、西城三个独立城已经连为一片。清朝光绪年间德国建筑师绘制的《广东省城内外城图》能清晰地看见西关已经发育成熟，道路的密集程度不亚于城内。清末两广总督周馥主持制订了广州近代以来第一个大规模的城建方案，提出沿珠江新筑长堤、河南、黄埔三个商埠，河南方从历史的深处浮出水面。

在广州2237年的发展历程中，海珠区曾经拥有多个地标性建筑，这其中既包括位于近代城市中轴线上的海珠桥，也包括位于当代广州城市中轴线上的广州塔，广州塔更是新中轴线的枢纽。

由于古代没有先进的桥梁技术，因此，广州传统中轴线向南止步于天字码头。在清代《六脉渠图》上，能清晰看到这条中轴线。它从南端起步，进永清门后经大南直街、大南桥再进正南门，入正南门后沿雄镇街向北过双门底，再走承宣直街到终点布政司。布政司前是惠爱中约即今天的中山路——广州城内的东西主干道。传统中轴线串联的是广府学宫、大佛寺、粤秀书院、拱北楼这样的古代文化标志性建筑。

1921年，市政厅取代市政公所之后，广州与以往最大的不同在于，城市管理者对于城市有了主观的规划和设计，赋予城市以发展的理想和未来的前景。当时规划、建设广州的专家们如孙科、茂飞、林云陔、程天固等人，希望以西方城市理论中的理想城市为目标，对广州城市空间进行合理的改造。他们提出了建设市政中枢建筑的方案，并且将方案付诸实践。

“广州近代城市中轴线”北端由越秀山镇海楼起步一路南下，经中山纪念碑、中山纪念堂、市府合署、中央公园、维新路至海珠桥。近代城市中轴线完成了对越秀山与珠江的连接，比传统中轴线更完美地体现了广州山水城市的特征。

近代城市中轴线上的标志性建筑，大部分是民国时期广州城市建设在城市空间改造上的成果。这中间，只有镇海楼是始建于明洪武十三年（1380），其他建筑都是在辛亥革命后至抗日战争全面爆发前这段时间完工。中山纪念堂落成于1931年，市府合署在1934年完成第一期，人民公园（民国时名为中央公园）于1921年完工，起义路（民国时曾名维新路）在1919年修通，海珠桥是1933年建成。

美国建筑师茂飞在1926年为广州规划的城市设计方案中，明确提出了建设跨珠江大桥直通河南的设想，将跨江大桥作为城市中轴线的重要组成部分。茂飞构想了沿着此轴线，用跨江大桥北连旧城区中心、南拓新市区的蓝图。日后国民政府开发河南的市政计划，基本与茂飞的设想吻合。

海珠桥的使命是完成珠江两岸的一体化。它是近代城市中轴线的枢纽，从河南可以通过海珠桥直接穿越广州的中轴线，到达城市标志性的制高点——越秀山。

1930年夏，当时的广州市市长林云陔邀请程天固就任广州城市设计委员会主席一职，程天固同时兼任广州市工务局局长。1930年12月，程天固编著的《广州市工务之实施计划》出版，这个计划规划的是广州市自1929年6月至1932年6月共3年的市政建设。

在这一时期的城市规划中，能够看到当时广州走在了全国前列。海外归来的精英们将新市区和功能布局这两大概念带到广州并加以实施。在《广州市工务之实施计划》中，河南片区作为城市开发的新市区，有专门的篇章对其开发设想进行了深入论述：

> 确定江北之市政中心，即市府合署所在之中央公园，而市府合署的选址亦已确定；拟建新行政区位于河南腹地松冈、得胜冈之高地，目前已拟暂借此地作为省府合署建设预留地；两处市政中心，由宽百尺大马路相联系，珠江铁桥纵贯南北，形成南北并峙之。

河南大开发计划的道路设计，亦提及首要考虑河北、河南之联系。计划指出，须至少建设跨江铁桥3座。此前，民国广东省府合署在选址时曾经考虑过东山的竹丝岗，不过，自1928年以来，竹丝岗被确认为“模范住宅区”，至20世纪30年代初已初成规模。相较之下，河南的选址还比较空阔，用来开辟新行政区更为妥当。后来由于河南本地居民抵制征地，迫于民情压力只好作罢。

1932年，民国广东省府合署又计划另辟城东郊之石牌中山公园（今天河公园）南侧之高地为合署新址，新的城市行政区由南变东。由于进展十分缓慢，直到抗日战争全面爆发也未完成征地，这一计划始终未能实现。

广州城市新中轴线规划始于1984年，广州结合新的发展形势，提出了城市新中轴线的概念。从1984年到2010年，历经26年，新城市中轴线北段基本完成。它北起燕岭公园，向南贯穿火车东站、天河体育中心、花城广场，跨过珠江和海心沙到达海珠区的广州塔，未来的新中轴线南段将延伸至珠江后航道，全程12千米。

新中轴线北段形成在2010年，是因为广州塔以及花城广场周边的地标建筑大部分是在2010年完成土建的。这一年是广州的“跨越之年”，全市地区生产总值突破万亿大关，达到10604.48亿元，城市还成功地举办了第16届亚运会。

新中轴线是广州改革开放30年成绩的总结，它的出现是广州深化改革开放、转变经济增长方式的反映。当时，广州市加快推进现代产业体系建设，着力促进产业结构优化升级，坚持以产业高端化和绿色增长为取向，加快推进中心城区“退二进三”和“腾笼换鸟”步伐，建设了一批重大项目和重要平台，这其中，就包括了“城市会客厅”花城广场上的诸多文化基础设施。

与历史中轴线担负较为单一的政治文化功能不同，新城市中轴线所承担的功能是多元化的，是文商旅多功能合一中轴线。文化地位的提升、文化软实力的增强都突出体现在新中轴线上，“城市会客厅”展示的是城市的公共文化服务，广州大剧院、广州图书馆、广东省博物馆、广州市第二少年宫等美轮美奂的建筑，是属于全体市民的文化场馆，是供大家享受文化服务的场所。

城市中轴线不断东移，是广州落实“东进”战略的成果，南北走向中轴线将整个广州视为东西对称布局，天河区的快速崛起达到了与西边越秀、荔湾均衡的目标。东西对称给予人的直观感觉是南北发展不均衡，“南拓”解决的是南北发展不均衡的问题，广州塔是新中轴线的枢纽，是新中轴线与珠江前航道的交汇点。广州的中轴线一直以来都是南北走向、东西对称，新中轴线第一次跨越了珠江，留下了广州塔作为交汇点。当时代快要进入21世纪中期，我们可以越来越清楚地看到以广州塔为枢纽的十字形轴线，珠江也将是我们城市的中轴线。随着“南拓”深入推进，南北两岸沿着珠江对称发展的局面终将出现。

广州塔落子海珠区，对于珠江前航道南岸的意义非凡。广州塔有足够的力量带动珠江南岸一线的社会经济发展，最先的受益者还是文商旅融合体。

如果说花城广场是广州的“城市会客厅”，位居城市形象的显要位置。那么，琶醍则是城市的“夜间会客厅”，它开启了城市夜经济的七彩魔盒，为游客和市民展示了城市在夜间不一样的风采。

琶醍是文商旅的成功案例，琶醍的意义不只是将旧厂房改造为创意园，并建立了一种独特的盈利模式。站在广州塔上，用大广州的角度看琶醍，它意味着“城市会客厅”的南移、与珠江新城的对称。在夜间，城市打开了另外一间会客厅，这间会客厅既年轻灵动又活力生猛，与海珠区人工智能与数字经济试验区的定位非常吻合。

“南拓”是一个主题，遇到这一主题的每个项目都需要写出自己的文章。2008年7月，为落实“退二进三”战略，珠江啤酒开始迁往南沙，至2015年旧厂正式停产。2010年5月，珠江啤酒以政府规划、企业实施改造的模式，结合建筑改造、功能置换及滨水景观设计，打造琶醍啤酒文化创意区。

琶醍是一个创意园，不过，不能用简单的工业遗存来概括它目前的功能。与工业大道的旧厂房不同，琶醍的时尚、新锐已经完全超越了人们对工业遗产老旧、残缺、以灰色为基调的认知，琶醍是一个年轻人的世界，它张扬个性、七彩流光，展露出新时代广州的国际范和新潮感。

优势：山水形胜

城市、人群与河流交往的方式是复杂的。农业是古代人类与河流最为紧密的联系方式；城市却有所不同，商业与贸易，成为河流造福人群的载体。

瑶溪二十四景是河南人自己对于家园生态环境的总结，是一种文化自觉行为，它反映河南人对于家园故土的认同、热爱、自豪。

说到河南，就要从北江、东江、西江这三江汇三水一路到广州开始说起。清代进士梁佩兰为河南金花庙写的碑记中提道：“五岭以南，广州为一郡会。三江汇于前，巨海环其外。山川清淑，气象开豁。”

“珠江一衣带，海客万斛舟。”珠江带来的是客流，也是物流和财流，“向海而兴，沿江发展”，古今皆如是。在今天，“珠江+”更像是一个生态的点金手。海珠区建设文商旅融合样板区需要珠江，建设城央生态宜居区要依托珠江，建设产城融合引领区要以珠江为基础。“珠江+”能带来高附加价值科创产业，琶洲试验区更是离不开珠江。

祖先秉持上善若水、水利万物的和谐自然理念，在北江、东江、西江汇合处兴建了广州古城，珠江不仅为广州带来了生活便利，也带来了航运财富，使得广州成为一座2000多年来因水而荣的港口。在广州建城的2000多年中，广州的城市发展经历了巨大的变化，变化最大、对广州城市形态发展影响最深刻的莫过于城市水系的变迁。

从古至今，“羊城八景”中都有纯自然山水和人文景观，不过比例不同而已。一直没有改变的是云山珠水的地位，从宋代的珠江秋月、元代的白云晚望一直到2011年的珠水流光、云山叠翠，山、水在广州人的心目中，有着至高无上的地位。对于自然的热爱是广州人的生活理念，这种理念不仅投射到云山珠水，也覆盖了身边的草木泉石。

从任嚣、赵佗、步骘等广州建城者的初始营造，到历朝历代的“羊城八景”，再到刘彤、居巢们的触目即景、歌咏瑶溪，广州山环水绕的自然环境没有变，人们对于广州山水的热爱却在与日俱增。千百年来，热爱不减，从来未曾辜负造化对于羊城的偏爱。

广州山环水绕，自然环境得天独厚，旧时建城的选址甚至符合古代建都的标准。《管子·乘马》说："凡立国都，非于大山之下，必于广川之上。高毋近旱而水用足，下毋近水而沟防省。"《管子·度地》又说："圣人之处国者，必于不倾之地，而择形之肥饶者。"夏朝的都城阳翟在颍水边，商朝都城商城在黄河边，殷墟在安阳洹水边，长安在渭水边，南宋临安在钱塘江边，广州在美丽富饶的珠江边。

古人由衷赞美广州城的山水格局气势雄伟壮阔，"包山带海，……连山隔其阴，巨海敌其阳，……五岭峙其北，大海环其东，众水汇于前，群峰拥于后，……真形胜之国"。山、岭、水、海环绕汇聚，是真正的"形胜之国"。

若从堪舆学的角度来看广州，北面多山岭，白云山百里腾龙，南面是广阔的平原，珠水有情，乾关巽窍，环抱大地。有人说广州老城区是五大龙脉出海。海珠岛北接越秀、天河之旺气，五条龙脉南贯而下，从西到东恰似五龙渡海：第一脉由象岗山、光孝路、五仙观过珠江到南华西、海幢寺、聚龙大街，至梅园、沙园；第二脉是广州市的传统城市中轴线，北起白云山摩星岭、越秀山，向南从中山纪念堂、市政府、人民公园、起义路、海珠广场，到海珠区宝岗、万松园、瑶头、礼岗、燕子岗、石溪、石岗；第三脉发自麓湖、横枝岗、竹丝岗、龟岗，渡海到云桂、康乐园、五凤山、漱珠岗；第四脉是广州新中轴线，北起燕岭，经火车东站、中信广场、体育中心、珠江新城、海心沙渡海到广州塔、海珠湿地；第五脉由火炉山发脉，经岑村、汇景新城、天河公园、琶洲、北山、仑头入生物岛、官洲、大学城再渡海到文山、尖岗。

江南人吴兴祚清康熙年间任两广总督，他修复广东贡院，资助出版了屈大均的《翁山诗外》《广东新语》《广东文选》《广东文集》《十八代诗选》等著作，是一个岭南文化的有功之臣。他在为修建河南小港桥是岸庵撰写的碑记中是这样讲述河南的："东粤十郡凡三江。西江通牂牁，北江汇湟武，合于三水县，南分为数支。其自石门而出于广州城下者为珠江。其南一支，自三山而注于深井，与珠江合而俱东，泛滥于扶胥之口，会东江而入于海。珠江、深井两江之间，平岗广原，盘亘数千里。广人所谓河南也，其乡三十有三，缭以小河。潮长则大舟可入。三十三乡虽隔珠江，犹附郭也。”

说到河南，就要从北江、东江、西江这三江汇三水一路到广州开始说起。清代进士梁佩兰为河南金花庙写的碑记中提道：“五岭以南，广州为一郡会。三江汇于前，巨海环其外。山川清淑，气象开豁。”

“珠江一衣带，海客万斛舟。”珠江带来的是客流，也是物流和财流，“向海而兴，沿江发展”，古今皆如是。在今天，“珠江+”更像是一个生态的点金手。海珠区建设文商旅融合样板区需要珠江，建设城央生态宜居区要依托珠江，建设产城融合引领区要以珠江为基础。“珠江+”能带来高附加价值科创产业，琶洲试验区更是离不开珠江。

在修筑沿江路、滨江路堤坝之前，海珠区的轮廓是大自然每年都要重新描画的。古代，珠江的岸线并不固定，淤泥逐年增多，河北的岸线向南推移，河南的岸线向北推移。1910年，江堤竣工，从东濠口到粤海关，全程近4千米，珠江在城市段的轮廓开始固化下来。此后，海珠区也开始建筑江堤，河南岛的轮廓不再漂移。

秦汉时期珠江宽达2000米（相当于从西湖路至广州市第二工人文化宫后）；晋代时珠江宽约1700米（相当于从坡山古渡至宝岗北）；唐代时减至约1400米（相当于从惠福路南至同福路）；宋代时，珠江江面仍然比较宽阔，约有1100米，此时的珠江仍有“小海”之称。元明清时，江岸继续南移，清代中期以后抵达今西濠二马路一带，此时，珠江已由“小海”改称为“省河”。如今海珠桥处珠江宽约180米，仅及汉代的约1/10。

祖先秉持上善若水、水利万物的和谐自然理念，在北江、东江、西江汇合处兴建了广州古城，珠江不仅为广州带来了生活便利，也带来了航运财富，使得广州成为一座2000多年来因水而荣的港口。在广州建城的2000多年中，广州的城市发展经历了巨大的变化，变化最大、对广州城市形态发展影响最深刻的莫过于城市水系的变迁。

古代广州处于河口与海洋交接地区，入海口附近的珠江，水面宽阔，潮汐涌退，是个大海湾，广州正处在大海湾的湾头河口区。华南历史地理学宗师曾昭璇在《广州历史地理》中认为：珠江古时是很阔的，又有海潮涌入，故当地人不称珠江而称“珠海”。北宋地理学家朱彧在

《萍洲可谈》卷二称："广州市舶亭枕水，在海山楼，正对五洲，其下谓之'小海'。"故过江称"过海"，小海是和古扶胥镇的大海（今狮子洋）相呼应，狮子洋为内洋，与虎门外的外洋又有不同。大海是西、北江三角洲和东江三角洲分界海，故被称为内洋（即狮子洋）。宋杨万里诗："大海更在小海东，西庙不如东庙雄，南来若不到东庙，西京未睹建章宫。"说的就是南海神庙的事情，也可以从中看到小海、大海之差异。

城市、人群与河流交往的方式是复杂的。农业，是古代人类与河流最为紧密的联系方式；城市，却有所不同，其商业与贸易，成为河流造福人群的载体。

正如美国当代历史学家彭慕兰所言："贸易改变世界。"

小海只能造就一个内河城市，而大海成就的是国际都会。曾昭璇教授认为：广州三江总汇的地理位置，是由于东、西、北三江汇合于此而来。但是如果由水文上来看，广州并非只是三江总汇。西江由马口峡出磨刀门，北江由西南直出洪奇沥，东江由新塘直入狮子洋后，顺潮流入广州是很方便的。这个地形特点不只使广州形成一个河网中心，建立起一个早期的"都会"，而且对这个都市的繁荣起了保证的作用。

曾昭璇教授对于古代广州的认定是"海岸河口城市"，这是比较确切的，"海港何时转为河港？我们认为元代以后，即开始渐渐转为河港，到清代珠江改称为'省河'，就基本上和今天一致了"。

大航海时代，所有位于富裕内陆大江大河入海口的城市，都繁荣兴旺起来，伦敦、纽约是典型的例子，广州成为全球贸易的重要结点之一，海珠区之于广州，如同曼哈顿之于纽约，港口城区永远是城市的风帆，为城市的远洋提供动力。

珠江的财富是多元化的，也是为全世界所共有的。后代在如何利用珠江文化财富方面取得了不少突破。广州大剧院建筑方案构思为"圆润双砾"，立意来自海珠石的传说，寓意一对被珠江水冲刷形成的"砾石"。广州大剧院位于城市中轴线与珠江北岸的交汇处，它是通过类比的手法，使建筑和城市景观融合共生。

今天的广州是一座山水城市、国家森林城市。对于自然生态的尊重和合理利用并不是从现在开始，古代广州人很早就开始了实践的起步。

“羊城八景”是在整个广州范围内寻找自然文化的知名品牌。根据清康熙年间《南海县志》、乾隆年间《广州府志》记载，宋代就有了羊城八景的认定，那时的羊城八景为扶胥浴日、石门返照、海山晓霁、珠江秋月、菊湖云影、蒲涧濂泉、光孝菩提、大通烟雨。

到了元代，羊城八景变为扶胥浴日、石门返照、大通烟雨、蒲涧濂泉、粤台秋月、景泰僧归、白云晚望、灵洲鳌负。与宋代相比，录选的景点有一半发生了变化。

与宋元相比，明代的羊城八景几乎全部更新。据《羊城古钞》引《明志》及清宣统庚戌版《南海县续志》记载，明代羊城八景为粤秀松涛、穗石洞天、番山云气、药洲春晓、琪林苏井、珠江晴澜、象山樵歌、荔湾渔唱。

到了清代，羊城八景出现琶洲的踪影，粤秀连峰、琶洲砥柱、五仙霞洞、孤兀禺山、镇海层楼、浮丘丹井、西樵云瀑、东海渔珠。

1963年版的羊城八景为白云松涛、萝岗香雪、越秀远眺、珠海丹心、红陵旭日、双桥烟雨、鹅潭夜月、东湖春晓。

2002年，新世纪羊城八景出炉，分别是云山叠翠、珠水夜韵、越秀新晖、天河飘绢、古祠留芳、五环晨曦、黄花皓月、莲峰观海。

2011年的“羊城新八景”分别为塔耀新城、珠水流光、云山叠翠、越秀风华、古祠流芳、荔湾胜境、科城锦绣、湿地唱晚。

从古至今，“羊城八景”中都有纯自然山水和人文景观，不过比例不同而已。一直没有改变的是云山珠水的地位，从宋代的珠江秋月、元代的白云晚望一直到2011年的珠水流光、云山叠翠，山、水在广州人的心目中，有着至高无上的地位。对于自然的热爱是广州人的生活理念，这种理念不仅投射到云山珠水，也覆盖了身边的草木泉石。

河南的水系除了珠江前后航道，还有自己的河涌。热爱珠江的河南人也热爱着身边的涓涓溪流、清清河涌。今天的海珠涌过去是一条横贯东西、长约五千米、水面宽阔的河涌，分为四段：第一段是鸭墩涌，从鸭墩口到云桂桥；第二段是小港涌（或名云桂涌），从云桂桥到待月桥（今利济桥）；第三段是著名的瑶溪（又名马涌），从待月桥到汇津桥；第四段是龙尾涌或者仁济涌，从汇津桥到凤凰岗口，出珠江前航道。海珠涌还有一条支流，原名运粮河，后改名漱珠涌，在汇津桥这里汇入海珠涌。

河南瑶溪二十四景的知名度较难和羊城八景相比，不过，瑶溪二十四景是河南人对于自己家园生态环境的总结，是一种文化自觉行为，反映河南人对于家园故土的认同、热爱、自豪。

与今天“羊城八景”通过评选而出不同，瑶溪二十四景完全是一个人说了算。总结瑶溪二十四景的刘彤也不是达官显贵，而是生于瑶溪、长于河南的一位普通布衣，大约在清道光二十年（1840）前后，他写成《瑶溪二十四景诗》。在解读为什么要总结归纳瑶溪二十四景时，他写道：“余乡颇富溪山云水之胜，儿时钓游所至，心焉系之。庚子之岁，避客村居。暇辄桐帽棕鞋，重寻陈迹，至则花林溪鸟，依依如见故人……以至一草一树、一石一泉，莫不形诸歌咏，以志流连爱慕之情。岂于生长之区，而反阙如。既乃，即所会心处，区别名目，适得二十四景。因讶曰：是不啻摩诘之辋川也。”

一个最终回到故乡的游子，在歌咏了天下的“胜壤名山”之后，忽然发现儿时常嬉戏的地方，和唐朝大诗人王维隐居的辋川一样有着“绚染烟霞”的美丽。他不禁把目光和才华投注在河南的溪山云水、林花溪鸟上，系统地归纳了二十四景，用五言绝句写了二十四首诗来赞美身边的这二十四景。

如果没有刘彤等一众文人，如果缺乏文化主体自觉的创作和传播，一定不会有“瑶溪二十四景”的问世。天地有大美而不言，文人的作用就是为山水代言。瑶溪二十四景与“羊城八景”一样也分为自然景观、人文建筑两大类，自然景观的关键词有泉、坡、岗、坪、岸等，人文建筑的关键词有厦、池、轩、桥、亭、居、道、屋、闸等。

或许在当时就有人出来质疑瑶溪二十四景的权威性：“十丈红棉道”不过是村子东北一条种有红棉的小路，“鉴空处”更是一块“独无一树”的空阔之地，“云林画意坡”是刘彤借用元代山水画大师倪瓒（号云林）的作品意境来界定南坡疏竦的几棵古木，这些村头巷尾的寻常场地怎么可以被称作风景？明白了诗人对家园的偏爱，也就会对这样的质疑释然。

当然，瑶溪二十四景也有满目的明媚春光。“蒸霞岸”边遍种桃树，春天来时，嫣花笑风、粉云在树，落英坠水演绎胭脂雪满溪。“合流津”纡曲萦回、流水绕村，出入广州则一橹两桨，是不亚于苕霅二溪（苕溪、霅溪是唐代诗人张志和隐居之所，在今浙江省湖州市境内）的“风景清美”之地。

瑶溪二十四景中关于农业的关键词是“田”，河南多田，种茶种素馨。《茶田》一诗的小序是这样的：“余河南以茶名粤中久矣。而茶田多在余村，故尝自署‘河南种茶之农’。”《素馨田》的小序写了为什么自家田地要种花：“沙地不宜禾。余村与庄头接壤处皆沙地，是多花田，本不妨稼穑事也。花农白晓收获转贩城市，余香在丛，犹媚行路……相传，南汉美人素馨故里，或曰葬处，刘氏之玉钩斜也。美人生爱此花，葬后花生塚上，故花特宜于此处云。”诗是这样写的：

今日种玉田，
昔日埋香地。
枉是同乡人，
不作上农计。

瑶溪二十四景关于商业的关键词是“市”，《茶市》一诗有一个简短的序言：“市当石冈西麓，侵晨则荆钗布裙，筠笼箬管，咸集于此。”诗的开头很像《悯农》：

摘茶日当午，
卖茶日向晨。
青娃白头姥，
也非游手民。

与不同朝代“羊城八景”中的菊湖云影、光孝菩提、景泰僧归、药洲春晓带着城市的书卷气和香火气不同，瑶溪二十四景更像象山樵歌、

劳农亭（辑自《瑶溪二十四景册》，崔芹作）

荔湾渔唱，是质朴醇厚的田园牧歌。“劳农亭”没有什么雅士骚客到访，“春耕夏耘，田夫野老，相慰劳苦，多休息于此”，“每当良苗交风，平畴翻浪”，看到“近山远树，深浅一碧”的景观，便会“心目俱悦，思语毕鲜”。“听秋居”不过是“村人市茶其间”的普通茶居，但是“窗山隐几，水风拍扉”，一壶粗茶、几句乡音，足以慰平生。

瑶溪二十四景并非巍峨壮丽的高山大川，只是家园四周的寻常阡陌。在一个热爱故乡的河南人眼中，它们慰藉着游子思乡的秋梦，陪伴着他们在颠沛流离的旅途中等待着来年的春天，返回故里。

因为都是以居住地为中心，瑶溪二十四景之间必然存在空间联系。第一景“石冈”是村子里的主景，崔嵬孤耸、雄峙村中，上面有两棵椋树，蓊蔚婆娑，围绕着石冈，是村子的商业中心，“环麓为市，虾菜集焉”。

后面的“独榕厦”“茶市”“涤砚池”“泉中泉”都是以“石冈”为村中原点的，“独榕厦”在“石冈迤北”，是典型的村口大榕树；“茶市”在“石冈西麓”；“涤砚池”在“村之南，去石冈数百步”；而“泉中泉”在“涤砚池”内。

因此，瑶溪二十四景不像“羊城八景”那样分布在广州的四面八方，而且，各个朝代的八景都变换地点。瑶溪二十四景一经问世便被认定，之后的反复解读都没有变更景点，1840年认定的瑶溪二十四景直到

石冈（辑自《瑶溪二十四景册》，崔芹作）

今天依然还是那“二十四景”，尽管很多景点已经旧迹难寻。

因为热爱，所以认同。如果将瑶溪二十四景的创作、传播视为一个文化现象，我们可以清晰地看到文化主体在创作、传播过程中的家园意识。

瑶溪二十四景的首定义者是河南布衣刘彤，后续接力者也都是河南人。《瑶溪二十四景诗》本是刘彤的作品，在鸦片战争后，诗文佚失于

独榕厦（辑自《瑶溪二十四景册》，崔芹作）

野。幸得乡人蒙杰生偶见于市，买回来送给了岭南画派的开山鼻祖居巢。

第二个接过瑶溪二十四景接力棒的是河南隔山乡人居巢，居巢是刘彤好友。居巢如获至宝，邀请乡邦名宿杨永衍、吕鉴煌、陆芳培、罗信芳、杨文杓、杨文桂等唱和刘彤二十四景诗，并将自己及友人写的和诗与原刘彤诗编为一册《瑶溪二十四景诗》，斥资开刻。《瑶溪二十四景诗》一书由苏道芳序，杨永衍刻，于清光绪三年（1877）面世。不久，杨永衍又把自己及诗人墨客的吟咏，编成《瑶溪二十四景杂咏》，于光绪十年（1884）出版。

居巢等人为瑶溪二十四景诗唱和的作品，还是沿用五绝这种较有古意的体裁。到了《瑶溪二十四景杂咏》，则采用七绝，文人情调浓郁，诗中竞相掉书袋，大量用典，已经不复乡野的淳朴之气，但是，客观效果是一纸风行、传扬益广，使得瑶溪名噪一时，来游者众。

到了民国三年（1914）五月，丹山派画师崔芹将二十四景绘成画卷，请国学大师汪兆镛题跋，香港艺术馆收藏了该作品。1937年，又有学者黄锡凌先生写成《瑶溪二十四景寻踪录》并刊刻，瑶溪的故事得以传唱至今。

从任嚣、赵佗、步骘等广州建城者的初始营造，到历朝历代的“羊城八景”，再到刘彤、居巢等文人们的触目即景、歌咏瑶溪，广州山环水绕的自然环境没有变，人们对于广州山水的热爱却在与日俱增。千百年来，热爱不减，从来未曾辜负造化对于羊城的偏爱。

斗转星移、沧海桑田，百年之后换了人间。

古瑶溪二十四景遗迹除“石马岗”“待月桥”“合流津”三处外，其余皆已不存。不过，人们不会忘记瑶溪二十四景，海珠人希望未来岁月的传说中依然有它的传奇。在2013年“第三届岭南书画艺术节”开幕现场，海内外50多位书画名家共同创作了长达60米的“瑶溪二十四景”书画长卷，长卷采用一书一画、书画结合的形式，让曾经的青山绿水漫漶于笔墨之间，凝固在宣纸之上，也永久留存在每一个热爱海珠的赤子心中。

出世：禅风、仙骨、雅意

时间来到了21世纪，宗教的世俗化是不可逆转的大趋势。对于广州来说，宗教的世俗化并不需要宗教改革才能实现，在这座兼容、包容、平和的南方都市，宗教一开始就是世俗化、平民化的。海幢寺、纯阳观就像老友，它们面目可亲、姿态柔软，静静地陪伴着这座城市，听着无数海珠市民细细碎碎的祈祷，并且还将一直陪伴下去。

古代中国，信仰的门派五花八门，除了儒、道这样的正统之外，还有众多自然信仰、民间崇拜。佛教寺庙在这样公平竞争的环境中想要冲出重围，没有过人之处和犀利大招是不行的。

能与广州城、广州人相伴走过几百年，并非一件轻而易举的事情。海幢寺与光孝寺、六榕寺、华林寺、大佛寺并称广州佛教五大丛林。五大丛林各有特色，皆有让人信服之处。在海幢寺，这样的信服，除了佛教本义的弘扬，还有儒学诗画的兼顾。

广州佛教文化的特色是烟火气息、平和姿态，市民主导着佛教文化趣味。对于广州人来说，宗教并非严苛的戒律、高不可攀的教义，而是生活的旅伴，是需要安慰时的导引。

古寺自然经历多，岁月的经历体现在翻修上。海幢寺得到的重视不仅体现在经过多次翻修，更主要的还是高官的重视，很多碑刻、题记出自督抚、尚书们之手。围绕着海幢寺，形成了一个圈，层层叠叠，不断诠释着海幢寺厚重的历史。

凡是古老，总有变迁。

所有的变迁不过是风吹幡动，本来无一物，何处惹尘埃?

如果说海幢寺是一代又一代僧人接续树立起“禅风雅意”的旗帜，那么，纯阳观则是一个人打造“天文道观”的世界。

如果从东汉算起，佛教传入中国至今已经有2000多年历史。众多高僧在大江南北留下的古刹名寺，成为中华文化不可分割的一部分。从秦到清，广州并非封建大一统帝国政权的中心，因而，广州的寺庙都没有与皇权结合的机缘，但这并不妨碍“五大丛林”各自精彩，具有各自的特色。

旧时，羊城佛教体系的骨干就是光孝寺、六榕寺、华林寺、海幢寺、大佛寺构成的“五大丛林”。“五大丛林”中唯一渡过珠江到达河南的便是海幢寺。

海幢寺的前身据说是南汉千秋寺，千秋寺是环绕兴王府（南汉时改广州为兴王府）的二十八寺之一。二十八寺的名字见于南宋人方信孺所作的《南海百咏》诗，诗的序言云：“以下二十八寺，列布四方，伪刘所建，上应二十八宿，尚大半无恙。”诗云：（东七寺）“慈度天王更觉华，苍龙东角梵王家，普慈化乐成尘土，兴圣犹兼觉性夸”。（西七寺）“文殊千佛显真乘，水月光中见定林，昭瑞当时连集福，咸池今日应奎参”。（南七寺）“井轸南宫焕宝光，千秋古胜并延祥，只今两寺无名字，地藏旁联四实方”。（北七寺）“国清尊胜北山隅，证果报恩同一区。地藏荒芜并报国，尚余悟性斗牛墟”。

按照《南海百咏》的记录，兴王府二十八寺的名称应该是：东七寺有慈度、觉华、梵王、普慈、化乐、兴圣、觉性；西七寺有千佛、真乘、水月、定林、昭瑞、集福、咸池；南七寺有宝光、千秋、古胜、延祥、地藏，还有两寺，方信孺也不知道名字；北七寺有国清、尊胜、证果、报恩、地藏、报国、悟性。

千秋寺为南七寺之一，至于千秋寺到底在哪里？存在两种说法，一种是《图书集成·职方典》引《广州府志》的说法：“（药洲）洲南有千秋寺，元季俱毁，今故址为按察司。”另一种是阮元的海幢寺说，《广东通志》称：“海幢寺在河南，盖万松岭福场园地也。旧有千秋寺址，南汉所建，废为民居。”第二种说法今天普遍为大众所接受，第一种说法指千秋寺在今天的越秀区，得到一些专家的认可，曾昭璇教授就认为第一种说法较为合理。

广州的古寺都与树有着缠绵几百年的渊源，六榕寺先且不提，寺名已经说明了一切。光孝寺有菩提树，就在六祖瘗发塔旁边。这棵菩提树的母树是萧梁天监元年（502）由印度僧人智药三藏从天竺引种所植。智药三藏是中外文化交往史上的高僧，据说当年他曾预言，过170年后，有肉身菩萨于此树下开演上乘，度无量众。174年后，六祖惠能果然在这棵菩提树下落发受戒，开南派顿悟禅宗。

海幢寺也有3株300年以上树龄的菩提树，是从光孝寺分植出来的。不过海幢寺中最古老、最有名的古木是一株鹰爪兰，已有400多年的历史。据说这株鹰爪兰原是明末郭家花园就有的，年代自然比海幢寺还要久远，因而有“未有海幢寺，先有鹰爪兰”之说。

清初著名诗人王士祯在《皇华纪闻》中是这样描写这株鹰爪兰的：“海幢寺鹰爪兰一株，藤本。树干樛（纠）结为一，大至两围。二月花发五瓣，始青渐黄。花如鹰爪，香较鱼子兰稍浓。”

为鹰爪兰写抒情诗而不是王士祯式说明文的是海幢寺僧人。僧人们与鹰爪兰朝夕相处，体味领悟自然不同于游人过客，“莲社千年留胜迹，天香万里动游人”。鹰爪兰的传说，想必海幢寺的僧人们都听说过，不过，在诗句中，他们都没有提到那个倔强刚硬、宁死不屈的婢女兰香。

海幢寺前身为千秋寺，千秋寺废后，到了明朝成了富豪郭龙岳的宅院。有关鹰爪兰的各种传说也由此而起，其中较为通行的一个版本是：婢女兰香因主人丢失翡翠玉扣被怀疑，受到连番毒打，为证自身清白，兰香含恨投井自尽。郭家自知理亏，遂填埋水井灭迹消灾，谁知废井里竟长出茁壮新苗，历劫不死，即今人所见的鹰爪兰。

古代中国，信仰的门派五花八门，除了儒、道这样的正统之外，还有众多自然信仰、民间崇拜。佛教寺庙在这样公平竞争的环境中想要冲出重围，没有过人之处和犀利大招是不行的。

河南和广州的城内、西关一样，古时是满天神佛。老广州人并没有明确的宗教皈依，什么好用、有用便拿什么来参拜。因此，河南有宝岗的谭公庙、溪峡的三娘庙、蒙圣里的华光庙、凤凰村的天后庙、大塘的康公庙、龙溪的不忧庙。除了海幢寺和纯阳观，最有名的要数金花庙。金花是广州本地人，主要功能是保佑多子多福，因此，拜她的信众甚多。她的庙被毁多次，又重建多次。1875年，长居广州的英国人格雷出版了一本《漫步广州》，当中记述了他用7天时间游遍广州全城的路线。第一天的行程，就包括了河南的海幢寺、伍家花园、纯阳观和金花庙。

能与广州城、广州人相伴走过几百年，并非一件轻而易举的事情。海幢寺与光孝寺、六榕寺、华林寺、大佛寺并称广州佛教五大丛林，五大丛林各有特色：光孝寺与六祖的渊源自不必说；六榕寺有“一塔有碑留博士，六榕无树记东坡”的传奇故事；华林寺前身为西来庵，与达摩的事迹关联密切。佛寺想要服众，必有让人信服之处。在海幢寺，这样的信服，除了佛教本义的弘扬，还有儒学诗画的兼顾。

今天，城市为市民提供了图书馆、博物馆、文化馆等公共文化服务设施。在没有“三馆”的年代里，海幢寺的成功源自天时地利人和。天时是大清王朝虽然走到了穷途末路，但是依然有着阶段性的承平时光；地利是河南并非番禺县治所在，也就没有学宫和孔庙，寺庙正好填补了这一空白；人和是海幢寺不仅自身历代住持都是饱读诗书之人，而且海幢寺的邻居就是伍家花园和潘家花园，谈笑皆鸿儒，往来无白丁，潘家、伍家的参与助推了海幢寺的风雅。

岭南佛门自古不缺能书善画之人，尤其是明清易代之际，以天然和尚为代表的岭南寺僧迅速崛起。他们以海幢寺等岭南寺院为主要活动场所，修习佛法，赋诗讲学，借书画娱情，与文士雅集，将禅风雅意冶于一炉。

广州佛教文化的特色是烟火气息、平和姿态，市民主导着佛教文化趣味。对于广州人来说，宗教并非严苛的戒律、高不可攀的教义，而是生活的旅伴，是需要安慰时的导引。寺庙也并非冷冰冰的禁地，它们身处闹市，更像是城市提供的一个心灵安慰场所，有需要时去拜拜佛和去逛街串门一样。众神在民间参与世俗的欢乐，宗教就必然带有民间的特色，祈祷非常日常化的生活内容。

古寺自然经历多，岁月的经历体现在翻修上。海幢寺得到的重视不仅体现在经历多次翻修，更主要的还是高官的重视，很多碑刻、题记出自督抚、尚书们之手。围绕着海幢寺，形成了一个圈，层层叠叠，诠释着海幢寺厚重的历史。

海幢寺早在南汉时期就已存在。清道光《广东通志》对海幢寺这样记载："海幢寺在河南，盖万松岭福场园地也。旧有千秋寺址，南汉所建，废为民居，僧光牟慕于郭龙岳，稍加葺治，颜曰'海幢'。"建于南汉时期的千秋寺，在南汉覆灭后便湮没于民居之中。到了明代末年，富商郭龙岳以千秋寺周遭一带为私家园囿，命名"福场园"。时至清朝初年，两位僧人从福场园募捐得来一些土地兴建起海幢寺，经营有年后使其成为广州五大佛教丛林之一。

清康熙十一年（1672），海幢寺得平南王尚可喜资助，建筑了天王殿，寺庙规模也同步扩大，向北至珠江南岸，向南至万松岭，人称"岭南雄刹"。清人仇巨川在《羊城古钞》中有记："海幢寺，在河南。始为郭家园，僧池月建佛殿，僧今无改创大殿、经阁、方丈、僧寮。国朝康熙十一年（1672）平藩建天王殿，巡抚刘秉权建山门，宏丽庄严，为岭南雄刹。"海幢寺不仅是弘扬佛法之处，还是清代广州著名的游览胜地与文人聚会之所。

清中叶到民国初年，社会的经济结构、政治体制、文化形态、价值观念、生活方式都在变化转型。信仰不再是传统农业社会的盲目崇拜，而是向着以人为本、为我所用的现代民间信仰体系过渡，官府也借用这一文化空间来作为外交场所，服务广大行商、接待外国使团。

清嘉庆二十一年（1816）七月，两广总督蒋攸铦批准，允许广州洋行商人到海幢寺游览："英吉利夷人从前禀求，指一阔野地方行走闲散，以免生病。曾准于每月初三、十八两日，令赴关报明，派人带赴海幢寺、陈家花园内，听其游散，以示体恤。"虽然是定时定点，还需专人带赴，但聊胜于无，众多外国人对海幢寺都印象深刻。美旗昌洋行雇员亨特就常到海幢寺游玩，称海幢寺为"河南大庙"。在其回忆录《旧中国杂记》中，亨特这样记述："到商馆对岸河南的大庙一游，总是很有意思的。这座庙宇是华南各省中最大最漂亮的寺庙之一。"

在清代历史记录中，海幢寺曾两次作为官方正式接见外使的场所：一次是乾隆五十八年（1793）十二月，两广总督长麟在海幢寺为马戛尔尼率领的英国使团接风；另一次是乾隆五十九（1794）十月，两广总督长麟在海幢寺接见德胜率领的荷兰使团并验看国书。

选择佛教寺院接见外使，而不是在地方官府所在地，这并非出于大清国的傲慢，而是由当时清政府的外交体制所决定的。清初和清中叶，皇帝正式接见外国使团的地点，并不在故宫，多选择在颐和园、圆明园等皇家园林。这一外交惯例，一直延续到光绪在文华殿接见外国公使才发生变化。

19世纪末，海幢寺还迎来了俄罗斯皇储尼古拉二世，随行人员乌赫托姆斯基记录下1891年俄皇储参观海幢寺的日程："天色渐晚。晚餐前太子殿下化名乘小船去了城市南郊的河南岛，参观那里的佛教寺庙Hai-Chwang-Sze（海幢寺）。"

作为广州唯一指定对洋人开放参观的场所，海幢寺在东西文化交流方面发挥了其他寺庙没有发挥过的作用。海幢寺的繁盛也有着十三行繁盛的时代背景。

海幢寺因相继接待了英国马戛尔尼使团和荷兰使团，成为欧洲人眼中最为知名的中国佛寺，具有特殊的外交意义。相应地，海幢寺的建筑与佛像也一度成为外销画的主题，海幢寺的图像已经超越了语言，向西方观众生动展示了海幢寺的各个方面。

现存的海幢寺外销组画共三组版本，两组藏于伦敦大英图书馆，另一组藏于广州海幢寺，均为水粉画。海幢寺所藏版本，由西班牙人阿格特于1796年订购，共48幅，附有西班牙语注释，与大英图书馆版的画面尺幅基本一致。阿格特作为西班牙皇家菲律宾公司的首任经理、广州西班牙商馆的首任大班，在1796年，私人订购了海幢寺的组画并用西班牙语做了注释。在这些外销画中，海幢寺作为纯粹的宗教空间出现，承载着东方建筑和信仰元素，并没有描绘人群活动。

古寺名刹，都有一个不同凡响的名字，为何取"海幢"为寺名？

康熙十八年（1679），广东提刑按察使司王令所撰《鼎建海幢寺碑记》中说："盖取效法于海幢比丘之义。"这是比较可信的说法，《广州宗教志》也采用了这种说法：取名"海幢"，是取佛经中"海幢比丘在昔能修习般若波罗蜜，入百万阿僧祇劫，了无障碍"之意。

还有一种说法与韩愈有关，比较牵强。刘光熊《和刘简臣海幢修禊》诗注中说："韩诗有'盖海旗幢出'之句，寺名本此。"正巧，韩愈这首《送郑尚书赴南海》也是与广州有关，它的前四句是："番禺军府盛，欲说暂停杯。盖海旗幢出，连天观阁开。"

说到海幢，必然提到河南，海幢寺与河南是紧密联系、须臾不可分离的。《鼎建海幢寺碑记》开头便道明了此种关系："当郡城都会大河之南，昔曰卢城，今曰河南。考古迹，盖万松岭福场园地也。旧有千秋寺，址地颇旷，相传为南汉所建，久废为居民产。前有僧（光半、池月）募于长者郭龙岳，稍加葺治，成佛堂、准提堂各一。颜曰海幢，盖取效法于海幢比丘之义。"

今释和尚在《海幢寺大雄宝殿上梁文》中也对河南宝地大加褒扬："我此海幢法地，实惟宗席要津。脉连穗石，手垂阛阓之中，势隔珠江，身隐波涛之外。右云岫而左白鹅，前石门而后黄木。花田瘗粉，销沉钗钏三更。龙尾翻云，散落珠玑万斛。"从地理方面看，海幢寺北有云山，南有珠水，西联石井的石门，东接黄埔的黄木湾；从历史方面看，不仅有素馨的故事，还有龙导尾的传说。

每一座古寺都藏着人们无法想象的悲喜历史。长达数百年，历经兵火天灾而不毁，自然有着它坚韧的力量。考察海幢寺的历史，我们可以从前人的诗句中寻找尘封故事的浮光片羽。王之春《游海幢寺》有"海幢寺古海珠新，再溯千秋迹已陈"，诠释海幢寺前身为千秋寺。文星瑞在《海幢寺》中写道："英雄好杀偏皈佛，衲子多才半解诗"，说的是平南王初入广州，想杀尽河南百姓，因老僧一言而止，转而捐钱建寺。

对于广州人来说，海幢寺既是寺庙又是公园。有段时间它的名字就叫公园，有段时间它的名字只是寺院，不过，广州人并不在意它的名称变化。海幢寺是佛门净地，但它并不封闭，只给出家人出入，而是大门打开，四方宾客都在这里鱼贯而入又蜂拥而出。很多人慕名而来，流连各处厅堂，体悟超凡脱俗的境界，留下诸多关于海幢寺的篇章。

海幢寺有清幽的环境，"鹰爪兰风晴乍爽，菩提花雨过添凉"（尤步星《张墨池邀集海幢寺镜空堂品斋》），是"参天云树老，遍地雨花香"；有着"珠海渔歌""古榕低阴""映水荷花"，就算是闲来走走，也是不错的去处。

在没有公园的年代，海幢寺就是河南市民的公园，单独一个海幢寺就有“海幢八景”： 花田春晓、古寺参云、珠江破月、飞泉卓锡、海日吹霞、江城夜雨、石磴丛兰、竹岭幽钟。

花田春晓：小圃烟初泛，蒸霞半绿搴。晴光惟浅浅，幽韵自田田。撷雨香低岸，淘云月满天。钟声原有约，冷寺抱花眠。

古寺参云：为访云门寺，幽栖未易寻。扪甃连海气，抱月入峰心。僧老烟中鹤，泉飞石上琴。禅房空影落，天半听潮音。

珠江破月：寺咽山城暮，花低覆海门。星辰撩野动，云液入波翻。一水潆珠影，千江炼玉痕。风幢探碧落，夜气若为扪。

飞泉卓锡：脉伏江云遏，探流泻玉凫。迸来山雨暗，卓去海风呼。石咽烟初冷，泉憨月半癯。寻源如未得，一滴又何须。

海日吹霞：幢影扶桑外，精芒射碧波。钟声摇梵绮，海气撒江鼍。挟浪淘晴雨，乘潮度远莎。惊甃吹不定，冉冉竟如酡。

江城夜雨：夜气生风雨，珠江锁泬寥。寺埋云影暗，花压露痕凋。佛火藏高阁，渔灯没远船。一声清磬落，秋水涨河桥。

石磴丛兰：一径逼幽梵，晴烟破晓初。虬云分异种，风雨带新锄。倚石香生砌，当轩绿照书。拈来清净意，慧业只如如。

竹岭幽钟：重阴深翳处，清响发幽遐。度水寻残月，沿溪吠落花。空参仍有碍，静理自无遮。撞破烟初晓，寒林日已赊。

海幢寺曾为广州的五大丛林之一，自然有着广州寺庙共有的特色。广州的寺庙有着自己的地方特色，它没有皇家寺庙那种高不可攀的门槛，也不像四大佛教名山中的伽蓝那样隐匿在大山之中，而是近在咫尺，陪伴着市民，慰藉着市民。

“风月清谈通佛偈，海云余韵谱幽情。”2021年5月，广东省博物馆联合海幢寺等举办了“禅风雅意——岭南寺僧书画暨海幢寺文化艺术展”。海珠区的自然环境孕育了海幢寺的“禅风雅意”。对于文人来说，海幢寺是诗画同源的，海幢寺的莲公禅房与杨永衍的鹤洲草堂、伍家的镜香池馆和潘飞声的梧桐庭院都是诗词唱和、高朋满座的聚会场所。

在众多访问海幢寺的文人墨客留下记录的诗歌中，我们找不到愁苦、桀骜、玄虚，香火之中都是活生生的平和快乐，诗人们带着酒和诗来访问寺庙，沉醉于海幢的诗情画意。

刘嘉谟《元珠和尚新住持庞伯常曾晓山颜紫墟陈古樵招过海幢留宿》：

有缘香火扣松关，初见元公镇宝山。
结侣喜逢诗画伴，参禅欣对水云闲。
高风醉客倾三雅，明月留人照九寰。
早起只应眠不稳，一江风送小舟还。

刘嘉谟写过很多关于海幢寺的诗，几乎都是带着酒过江的，“坐禅云绕膝，爱客酒盈觞。同阅沧桑境，相逢话故乡”（赠《余删和尚》），“珠江新涨绿生波，仙侣同舟载酒过”（《丙午上巳招同人集海幢松雪堂修禊》）。尤步星有“金芝入馔推神品，玉液倾樽蕴异香”之句，伍元华也有“松阴开素馔，把酒纳新凉”（《过海幢寺留斋松雪堂》）。

海幢寺不仅仅是一座寺庙，在河南没有图书馆、文化宫的年代，它还是这片区域的文化中心。海幢寺的影响力、辐射力表现在两个方面：一是创作，二是出版。

海幢的诗风要从明末算起。江山易帜后藏身于海幢寺的明代遗民，借诗词浇胸中块垒，形成了著名的“海幢诗派。”明末归隐遗民以海幢寺为发端，树立起风雅大旗，对广州诗歌雄直诗风的形成产生了深远的影响。

受海幢诗派影响，历代诗僧沿袭了吟诗作赋的传统，使得海幢寺兼具禅风雅韵，而非单一的诵经礼佛。晚清时期增城海门寺住持鉴传曾为海幢寺僧人，其延续海幢诗派影响，著有《藏拙堂诗存》流传于世。友人孙宝章曾为之作序曰：“方外友鉴传削发空门，栖身释氏……公之以拙名为诗，得无类是？海幢实多诗僧，而公之主华峰，实承海幢之派。”

咸丰年间，寺僧特意邀请学者颜薰设帐讲授诗学，在广东诗史上留下“诗教之别传于法门韵事”的佳话，这在广州其他寺庙是没有过的。

此外，海幢寺还有绘画的传统。近代汪兆镛所著《岭南画征略》记载海幢寺善画的僧人有古毫、相润、昙树、宝筏、善林、雪岩等数位。相润“画宗石涛、石溪，时喜作焦墨山水”。正是这些书画僧人的存在，使得海幢寺具有别具一格又不拘一格的文化吸引力。

书画或许是始自某个寺僧无意之举，而后代代相传成为传统；出版却是一开始带着目的。据目前所见资料，海幢寺经坊最早的刊本是清顺治十三年（1656）刊刻释道独的《华严宝镜》。清代海幢寺出版书籍100多种，乾隆年间，海幢寺刻书最多，现时所见约有30种。嘉庆年间，海幢寺刻书约有22种，主要内容是经书和诗集。

美国人亨特在其游记中详细描述了海幢寺的刻书坊：“譬如河南的佛寺（即海幢寺）……它们的出版所和印刷作坊就很值得一看，拥有一个内容充实的图书馆和一个印刷作坊。在那里，教义被刻在木板上，木板不断地印出书来。”海幢寺刻版印刷的这些书籍如今已经散落世界各地，据广东省立中山图书馆特藏部副主任张淑琼统计，散藏世界各地约20个图书馆馆藏的海幢寺刻书44种、藏版书82种，其中伦敦大学亚非学院图书馆存有海幢寺刻书13种、藏版书71种。

海幢寺是广州经坊规模最大的寺院。海幢寺经坊是从事图书印刷和版片贮藏之所，其刻书和版片收藏的数量在广东乃至岭南寺院中居于首位。19世纪初，海幢寺经坊及其图书引起了来粤西方人士的关注。1824年3月，英国传教士马礼逊回伦敦述职，在离华之前向英国东印度公司广东商馆表示，他计划将包括海幢寺图书在内的古籍带回英国，并“建议将这批藏书作为礼物提供给当时的牛津或剑桥大学，条件是设立一个中国语言教授的席位，以指导为着宗教的目的，或其他目的愿意学习中文的人”。马礼逊如愿以偿，后来便有了今天英国伦敦大学亚非学院图书馆收藏的80多种海幢寺经坊刻书及藏版书。

凡是古老，总有变迁。

清光绪二十七年（1901）春，群学书社创办于广州河南龙溪首约，后来迁到海幢寺内的圆照堂，易名南武公学会。1905年，在此基础上创办了南武两等小学堂，也就是今天南武中学的前身。

光绪三十年（1904），程子仪等人在海幢寺诸天阁组织了粤剧团体天演公司，并与陈少白、李纪堂等创立了广州第一间粤剧学校。一年后，改名采南歌剧团，著名粤剧艺人白驹荣即出身此剧团。

城市尤其是大都市的寺院，不同于山中古刹，它必然要跟随大都市的进化节奏而不断变身，这些变身本身就成为故事。1926年修建同福中路，海幢寺被分成了南北两截。寺院范围更为缩小，南截渐为民居、公学。1929年，当时的市政府将大部分寺地改为河南公园，成了一个既保留寺庙又有园林风格的混合体。1933年9月28日，河南公园改名为海幢公园，寺庙与公园正式合二为一，既有僧侣，也有游人，红尘之中，心远地自偏。1948年出版的《广州大观》记载，当时寺中尚有男女僧徒约70人，住持僧名素仁大师，是一位岭南盆景的名师，他所栽种的盆景被行家称为“画意树”和“素仁风格”。

素仁风格盆景

新中国成立后，寺庙被视为“四旧”，海幢寺被进一步改造为公园。1952年开始铺设公园道路，1958年在园中大量种树，同年修建了花架、休息廊、曲艺台、秋千、滑梯等服务和游乐设施。“文革”时，僧众星散，全寺遭到严重破坏，三宝佛像、十六罗汉等全部被毁，无一幸存，公园被改名为立新公园，直到1976年才恢复旧名。

古寺重光始于1993年，3月正式恢复宗教活动。以后几年，在住持新成长老的带领下，持续投入大量资金维修改造，使得海幢寺恢复丛林规模。

佛教是舶来品，佛教在尽渡劫波、救赎人生苦难方面，迎合了中国人的心理需求。寺庙是外来文化在中国本土落地的产物，是中西文化交融的成果。既然是文化交融，便有着地方文化染色的差异性。除了出世，在现时入世方面，海幢寺树立了一个标杆，将禅风雅意融于一壶，千百年来，依旧香飘四季。

所有的变迁不过是风吹幡动，本来无一物，何处惹尘埃？

如果说海幢寺是一代又一代僧人接续树立起“禅风雅意”的旗帜，那么，纯阳观则是一个人打造“天文道观”的世界。

本土道观，到了19世纪，在开拓发展方面落后于寺庙。当“五大丛林”办得风生水起之时，广州的道观比较成气候的也就两间：北有三元宫，南有纯阳观。纯阳观是1829年才建成服务信众的，虽然迟到，却是一个优等生。

作为道观中的佼佼者，与三元宫相比，纯阳观显得年轻很多，清道光四年（1824）动工，道光九年（1829）竣工。李明彻（号青来）选址河南建立纯阳观同样是因为此地风水绝佳。据《鼎建纯阳观碑记》记载：“漱珠岗者，因彻修省志，寻访万松山到此，见山环水曲，松石清奇，故取称漱珠之名也。南临珠海之滨，北望白云藩屏之障，西来五凤，东接七星，朝云霞而印日，暮映月以辉光。周迴绿水，八面青山，一遍平田青翠，嶙峋奇石玲珑，珠冈高耸接云天，绕道苍松蔽日。奇花遍径，异草生香，左狮右象坐明堂，石蝠青羊拖后案，葫芦倒地，四面奇观，岗头虽小，景象非凡。有仙山洞府之规模，海岛蓬莱之恍样，应建道场，开玄宗正脉，创成法界，启列圣真传。”

李明彻是因为帮助两广总督阮元“修省志”即为《广东通志》“绘

图”时，寻访万松山而来到今天纯阳观的地点。《鼎建纯阳观碑记》所言“东接七星”中的“七星”指的是广州赤岗涌西岸的沙榴岗、风岗、马骝岗、大岗、宝鸭岗、花岗、牛皮岗，合称“七星岗”。东接七星，西连五凤，前临珠江，后枕云山。漱珠岗气场开阔、景象非凡、风水甚佳，确实是观察星辰日月的理想之地，亦是兴建道场的仙境圣地。

纯阳观的建立，除了归功李明彻，还不能忘记两广总督阮元。纯阳观的顺利建成多多少少得益于李明彻与阮元这样的高官之间的互动。他们的合作可以视为一个地方执政者在整理文化档案时，与一位创新型人才在技术领域的合作。

清嘉庆二十二年（1817）九月，阮元从湖广总督调任两广总督，至道光六年（1826）五月阮元任云贵总督离开广州。在粤9年，阮元的政绩赫赫、不胜枚举。文化教育方面，撇开学海堂，单说重修《广东通志》已是彪炳史册。《广东通志》从明代的《广东通志初稿》算起到清末，一共编修了8次。第6次纂修是在清嘉庆二十三年（1818），由阮元亲自负责，道光二年（1822）完成，全书分三百三十四卷，共十九门六十八目。

阮元与李明彻都是高寿之人，李明彻活了81岁，阮元活了85岁。假设两人是在嘉庆二十三年（1818）也就是阮元刚刚开始编修《广东通志》那一年相遇，那么，李明彻当年是67岁，而阮元是54岁，正值人情练达、励精图治的年纪。

李明彻的能力来源于他学贯中西的经历。他热爱绘画和天文，曾到京师拜访钦天监监正，得其传授，学问大进。回到广东，又去澳门与欧洲人一起研究天文、地理。李明彻采用经纬制图法绘制地图，与“计里画方”的传统绘制法相比，经纬制图法理论上最先进、实践中更优越。李明彻的专著《圜天图说》下卷有地图21幅，包括地球正背两面全图，大清一统全图及盛京、直隶、江南、江西、浙江、福建、湖北、湖南、河南、山东、山西、陕西、甘肃、四川、广东、广西、云南、贵州18省地图。其中最令人惊叹的是地球正背两面全图，描绘的是今天的东西两半球。在那个时代，古老中国能够如此直观描绘地球的人寥寥无几。

来到广州的阮元已经是一个在学界和官场都浸淫多年的大师级

人物。他不仅有成熟的想法，更有执行力来创造历史。对于《广东通志》，阮元有着自己的期许，他说：“古人不曰志，而曰图经，故图最重。”谁能满足阮元对地图的创新要求？李明彻恰好在这个时候登台亮相。他先前因著有《圜天图说》而深得阮元赏识，后来又因出色完成阮元主持的省志绘图事而为阮元所器重。

现在来看，李明彻为《广东通志》所绘地图，有两个突出创新之处。第一是用经纬线绘图，如书中所言“北极高度及东西偏度，鲜有详列者”；第二是地图绘至县，“旧志，未列县图”，也就是过去的方志都忽略了县级地图，“宋王中行等广州图经不可见矣，今则一县一州为一图，沿海洋汛又为长图，按册读之，粲然毕著矣”。

所谓贵人，就是一个愿意伸出援手成全你梦想的人。阮元与李明彻

纯阳观新貌

可谓相互成全，阮元器重李明彻，相信有两个方面的原因：一是李明彻的绘制地图水平；二是李明彻的抱负，纯阳观、朝斗台就是其抱负的体现，用一己之力建筑一座道观确非易事。正是因为如此志向，阮元愿意助李明彻一臂之力。

无疑，阮元是李明彻的贵人，这样的关系昭示了近200年，就挂在纯阳观的大门上，那里有阮元为纯阳观题写的匾额。

对于李明彻，阮元丝毫不回避他的态度："青来继张（衡）、傅（奕）之后，能为人所不为之学，较之吴筠、杜光庭辈，专以诗文为事者，岂可同年而语哉。"阮元说李明彻仿阳玛诺的《天问略》，取本土元明清诸家说法，写成《圜天图说》，论及七政经纬、黄道距交度、各省府（州）县地度数，是天文学爱好者的必读书籍。

纯阳观如果只是一个祭祀纯阳祖师吕洞宾的场所，相信未必能流存到今天，更别说还有如此尊崇的地位、阔大的规模和深远的传播。李明彻的高明之处在于将道观与天文台结合在一起，科学与宗教因为一个人而被结合在了一起。

阮元虽然学富五车，精于金石训诂，却不能超越所处时代成为一个科学家，对于自然的理解必然带有迷信的色彩。李明彻是道士。阮元也因为认识一个道士，遇到困难时，自然想到求助于法术，而李明彻解决问题的办法却不是他的道士本行，而是科学和经济。

道光六年（1826）春，彗星异动，现于南方。陈伯陶《道士李明彻传》记载其事："（阮）元疑粤后兵起，问之，以旱对。问可禳否？曰：'禳无益，当备旱。'先是甲申岁，元因明彻言，奏免洋米入口之税，以关使虑税短，故米船出口货仍照征。明彻因复言：'夷人嗜利，如并免出口货税，米当大至，虽旱无害。'元如其言。是秋旱，米价反平。"

彗星在南方出现，不同的人对同一天象有不同理解。阮元担忧的是兵患，李明彻则认为是旱情的预兆。"禳"是祈祷消灾的仪式。李明彻认为用禳求雨无济于事，务实之举是一方面让百姓改种杂粮，另一方面是利用广州海外贸易便利进口洋米。阮元依照行事，结果，在大旱之年，广州的米价不升反平，不得不说李明彻的预测精准、方法得当。

抗日战争期间，广州沦陷，日本侵略者的铁蹄没有放过河南，纯阳观的道士奔散逃离，宫观建筑残败不堪。1945年，罗浮山冲虚观道人何信宝等人筹划重修，不久抗战胜利，重修得以进行，至1949年完全竣工。

纯阳观的景色一直得到风雅之士的喜爱。苏六朋、居巢、居廉及其弟子高剑父、高奇峰、陈树人等诗人、画家因为纯阳观的梅花，曾在此结成“梅社”。纯阳观与岭南大学相邻，吸引了在此教书的陈寅恪、冼玉清等教授前去观光。1949年12月，陈寅恪夫妇邀请中文系教授冼玉清相偕前往纯阳道观寻梅，归来后三人均有诗文记录此事。

陈寅恪夫人唐筼有《同寅恪纯阳观寻梅》诗（作于1950年1月）存世：

乘兴寻梅梅已残，扶筇惆怅上高坛。
暗香浮动任吹尽，俯见苍松独耐寒。

陈寅恪教授的诗作是一首工整的七律——《乙丑仲冬纯阳观探梅柬冼玉清教授》：

我来只及见寒梅，叹息今年特早开。
花事已随尘世改，苔根犹是旧时栽。
名山讲席无儒士，胜地仙家有劫灰。
游览总嫌天宇窄，更揩病眼上高台。

冼玉清教授的文字是这样的：“去岭南大学四里，有乡名五凤村。村有漱珠岗，纯阳观在焉。休沐之暇，游人学子，络绎不绝。余辄偕学侣散步其间。以此地毗邻大学，又为河南胜处……因同（寅恪夫妇）至纯阳观看花。”在和诗中，冼玉清流露出对陈寅恪负面情绪的纠正：

骚怀惘惘对寒梅，劫罅谁来讯落开。
铁干肯随春气暖，孤根犹倚岭云栽。
苔碑有字留残篆，药灶无烟剩冷灰。
谁信两周花甲后，有人思古又登台。

名胜古迹总少不了波折和往事。也正是因为这些波折旧事，古迹才显得意味深长。波折是时代变迁的产物，是名胜便不怕灰烬的掩埋，终有日朗天开、云淡风轻的一天。纯阳观也是这样，经历了十年浩劫，纯阳观又回到了广州市民的身边。1987年，纯阳观归还道教协会管理后，重新进行修复。1989年11月21日，纯阳观为吕祖圣像开光，举行了隆重的法会。中国道教协会会长黎遇航出席了开光典礼并讲了话。

时间来到了21世纪，宗教的世俗化是不可逆转的大趋势。即便是在欧洲天主教国家，年轻一代对于宗教的态度使得宗教进行世俗化的改革。对于广州来说，宗教的世俗化并不需要宗教改革才能实现，在这座兼容、包容、平和的南方都市，宗教一开始就是世俗化、平民化的。海幢寺、纯阳观就像老友，它们面目可亲、姿态柔软，静静地陪伴着这座城市，听着无数海珠市民细细碎碎的祈祷，并且还将一直陪伴下去。

入世：财富、书香、家业

时过境迁，繁华总被雨打风吹去，旧时庭院难寻踪迹，那么，我们就要看得更远一些，看到这些已经飘零的繁华背后，文化的主体——人所留下的不灭功绩。

富而好学，学而思进。这样的轮回递进在河南的豪宅中得到完美的体现。这些大宅一方面是财富的见证，另一方面是学识的见证。宅院的主人绝对不希望人们只看到财富，更希望世人关注到他们的才学与财富一样出众。

如果把海珠区2200多年的文化走势绘成一张曲线图的话，第一个波峰出现在南汉，刘氏君王在海珠区兴建皇家园林；第二个波峰出现在18世纪中叶，十三行的潘家、伍家将家园搬来河南，因此，甚至有人将潘振承誉为河南开片之祖，想来倒也不为过。

这片土地大到不仅要修建住房、花园，还要修建私塾、祠堂，不仅有道路，还要有桥梁，潘振承的理想是建立一个小社会的雏形。先行者总是有着超凡的眼界，潘振承高瞻远瞩，使他的名字和海珠区的一段历史永远地结合在一起。

广州也是一样，海山仙馆、潘家花园都是财富与岭南山水结合的产物。在潘家、伍家来到河南大兴土木之前，河南只有山水而没有园林。

海珠区走向繁荣的趋势是任何人无法改变的社会发展规律。回顾历史，我们也必须看到个人对于社会发展的推动也是不可忽视的，个人能发挥的作用是加快这样的历史进程，促进区域的社会发展。

旧日的辉煌一刹那，仿佛又回到我们的视线，曾经的风吹雨打、繁华飘零原来都只是误判，历史给我们上了一课：存在过的，就永远不会消失，它总是以某种方式存在着，或是艺术品，或是口耳相传的传奇，或者仅仅是记忆。祖先早就悟通了这一道理，他们在当年筚路蓝缕、呕心创造的目的不就是为了今天的让人难以忘怀吗？

因为古老，总有荣耀深藏在历史的深处，这是一座新城永远无法企及的深度和厚重。历史就像是一列永不回头的火车，错过了的站点只能是永远错过，错过了的风景也只能是永远错过。古老的城市满载着风景和对站点的回忆来到今天，并非每一个城市都能展露出历史的荣耀。荣耀，总是与权力或者财富有着千丝万缕的牵连。

如果把海珠区2200多年的文化走势绘成一张曲线图的话，第一个波峰出现在南汉，刘氏君王在海珠区兴建皇家园林；第二个波峰出现在18世纪中叶，十三行的潘家、伍家将家园搬来河南，因此，甚至有人将潘振承誉为河南开片之祖，想来倒也不为过。

对比西关，我们可以发现潘家对于海珠区的重要性。在潘振承决意在十三行对岸的一片田地上大兴土木时，西关已经是豪门显贵云集的城外桃源。虽然有邓华熙为多宝路取名这样的掌故，但是，要推举一人作为西关的开山之祖，却非常困难。西关与当年的一群人（包括官僚、学者、商贾）关系紧密，它的繁盛却不是属于一个人或者一个家族的功劳。

这大概也是当年潘振承把目光投向珠江对岸的原因吧。19世纪晚期的广州，向北是连绵叠嶂的群山，向东是平畴万顷的良田，向西已经是地价飞涨的西关，而占尽天时地利人和的兴家之地，唯有向南去寻找了。

跨过珠江，不是为自己一个人、一家人而是为未来一个大家族寻找一大片安身立命的土地，这才是潘振承来到河南的终极目的。

这片土地大到不仅要修建住房、花园，还要修建私塾、祠堂，不仅有道路，还要有桥梁，潘振承的理想是建立一个小社会的雏形。先行者总是有着超凡的眼界，潘振承高瞻远瞩，使他的名字和海珠区的一段历史永远地结合在一起。

潘振承等人在那个闭关锁国的年代，依然保持着开放、进取、包容的气质，频繁与外商交流。他有敏锐的洞察力和开放的意识，善于采纳西方出现的新事物，引入新的商业成功思维模式，这是岭南文化、千年商都得以衍传的成功密码。

十三行创立于1685年，同文行问世于1744年，潘振承联合九家行商成立专事海外贸易的外洋行是在1760年。潘振承祖籍福建漳州龙溪，他用福建的祖地之名命名自家的园地为“龙溪乡”，直到今天，海珠区还有龙溪首约、龙溪二约等地名。

潘振承当上十三行总商后，十三行的海外贸易蓬勃，今天华林寺至康王南路一带发展迅速、地价飞涨，想觅得大片土地建宅兴祠的成本大增。于是潘振承将目光投向了离十三行最近的对岸——河南，在1776年左右，购得河南西北部漱珠涌西的一大片土地，用以兴建家业、安居家人。

当时漱珠涌的名字还是“南溪”或者“运粮河”，简单而平白，潘家迁入新居后，用财富带动的文化改造工程首先就从命名开始。南溪走势形似卧龙，汇入珠江处的礁石又光润如珠，两者结合便有了卧龙漱珠之象，于是，南溪正式改名漱珠涌。潘家在涌上修筑环珠、漱珠、跃龙3座石桥，方便乡民往来两岸。

已故广州文史研究馆馆员麦汉兴先生是河南的名门之后，曾著有《广州河南名园记》一书，列举了清末民初在河南地界上的10多处著名园景，包括福场园、后乐园、伍家花园（万松园）、漱珠岗、景园、息畊园、十香园、息园、鹤洲草堂、东园等。

世界上每一座美丽的古城都有一段与财富结缘的历史。佛罗伦萨与美第奇家族关系密切，文艺复兴起源于佛罗伦萨离不开美第奇家族的推动。在那些雕塑、绘画、歌剧、诗歌打动我们之前，美第奇家族留给后人的遗产首先是建筑，留存至今的有皮蒂宫、圣母百花大教堂、乌菲兹美术馆等。

广州也是一样，海山仙馆、潘家花园都是财富与岭南山水结合的产物。在潘家、伍家来到河南大兴土木之前，河南只有山水而没有园林。

河南园林荟萃之地在珠江前航道河南岛西北部一带，这里隔江北望省城，来往便利。十三行两大巨头所建的潘家花园和万松园，名气最著、占地最广，是典型的“行商庭园”。“行商庭园”是岭南园林的重要组成部分。

与珠江北岸的唐荔园等园林相比，“行商庭园”具有自己的特点：一是造园时间集中在清代中后期；二是家族几代人不断扩展、新建；三是公共性、开放性较强，是当年社会名流日常聚会、吟诗作画的地方。

清朝西方画家笔下的潘家花园（位于今海珠区龙溪路）

财富在古代中国为文化留下的遗产之一便是园林。江南园林起步很早，扬州平山堂建于北宋。但是至今完好的园林多是明朝之后兴建的，苏州留园和拙政园、无锡寄畅园、上海豫园、南翔明闵氏园、嘉定明龚氏园、昆山明春玉园均建于明代。江南园林集中在太湖沿岸，以苏州、扬州为盛，兼及南京、无锡等地。

江南园林的造园手法以叠石理水为主，与北方皇家园林最大的不同在于完全不讲对称，沿文人情趣布局，厅堂随宜安排，亭榭廊槛，宛转其间，既是山水自然的顺畅延续，又是主人性情的直观传达。

与江南园林有相同之处，河南的“行商庭园”也是私人园林。除了财富之外，大家望族的学识修养是园林成为文化符号必不可少的因素之一。不同之处在于，一是“行商庭园”因为不是在成熟的市区中建筑，

富有岭南园林特色的“行商庭园”

所以占地面积比较大；二是配套有祠堂、戏台、藏书楼等设施；三是造园的理念不同于江南园林的精工巧构、移步换景，而是借用自然山水，浑然大气，像伍家花园就种了很多松树，号称“万松园”。

此外，还有一个特点是河南“行商庭园”所独有的，那就是百多年间，园林一直都归某个家族所有，子孙后代代代继承没有易手，不像拙政园那样，或因家败，或因衰落，或因战乱，或因离散，园主屡屡变动。

潘家花园的奠基者是潘振承，他在龙溪乡开村建祠时始建潘家花园。后来，他的儿子潘有为、潘有度，他的孙子潘正炜等在后续百多年间陆续扩建。潘家花园最终变成一个大型私家园林组团，覆盖范围包括现在的龙溪首约、龙溪新街、栖栅街、潘家祠道地域，南北长约600米、东西宽约300米，总面积达到18万平方米。

在清末民初的地图上，潘家花园最显眼的就是园内那一口大方塘。以大塘为中心，沿塘边先后建有潘家大屋、黎斋、双桐圃、六松园、南雪巢、看篆楼、潄石山房、义松堂、南墅、清华池馆、听帆楼等楼台堂馆。潘家子孙对潘家花园都有或大或小的贡献，后代都有参与到家业的建设中来，这恐怕是潘振承始料不及也最感安慰的。

几代人为了家业接续努力，使得河南龙溪一带潘家建筑的楼堂馆阁林林总总、目不暇接。不同的名称标记着不同的时间节点，代表着某个后代对于祖业的贡献。潘家大屋亦称潘氏大院，包括大屋外的庭院，是潘振承的故居，始建于清乾隆年间，扩建于19世纪中叶。整座大屋深约77米、宽约25米，占地面积约2600平方米，三开五进。潘家大屋到了潘正炜这一辈就多了很多新的成员，如清华池馆、秋江池馆、望琼仙馆、听帆楼等，这些新建房子的号召力慢慢取代了潘家大屋。

六松园由潘振承的儿子潘有为所建，有两处：一处在芳村花地，一处在河南漱珠桥畔龙溪栖栅一带，是潘有为退隐之后新建。清同治《番禺县志·列传》称六松园“擅园林花竹之胜”。六松园近万松岗，而万松岗相传为东汉议郎杨孚故宅。相信贵为进士出身的潘有为不会不知道杨孚故宅在河南下渡，但这并不妨碍他将错就错把自己的居所题匾“南雪巢”，又称“橘绿橙黄山馆”，表达对河南先贤杨议郎的敬意。

潘家花园的又一次大规模兴建，是在潘有度修建南墅时期。潘振承的同文行到了潘有度手里更名为同孚行，生意日渐红火，潘有度自然在住房上舍得花钱。南墅占地颇大，清代爱国诗人张维屏一直与潘家关系密切，他记述南墅有方塘数亩，塘上建有一桥，沿岸栽水松数十株，有两松交干而生，因而堂名“义松”。主人所居名“漱石山房”，文人骚客时来雅集。

关于巨富的豪宅，总是有很多的传说。这些传说不仅吸引着中国人，连外国人也感到好奇，忍不住要去一探究竟。秋江池馆、听帆楼、清华池馆、望琼仙馆皆为潘家第三代十三行商潘正炜所建。潘正炜是潘有度的四子，他打破了富不过三代的魔咒，接手同孚行后将业务推至巅峰。在潘正炜经营同孚行时是潘家生意最辉煌的时期，居于十三行领袖地位，潘正炜也被外商尊称为潘启官三世。

《广东十三行考》引咸丰十年（1860）法国杂志的报道：潘正炜的资产约达一亿法郎，年消费法郎300万左右，其富裕程度已经超过了法国国王。这其实是一封刊登在1860年4月11日《法兰西公报》上的信，信中记叙了法国人去一位叫潘庭官的中国商人家中参观的经历：“我最近参观了广州一位叫潘庭官的中国商人的房产。他每年花在这处房产上的花费达300万法郎——在一个干很多活都挣不到一点钱的国家里，这是一笔巨款。……房子的前边是一个广阔的花园，种着极稀有的花卉，一条宽宽的路通向大门。住房的套间很大，地板是大理石的，房子里也装饰着大理石的圆柱。极高大的镜子、名贵的木料做的家具漆着日本油漆，天鹅绒或者丝质的地毯装点着一个个房间。……大门外不远处有一个印刷所，潘庭官在这里印制他家族的传略，以传之后世。”这位法国人弄错了“潘庭官”，他参观的其实是荔枝湾潘仕成的海山仙馆，“潘庭官”是住在河南的潘正炜。

美国人亨特同样搞错了潘仕成与潘正炜。他在《旧中国杂记》中记录了他去泮塘参观“潘启官”的乡间住宅，豪宅有大块石头砌成的岩洞，有花岗岩砌成的小桥，豪宅中不仅有鹿、孔雀、鸳鸯，还有湖。而这个“潘启官”并不是潘正炜，还是盐商潘仕成。

资产雄厚自然要大兴土木，潘正炜继续扩建潘家花园。先建秋江池馆，馆上建听帆楼，楼高两层，面积约120平方米，主要收藏法书、名画、古铜印，其藏品之丰“甲于粤东”。登听帆楼，可北望白鹅潭的片片帆影，楼因而得名。清华池馆是一座有茂林修竹的园林式建筑，“小筑清华倍茂林，笙簧隔水奏佳音”。报平安轩在龙溪乡，靠着一口水塘，是潘正炜的住处和见客的地方。

古今中外，影响力能延续至今的富家花园都有一个共同点，那就是除了有外在形式的豪华任性，还都有内在涵养的高大上。潘家花园并非暴发户的炫富场所，它用墨色书香吸引着社会各界名流穿梭其中。六松园是潘有为的住宅，园门外有陂塘数顷，种了很多荷花。园中建看篆楼。楼内收藏古代书画、鼎彝、钱币、印章，成为当时“岭南鉴藏家之魁首”。潘有为也从中挑选出了一批精品，编印成《看篆楼古铜印谱》，刊行于世。

商而优则学。大富之家，不废诵读，才是最为难能可贵的。

潘正衡是潘振承的孙子、潘有原的儿子。黎斋、晚春阁、船屋山庄、菜根园均为潘正衡所建私园。他喜欢收藏佛山顺德画家黎简的作品，于是专门在栖栅街修建房舍，用来储藏黎简的书画，故名“黎斋”。斋中栽种花卉修竹，景色秀丽。潘正衡又在龙溪建筑了晚春阁、船屋山庄、菜根园。晚春阁在庭院中间，四周环绕花草；船屋山庄在水边；菜根园建在水塘边，塘中种荷，有“松堤花竹”之胜。潘正衡本人就能写诗，集有《黎斋诗草》两卷。他的诗多愁善感，意象多是红楼青锁、明月花间、风卷棠梨、燕飞人远。

潘正衡死后，其子潘恕将黎斋扩建为双桐圃。双桐圃旧址在今天海珠区同福西路北侧潘家祠道、栖栅街一带，屋外有两棵老梧桐树，浓荫满庭，因而得名。潘恕好诗词，尤熟历史，对南北朝这段历史最有心得，著有《十国春秋摘要》和《南汉杂事诗》。兼擅画花卉，绘有《百花卷》和《百果图》。

双桐圃藏书甚丰，是当时文人雅士的聚会之所。据《在山泉诗话》记载，清代道光（1821—1850）、咸丰（1851—1861）年间，广州名流雅士聚集最密之处，共有三处，一处是潘恕的双桐圃，另外两个地方都在芳村，分别是张维屏的听松园、邓荫泉的杏林庄。潘恕是潘家最为典型的“艺术活动家”，性情也很耿直。海山仙馆的潘仕成是潘有量的孙子，潘有量是潘振承的弟弟潘振联的儿子，那时正在为清廷督办造战船，凡事都喜欢与潘恕商量。

双桐圃之所以吸引陈澧、陈璞这样的贵宾渡江而来，一是环境清幽，附近有名胜憨泉，东邻伍家的万松园。二是交通方便，圃中有池湖，有河涌直通龙溪，“绿树遮门，清阴满地，池亭尽好幽栖。……草堂隔，一水东西。扁舟便，人来角酒，去也不多时”。

潘氏族人在今天广州天河珠村、海珠龙溪乡，佛山南海、顺德，深圳宝安，梅州梅县、蕉岭，江门开平等地均有广泛分布。其中，南海潘氏与番禺沙湾何氏、顺德碧江苏氏，均为清代围垦造田过程中形成的望族。在散布广东各地的潘氏族人中，以曾为清代广州十三行行商之首的海珠龙溪乡潘氏家族名声最广。

来到龙溪乡之后，潘振承大兴土木：一是建立了自己的私家祠堂——潘能敬堂；二是亭台楼阁皆具，潘氏族人陆续建起潘家大院、南墅、看篆楼、南雪巢、听帆楼等20多处轩堂馆阁。同时，还延聘宿儒硕彦来潘氏家塾讲学，进士金菁莪、谢兰生，四会县学训导、举人张炳文都曾在潘家讲学。

有人认为潘氏是儒商，职业是商人，雅好是儒学。潘氏家族数代传人均热衷传承中国文化，各以鉴藏、诗文、书法、丹青见长，先后走出了4位进士和5位举人。潘振承曾捐资当时广州三大学府之一的越华书院，从这点上来说，潘氏一家确实是儒商。不过，与北方儒商商而优则仕不同，潘氏后人潘有度、潘正炜依然抱定从商的本意，没有因为家业殷实而走上读书应试求仕之路。

大清王朝的富二代，像一些盐商子弟，仗着家里有钱、朝里有靠山，骄横跋扈、为非作歹，也是司空见惯的事情。河南的潘家、伍家却没有这样的败家子出现。富而不骄的良好门风单靠父母的言传身教还不够，依旧要靠孔孟之道、圣贤之书，靠祖宗的“仁义礼智信”来框限。

潘家有银子，也舍得在教育上下本钱。潘振承的四子潘有度在潘家大院辟出馆舍作私塾，不惜重金聘请名人作为私塾学者前来讲学。后来被誉为清代“诗坛七子”之一的张维屏，少年时就跟着父亲张炳文来到潘家大院，父亲在潘家讲学，张维屏在双桐圃与潘家子弟一起伴学。双桐圃是潘正衡的儿子潘恕的别墅，张维屏写过一首《述德》讲述了这段经历：“忆昔十二龄，我父授我经。馆于河之阳，屋外双桐青。”潘有度也能写诗，著有《义松堂遗稿》，不过他擅长的是朗诵，张维屏说他“以土音哦诗，吹笛者和之”。

功名虽然不是潘家的主攻方向，却不妨碍有志于此者登科折桂。潘振承次子潘有为是潘家值得骄傲的一个人，他于乾隆三十七年（1772）进士及第，后来在京为官18年，曾参与《四库全书》的编修，论政绩，也算可圈可点。

有了财富，便可入收藏。潘有为喜好收集钟鼎尊彝、书画法帖，在京师居住了18年，有空就去琉璃厂搜寻古铜印，日积月累其收藏总数有1200余颗。从北方回到广州后，潘有为在河南建筑了看篆楼，有诗称赞他的收藏：“中翰嗜古勤搜罗，汉印唐印辨无讹。海王村内重价购，看篆楼中得宝多。”诗中的“看篆楼”便是潘有为专筑的收藏之所，他著有《看篆楼古铜印谱》《汲古斋印谱》等书，开创广东鉴藏之风，堪称清代广东鉴藏界的风云人物。

潘有为擅长写诗，有《河南竹枝词》三十首，起句便是“杨子宅边松柏尽，地名依旧说河南”。他的诗稿被编为《南雪巢诗钞》两卷。

同孚行的掌门人潘正炜是潘有度的儿子、潘有为的侄子，他虽然将主要精力用来忙于生意，不过，也受父辈影响，博雅好古，热衷书画鉴藏。在他收藏的历代名家书画中，就包括王羲之、苏东坡、米芾、黄公望等前朝名家法帖。

和伯父的看篆楼一样，潘正炜也盖了听帆楼来珍藏所爱。他继承了潘有为的藏品，出版了《听帆楼古铜印汇》。在潘家大院，看篆楼和听帆楼可谓收藏界的一对无暇白璧，珠联璧合，彰显着那个时代岭南商贾的儒雅好学。

听帆楼亦是文人墨客经常雅叙的地方。“晚听渔歌答，晓听鸟啼遽。倚楼性自娱，听帆何所据。春江带雨来，寒江扑雪去。”“春江带雨”一定是听帆楼常见的美景，想要“寒江扑雪”估计就十分困难了。听帆楼的风采，在潘正炜女婿陈春荣的笔下，是珠江的变奏，一年四季、晨昏夜晓，都上演着渔歌、鸟啼这样人类与大自然的合唱。

20世纪30年代，国画大师黄宾虹曾绘有《听帆楼图》。著名学者容庚题跋道：“仙山海上怅无边，一胸繁华忽百年。”同是河南人的容庚老教授感慨世事沧桑、繁华流逝，人间何其多变，倏忽便是百年。

潘正炜不仅能投资收藏，也会写作。他著的《听帆楼书画记》《听帆楼集帖》《听帆楼古铜印鉴》等专著，百年之后，又被收入由中共广州市委宣传部、广东省文化厅策划并组织研究编纂的《广州大典》。其中《听帆楼书画记》影响尤著，深得古文献研究名家冼玉清的赞赏，曾多次再版发行，是研究古画的重要工具书。

潘家后代，部分是有“全职工作”的，例如潘有度、潘有为、潘正炜，或者做官，或者经商，也有部分是将爱好作为生活，潘正亨便是这样。潘正亨是潘有度的长子，居所是万松山房，他的弟弟潘正炜是父亲的得力干将，相对而言，潘正亨的寻常日子就是读书、写字、画画。他能赋诗，尤工书法，被称为“三绝擅清才，能诗能画能文”。他的堂弟潘正衡也是一样，潘正衡因为收藏黎简的书画而闻名。

如果将潘振承视为潘家龙溪第一代，到了第四代，依然有很多才华出众之人脱颖而出。潘恕擅丹青，学者陈澧赞其画作“暄之沧海日，烂若赤城霞”。

龙溪潘氏的第六代后人中，还产生了一位在近代广东具有影响力的文坛大家——潘飞声。潘飞声是潘恕的孙子，生于1858年，卒于1934年。他出生之时，十三行和潘家早已式微。如果从潘振承1776年前后在龙溪开乡算起，潘家文脉流传到他这一辈，已经衍传了一百多年。飞声少有才名，思想开明，诗词文俱佳。1894年，潘飞声应香港中华报馆之邀，任《华字日报》《实报》编辑，以论著“匡正社会，主持清议”。目睹清廷腐败无能，潘飞声能以诗文言志，抒发爱国情怀。辛亥革命前夕，在柳亚子介绍下，潘飞声加入“南社”。南社在建立之初，是一个宣传推翻清朝统治的进步文化社团。潘飞声在南社中与高天梅、俞锷、傅屯艮并称“南社四剑”，所以，他用“说剑堂”作为诗词集名，著有《说剑堂诗集》《说剑堂词集》。近代爱国诗人丘逢甲评价其诗：“粤诗独得古雄直，赖此巨韧摩天扬。”陈璞则赞扬其为“岭表词坛，洵堪独秀”。

除了男人，大富之家的女子也受到良好的教育。潘家后人中很多女子亦非等闲之辈，都工诗善画。潘瑶卿是潘振承曾孙女，擅长山水花鸟，山水学文徵明，花鸟宗陈道复，张维屏、谭莹都曾为她的画作题诗题词。潘丽娴是潘振承的玄孙女，诗词琴画俱佳，著有《崇兰馆诗钞》《饮冰词稿》各一卷。两人的文采风华诠释了大家闺秀的正确含义。

河南的“行商庭园”能形成气候，只靠潘家未免势单力薄，后来有了伍家的加盟，这才珠联璧合，得以流芳百世。不知道怡和行是看到同文行去了河南安家才动了念头，还是早已有了打算。在潘振承在河南开乡之后，怡和行伍家兄弟也在南溪东畔置地，建起伍家花园。伍家花园也是占地广阔、雕梁画栋，池亭楼榭次第铺开，是伍氏安居家人、接待生意伙伴的所在，因此同样留下了众多传说供后人遐想。

伍家花园在海幢寺以西，与潘家花园隔漱珠涌而望，由伍秉镛、伍秉鉴先建，伍家后人接续扩建，又称“南海伍氏别墅”“万松园”。万松园南面一带为山岗，称万松岗，又称“万松山”“万松岭”。当年的万松岗，虽然“万”有些夸张，确也是松林参天、浓荫清凉。

伍氏来河南与潘家做邻居要晚于潘振承在龙溪开乡。和潘家相同的

当年美如仙境的伍家花园

是，福建伍氏在新地建村，也是用家乡溪峡来命名。伍秉镛原籍福建泉州府晋江县安海乡，故伍家花园一带，又称“安海”。

伍家花园约始建于清嘉庆八年（1803），正门在今溪峡大街。岭南园林因为地理原因，虽然也用假山怪石，却不像江南园林那样喜欢“叠石”，因此，对“花石纲”的遗产也不是特别热衷。但，伍家花园内却有一太湖石，行家称之为“云头雨脚”，又名“猛虎回头石”，现已经移置海幢寺。这块“猛虎回头石”高丈余，洞穴玲珑、姿态飘逸，上有宋代书法家米芾题名。它是伍秉鉴五子伍崇曜在道光十三年（1833）接手怡和行时斥巨资购得，放在爱妾居住的小苑“藏春深处”。

和潘家的大方塘一样，伍家花园也有一湖，湖水西通龙溪，北至漱珠涌，面积达数千平方米。湖畔栽垂柳花木，湖水通龙溪涌，水口建闸，与溪峡相通，湖中常泊画舫。每年端午，龙舟可入湖竞赛。湖的北边是伍家祠，湖的南角有魁星楼，登楼可览全园景色，各厅以长廊和“藏春深处”苑相连。湖边有石道通小丘，丘上有观音庙，下为半月池，池植荷花。四周以小石铺路，路边建朱栏、栽桃柳。园内还配套有戏台，可容百人观看。

湖中建有浮壁亭，在水中央，八面曲槛，连以水榭，雅丽幽静，是伍家人作画的地方；听涛楼是伍秉镛的侄子伍元华所建，靠着万松岗，用于收藏金石字画；南溪别墅是学者钟启韶为伍家弟子开馆的地方。此外，还有红棉山馆、滴翠轩、百株梅轩、清晖池馆等建筑。

不管当年潘家、伍家有没有主观意识到自己的使命，也就是今天我们所说的企业的社会责任，客观上，他们都实实在在地践行了。财富对于文化的滋养作用是巨大的，特别是在古代，官府缺乏足够的财力、人力投入文化教育事业，出版、收藏等文化遗产的保护，很大程度上要依靠有识之士的不吝钱财、不惜功力。如同文艺复兴与佛罗伦萨美第奇家族的紧密关系，19世纪末岭南文化的发展也离不开潘氏、伍氏两大家族的大力成全。

如果仅仅是财富的支撑，潘家、伍家的荣耀不至于延续后世，真正让潘家、伍家成为传奇的，是一代接一代的好文重学。就像后人评价十三行四大家族："二百年来，粤东巨室称潘、卢、伍、叶，伍氏喜刻书，叶氏喜刻帖，潘氏独以著作称。潘君鸿轩，所居双桐圃，……君好

旧时伍家花园里的太湖石"猛虎回头石"，现存于海幢寺

佛、好客、好书、好画、好笛、好花、好读。”这里的“七好”说的是潘恕，他可以作为潘家的代表。除了潘家之外，其他家族特别是伍家也都乐善好施、不废诵读，致力于推动文教兴起。

其中的代表作是伍崇曜所建粤雅堂。

伍家到了伍崇曜这一辈，才学增长并没有与财富累积出现反比。对于伍崇曜的评价，从不同的侧面切入就有不同的答案。如果从文化的角度来讲述是非功过，他便是清代著名的藏书家、出版人。他好学嗜古，遍收四部图书，所建的藏书楼粤雅堂藏书丰富，与康有为的万木草堂、孔广陶的岳雪楼、潘仕成的海山仙馆合称“粤省四大家”。

四大家之间，孔家的孔继勋是伍崇曜的座上客。伍崇曜常请他来河南清晖池馆饮酒，白天过来时还是赤日炎炎，返棹归去时已经月照几案。清晖池馆榕翳蔽日、柳絮飞园，是嘉宾高谈况集之地，也是老友追思旧迹所在，留给孔继勋诸多美好回忆：“万松磊砢，错以芬菲。一水萦回，荡成金碧。”

粤雅堂建成于清道光二十四年（1844）之前，主体建筑是远爱楼。粤雅堂风景之胜在周边环境。不同于江南园林的人为造景、关门赏景，虽然四周也建有竹洲、花坞、书房、琴亭，但是，站在远爱楼上，南望万松岗，北眺珠江，山光水色都在园林之内，又在园林之外，这才是“行商庭院”的大气所在。谭莹在《粤雅堂记》中是这样描写粤雅堂的环境：“爰于西园，修营旧墅。竹洲花坞，王摩诘之所往来；书库琴亭，白太傅于焉啸咏。洞房连闼，半郭半郊。傍山带江，饶水富竹。构斯堂而榜曰‘粤雅’焉。”

当然，粤雅堂能闻名后世，并不只是因为园林本身，而是以之命名的一套综合性大型丛书《粤雅堂丛书》。《粤雅堂丛书》由伍崇曜出资刊刻，聘请学海堂学长谭莹校勘编订，对于后世影响深远。

当年的读书人均知道印书之难，不仅要有钱，还要有人才，张之洞对于粤雅堂的评价很高：“刻书必须不惜重费，延聘通人，甄择秘籍，详校精雕，其书终古不废，则刻书之人终古不泯，如歙之鲍、吴之黄、南海之伍、金山之钱，可决其五百年中必不泯灭。”张之洞将伍崇曜与安徽歙县的鲍廷博、江苏的黄丕烈和钱熙祚并列，认为粤雅堂的光辉事业五百年都不会被遗忘。

刻书与藏书不同，藏书只是个人行为，不理会校对，不需要勘误，不涉及传播，而刻书的工程更为浩大，所费钱财精力更多，这也是张之洞褒奖伍崇曜（号紫垣）的原因所在。徐信符早年求学于学海堂、菊坡精舍，后来任教于中山大学。他在《广东藏书记略》中详细记录了从南朝王僧孺开始的岭南藏书史，特别讲述了十三行四大家族的事迹：“潘、卢、伍、叶，道咸间称为巨富。叶云谷风满楼亦有藏书，并有丛帖刊印，惟不若伍、潘为盛。南海之伍，张香涛（之洞）举与金山之钱等相比。伍紫垣崇曜以洋商起家，轻财好客，搜藏古书，有《远爱楼书目》，世鲜流传。当日藏书，延谭玉生莹为之评别。玉生博考粤中文献，凡粤人著述，代为搜罗，择其罕见者刻之，曰《岭南遗书》，五十九种三百四十三卷；曰《粤十三家集》，一百八十二卷；选刻近人诗，曰《楚庭耆旧遗诗》，七十四卷。又博采海内书籍罕见者刻之，曰《粤雅堂丛书》一百八十种，共千余卷。凡伍氏校刻书二千四百余卷，跋尾二百余篇，则玉生所为也。”

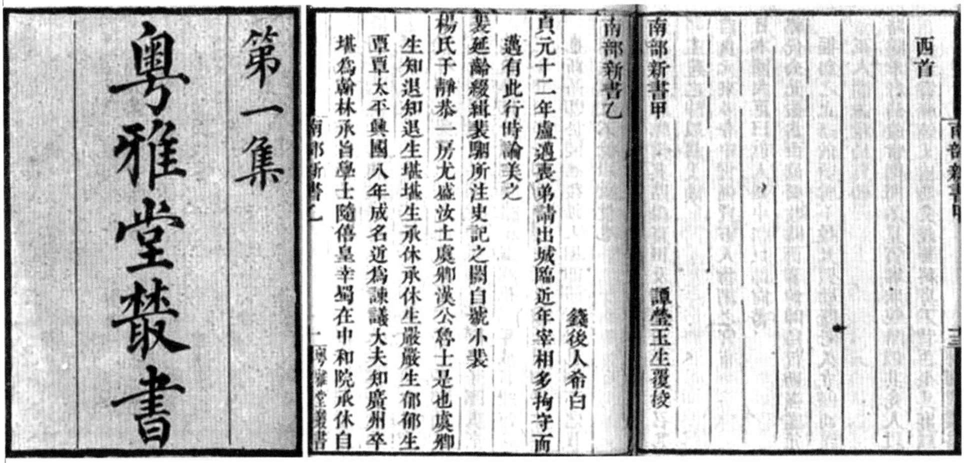

《粤雅堂丛书》书影

《粤雅堂丛书》从道光三十年（1850）开始刊刻，中经咸丰、同治，到光绪元年（1875）为止，历时25年，前后共出正、续、三编30集，收书208种1289卷，可以说是清代后期的一部大型私刻综合性丛书。

其规模和乾嘉时期鲍廷博父子刊刻的《知不足斋丛书》相仿，《知不足斋丛书》共30集也是收书208种。《粤雅堂丛书》所收虽无鸿篇巨制，但内容丰富，经史子集，无所不包。

除了伍崇曜，当时其他富商也投资出版。说到刻书，徐信符先提到潘仕成，“番禺潘德畬仕诚（即潘仕成），以盐荚起家，名与伍氏埒。荔子湾中，筑海山仙馆，有水木清华之胜，好储藏异书。所刻《海山仙馆丛书》，皆当时所藏之珍本也”。

河南潘家，徐信符也有提及，这也从一个侧面印证了潘仕成与潘振承一脉是大家族亲戚：“其（潘仕诚）族人潘正炜有《听帆楼书画记》，则所藏古画之题跋也。复有《看篆楼古铜印谱》，则潘有为毅堂所藏之印，而以颜鲁公名印最为有名。迨潘氏中落，亭院悉没于官，遗籍亦多播散，而其族人南墅潘园尚有保存一小部者，则潘光瀛及其子梧桐庭院所藏云。”

至于像张维屏这样的读书人，虽然也有藏书，但是数量就无法与财力雄厚的行商相比：“听松庐藏本，多有评校。今可见者有《苏东坡集》及《唐宋诗醇》。其书不求佳本，惟自首至尾，批评到底不懈。”听松庐就是张维屏的书房，读书人藏书自然有他特殊之处。张维屏读书特点是喜欢评论、校对，而且从头到尾批评不停，徐信符对他的评价也算是中肯客观。

旧时富豪建宅修园并不仅仅是为了安顿三餐一宿，而是为了家业、文脉的永续绵延，因此，庭院中不可能只是客厅、卧室、厨房，还要有祠堂、私塾，祭祀、课业才是家业中最重要的。伍家的揖山楼便是大宗祠的后楼，听涛楼、延晖楼是伍元华修筑的。听涛楼用来收藏金石、字画、书籍，伍有庸在《题春岚听涛楼图》中说伍元华“主人性耽画与书，巨眼真赝能鉴别。搜罗购聚弥珍藏，考据题签非臆说”，谭莹、吴荣光等都是听涛楼的座上客。

伍元葵喜欢园林，也能写诗，在安海村筑月波楼。他的《园林即事》中有“亭低花作壁，地僻竹为朋。煮茗烧黄叶，临池采紫菱”之句，颇有陶渊明“采菊东篱下”的况味。伍观澜在溪峡建有枕流室；伍长绵是伍元兰的儿子、伍延鎏的父亲，建有评花小榭。

河南伍家别墅飘出书香的还有伍秉镛建的万松园。万松园紧邻海幢寺的大雄宝殿，以收藏书画闻名。嘉庆、道光年间，往来万松园的都是谢兰生、李秉绶这样的官员、诗人、书法家。万松园的园匾是大名鼎鼎的刘墉题写的，藏春深处的匾额是张维屏写的，园内太湖石上有米芾真迹。万松园“池广数亩，曲通溪涧，驾以长短石桥，旁倚楼阁，倒影如画……昔时池中常泊画舫”。园主伍秉镛不仅在商场呼风唤雨，舞文弄墨方面也不是等闲之辈。

今天，怎么来理解百年之前留下的园林遗产？作为富甲一方的商人，潘家中西结合的别墅丝毫不逊色于今天西方亿万富翁的私家庭院。潘家和伍家的家园以其规模宏大、雍容华丽的气派，名噪南粤。这些极尽奢华的庭院中，处处种植着稀有的古树、各种各样的花卉，正如广州俗话说“镬底都镶金”。时过境迁，繁华总被雨打风吹去，旧时庭院难寻踪迹，不像西关大屋那样保存完好，那么，我们就要看得更远一些，看到这些已经飘零的繁华背后，文化的主体——人所留下的不灭功绩。

富而好学，学而思进。这样的轮回递进在河南的豪宅中得到完美的体现。这些大宅一方面是财富的见证，另一方面是学识的见证。宅院的主人绝对不是希望人们只看到财富，更希望世人关注到他们的才学与财富一样出众。

前面我们说过潘家第三代正字辈的诗人很多，潘正炜有《听帆楼诗钞》；潘正亨从19岁开始写诗，有五卷《万松山房诗钞》；潘正常是嘉庆年间进士，有《丽泽轩诗钞》；潘正绵有《遲圃诗存》；潘正衡有《黎斋诗草》，梁九图评论潘正衡：“番禺潘钧石正衡，家本富豪，而所为诗，工愁善怨”，是典型的“为赋新词强说愁”。

其实，伍家在诗文方面也不差。伍元华“幼负诗名”，“其诗矢口肆笔而成”，有《延晖楼吟稿》；伍崇曜有《粤雅堂吟草》两卷；伍元崧的诗有宋诗之妙，著有《池西草堂诗稿》；伍元葵的诗歌清新工丽，《月波楼诗钞》共有四卷。此外，伍观澜、伍肇基著作颇丰，都有诗集流传，分别是六卷《秘园山馆诗钞》和四卷《红棉山馆吟草》。

落户河南之后，豪门开始了另外一项系统工程，那就是强强联手、开枝散叶。据梁嘉彬先生考证：“在洋行十三人中，有十二人原籍福建……十三行行商多为福建，诚属事实。”来自福建晋江安海的有颜亮洲、伍秉鉴，来自福建龙溪的有潘振承、叶上林。颜亮洲约在雍正十二年（1734）创立泰和行，潘振承约在乾隆九年（1744）创立同文行，伍秉钧在乾隆五十七年（1792）创立怡和行，叶上林在嘉庆元年（1796）创立义成行。

都是同乡，皆为富商，不仅门当户对，还同声同气。从乾隆年间至光绪年间，颜、潘、伍、叶四家相互联姻长达100多年，缔结婚姻多达几十宗。潘有度、叶廷勋均为颜家女婿，且他们祖孙几代人都娶颜家女儿为正室夫人，那么，潘正亨、潘正炜、潘光瀛、叶梦麟、叶梦龙等自然就是颜家外孙，潘飞声是颜家的曾外孙。后人核对《颜氏家谱》《叶氏家谱》《安海伍氏入粤族谱》，可以发现颜、伍、叶三家也有很多联姻记录，例如颜家女儿嫁入伍家，颜金带（颜亮洲玄孙女）嫁伍延焜（伍秉鉴曾孙），颜冬（颜亮洲堂兄颜亮起次子颜时明之女）嫁叶廷勋，等等。

大行商在处女地扎根的示范效应是巨大的。嗣后，不少豪绅富户以及海外侨商陆续跟进，亦在漱珠涌一带建宅安居，包括陈园、叶氏近园、黎氏璞园、张园、林氏景园、杨氏半园、梅园、高氏东园等。

叶氏近园在瑶头村，园里有瑶南别墅、心远楼、云楼，是叶汝阶的居所。心远楼前，曾有紫芝一株。钟启韶之前住在西关今天的丛桂路一带，他虽然不是大富大贵出身，却喜欢风雅，爱写竹枝词，也在安海村建了听钟楼。黄子高就不用说了，他是河南本地人，一生之中写了很多以河南为题材的诗词佳作，也把家安在河南石溪村，取名梅花书屋。

海珠区走向繁荣的趋势是任何人无法改变的社会发展规律。回顾历史，我们也必须看到个人对于社会发展的推动也是不可忽视的，个人能发挥的作用是加快这样的历史进程，促进区域的社会发展。

19世纪中期，第一次鸦片战争之前，潘氏及伍氏在河南的宅第相继落成，与海幢寺一起连成一片，在省城对岸划出一片新型理想地区，吸引了西关及广州城内越来越多的文人商贾前来居住及营生，漱珠涌两岸变得越来越热闹，狭义上的河南迎来了一次大发展。

《听涛楼图》，谢观生（1760—1830）作，现收藏于广东省博物馆

之后十三行制度被取消，五口通商后广州亦失去外贸垄断地位，行商后人各自谋求出路。其中父辈经营茶叶生意的张凤华多年来居住在河南，深知其发展潜力，于是出资买下大块地皮发展，建设住宅区，提供给迁移过来的不同人群购入使用。直至他1888年去世，岐兴街区及鹤鸣街区皆已建成，这种贡献为今日漱珠涌地区西畔的格局奠定基础，亦让张凤华成为“广州最早的地产商”。

2020年9月，清代画家谢观生为伍元华所绘的《听涛楼图》被拍卖，我们得以看见当年听涛楼的风光。该画作完成于道光七年（1827），由谢兰生的弟弟谢观生作画并题句，蔡勋作“听涛楼画叙”，画后题跋者多达25位，包括吴荣光、翁心存（翁同龢的父亲）、许乃济、卓秉恬、谢兰生等名家，画的主人是“春岚四兄”，即伍受昌。还有鉴藏印“莫棠岭外所收”，这是晚清学者莫友芝的从子莫棠（曾官居广东韶州知府）的收藏印。

旧日的辉煌一刹那，仿佛又回到我们的视线，曾经的风吹雨打、繁华飘零原来都只是误判，历史给我们上了一课：存在过的，就永远不会消失，它总是以某种方式存在着，或是艺术品，或是口耳相传的传奇，或者仅仅是记忆。祖先早就悟通了这一道理，他们在当年筚路蓝缕呕心创造的目的不就是为了今天的让人难以忘怀吗？

故里：家乡之“乡”，田园、桃源、乡愁

质朴古拙的河南，被长久定位，遗世而独立，过往的生活方式被岁月封印，通过河涌、桥梁、祠堂、民居等原封不动地保存了下来，日出而作，日落而息，与祖先相伴，与山水为邻。

无论变迁怎么翻天覆地，这片土地永远都是我们的家乡，最早酝酿乡愁的这片土地满含泥土和稻花的芳香。在过往很长一段时间里，描述河南的语句总是离不开“花田之上”“桑麻聚落”“烟火相望”之类的词语，仿佛珠江南岸那一片恬静的乡土就是陶渊明笔下“芳草鲜美、落英缤纷”的武陵桃源。

当年没有专门为海珠区评选最美乡村，从留存下来的诗词文献看，算得上清朝河南最美乡村的有小港、隔山、瑶头、庄头、鳌洲、峡溪、南石头、沙溪等。

文化的形成是因为人类的活动，文化的发展同样也是因为人类活动的升级。桃花、梅花从自然形态的植物到被移植到房前屋后是第一阶段；农耕渔牧被文人雅士关注，成为艺术表达的对象而被广为传播，则是第二阶段；田园风情成为节日传统，被千万人追捧，得以绵延数百年，则是第三阶段。

海珠区的发展演绎了农业文明从一个城市逐渐退潮的过程。河南，曾经是那么富裕、丰饶的土地，其农业文明的辉煌与灿烂被写进了诗词歌赋之中，变成经典永远流传下去。今天，水稻、蔬菜、果树不再是土地的宠儿，代之而起的是高楼大厦。幸运的是，因为“万亩果林”，小洲村被保护了下来。

农业文明、工业文明、科技文明，不同时代的文明可以共时同存吗？

海珠区的发展很好地诠释了这一问题，如果是作为主角的农业文明，自然是留在了过往的岁月里。

与城市化相对应的是“乡村性”，“乡愁”的核心价值便是保存“乡村性”，“乡村性”活化在“三生”（即生产—生活—生态）之中。

如果把广州视为自己的家乡，那么，家在哪里？乡又在哪里？家是可以定位的点，乡却是幅员辽阔的面。在一个游子的心中，走到哪里，才算是走出了家乡的边界，来到了他乡？

沧海桑田，是河南在古代上演的精彩一幕，农业文明主导了变化。

桑田厂房，是海珠区在20世纪后半期经历的发展，工业文明主导了进化。

无论变迁怎么翻天覆地，这片土地永远都是我们的家乡，最早酝酿乡愁的这片土地满含泥土和稻花的芳香。在过往很长一段时间里，描述河南的语句总是离不开“花田之上”“桑麻聚落”“烟火相望”之类的词语，仿佛珠江南岸那一片恬静的乡土就是陶渊明笔下“芳草鲜美，落英缤纷”的武陵桃源。

在河南被正式纳入广州市的规划蓝图之前，广州在生活方式方面是如何定位河南的？在城墙之内居住谋生的官僚、学者、市民看来，城里有城里规整的样子，乡村有乡村质朴的样子。从行政管理体系来看，城墙范围之内的广州，有督抚、县衙、学宫，承接的是皇权治理制度，反映的地方政权的完备。而河南不同，河南从一开始就是村，三十三村或三十二村、三十六村，又或是后来的七十三村、七十二村，反正四时皆为村，四处皆是村。

就拿信仰崇拜来说，河南也有文人高官出入正规高雅的海幢寺。每一次的改建、新建，都是隆重其事，土木兴作，费尽人力。但是，遍布四方的则是乡野村夫喜欢的田神庙，期会之日，“农辍其耕，士释其业”，大家都放假休息，穿上好看的衣服，“儿郎炫服，游女靓妆，相与集于庙下”。庙是古代乡间的文化广场，在这里可以用神的名义“群然乐之”。大家挤在一起观看优孟的歌舞，娱神亦娱人。这样的神不是高高在上的，而是要和乡野打成一片，“三神在天之灵，亦以众生之乐为乐”。

这样质朴古拙的河南，被长久定位，遗世而独立，过往的生活方式被岁月封印，通过河涌、桥梁、祠堂、民居等原封不动地保存了下来，日出而作，日落而息，与祖先相伴，与山水为邻。

清同治二年（1863），山东历城人毛鸿宾擢升两广总督并奉旨修纂

1979年，龙潭村的醒狮队伍行走在石桥上

《广东图说》。绘图、编说之事由陈澧、邹伯奇、赵齐婴、高学燿带领一群生员文童具体负责。《广东图说》可谓内容丰富的地理志，各州县依照沿革、城池、山谷、河流、乡镇、道路、圩市、营汛、兵将、盐官、关津、邮驿、古迹、泉石、盐田等名目依次列出，内容几乎称得上应有尽有。《广东图说》是史上将“村”普遍予以采访录入的唯一史料，其《凡例》中说：“唯乡村名目，各官造缴之图有极繁多者，图内不能尽写。今于都图保甲及大乡村皆载之，其小乡村，但载于说，不载于图。”

河南在《广东图说》中是什么情形？一句话来概括，那就是“小村七十三”：“旧称三十三村，又称三十六村；今则称七十三村。盖地广人繁，随时辟立，愈久而愈多也。兹据最近者录之。河南堡在城南五里内，有小村七十三。曰瑶头、曰隔山……曰沙园……曰南石头……曰大塘、曰鹭江、曰康乐……曰客村、曰下渡……曰赤岗墟……曰小港……曰鳌洲中约……曰峡溪、曰白鹤洲、曰龙尾导、曰龙田、曰福龙街、曰联珠百睦、曰龙潭。商贾云集，近为外国市埠。”

当年没有专门为海珠区评选最美乡村，从留存下来的诗词文献看，算得上清朝河南最美乡村的有小港、隔山、瑶头、庄头、鳌洲、峡溪、南石头、沙溪等。

其中，小港是一个“林幽鸟静、离绝尘境”的田园，因为兼具人文风雅与自然山水，成为历代文人雅士必定“打卡”的诗歌胜地。易顺鼎《渡海村》就是为小港书写的一幅风景画：

扁舟载榼出蒹葭，绿树荫浓似盖遮。
野水分成无数港，古榕开满寄生花。
桥通田舍两三里，艇作渔人一半家。
椰子冠兼桃竹杖，闲来岭海吃红虽。

暂且将田舍、渔家、古榕、浓荫放在一边，今天的广州人估计不会想到，除夕去小港看桃花，是当时“广州过年、花城看花”的必选动作。

《粤雅堂丛书》的编辑谭莹在《乙酉除夕小港看桃花诗序》中用四个字解释了去海珠小港看花的传神奥秘——“花最销魂”。

在序言中，谭莹也列举了广州及周边很多赏花之处和四季必赏之花，包括萝岗的梅花、中山的菊花，夏天的荷花、花朝节赏桂，而小港“在卢循城畔、杨孚宅旁。阁则海幢、海印，桥则环珠、漱珠，路转凤凰之岗，村环鸡鸭之滘”。小港“遍植野桃”，到了岁末春初，“爆竹巷烧、桃符宅换”之时，桃花和着春风，与心情一起怒放，“万松萧槭，涌出绛霞，一水萦回，荡成香雨”。此时，最适合驾船去往小港，“访白足之高僧”“吊黄衫之侠客”，不用去理会债台高筑、尘世烦恼，就去做一场“寻春之局”，在小港的田园阡陌中，去领略“枝枝如火，齐烧玳瑁之天；片片成尘，密簇琉璃之地”的桃红烂漫景观。

在广州这样一个充盈花的城市里，荔湾啖荔、蒲涧撷蒲、花地春游、珠江秋禊，春夏秋冬都有应景应时的好去处。桃花因为在春节前后开放，加上花开富贵的寓意，更加让人喜欢。谭莹眼中的除夕小港桃红，有着红棉、杜鹃、杨柳等芳草没有的姿态和妩媚：“态含风而益媚，影照水以同妍。香扉疑蝴蝶之飘，红暖覆鸳鸯之宿。沿岸非无芳草，装点可怜。倚楼亦有垂杨，分明似画。比之木棉环海，枝格昂藏。杜鹃漫山，血痕狼藉。铅华转逊，情韵迥殊矣。”

古往今来、沧海桑田，在“故国承平，兼逢乐岁”的大好时节，何以解忧？唯有小港。在小港，有诗有酒有花有友，“人在船头花在手……归来泥醉屠苏酒”，怎么可以辜负良辰好酒和“两桨如飞、万红相送”的天赐美景。

除了《乙酉除夕小港看桃花诗序》，谭莹还写有《辛丑除夕小港看桃花诗序》。这个辛丑年正是道光二十一年（1841），此时，鸦片战争已爆发，广州成为清军与英军争夺焦点。胆怯昏庸、畏敌如虎的琦善被罢免后，奕山被任命为靖逆将军，赶赴广州指挥广州保卫战。奕山同样是一个彻头彻尾的草包，很快就在城头竖起白旗。不过，他的“本事”在于擅长撒谎，在给道光的奏折中，他满纸谎言、绘声绘色写了“观音大士”显圣，支援清军作战的壮丽战况：“展袖指火，顿即熄灭。俄而大雨倾盆，逆敌火箭炮弹，无一延烧。”

实际的情况却是谭莹描绘的灰色画面，“慨自海氛不靖，兵气才消，月影蛇蟠，风声鹤警”。这一年的日子在提心吊胆中度过，几个佳节都无心庆贺，“匆匆端午，未尝泮塘之荷；草草重阳，谁寻破庙之菊”。终于到了岁末，春节的小港依然是“彤霞匝地、绛雪漫天、浪翻锦绣、溪回金碧”，让“我辈重来……合补残年之佳话”。

不知道张维屏有没有在除夕随着人潮涌来小港看过桃花，他在年初六肯定来过，留下一首《正月初六日泛舟小港看桃花，访是岸寺，先误至漱珠岗》：

开岁为春游，共作云水客。
小港多桃花，霞采映空碧。
…………

从后人整理的前人诗词，我们可以发现，在清代中后期，广州及周边的诗人都有乘船来小港访问桃红的习惯，只不过，各人有各人的时间表。南海人曹为霖和谭莹的习惯一样，是除夕去小港，岑澄是正月初五和友人一起去小港观桃花，而颜薰则是大年初一。

小港不是陶渊明笔下的桃花源，却有着和桃花源一样的魅力。游在花丛中，“几疑身住仙源里，寒尽不知春已回”；诗酒花友，东风恰送辞岁宴；“武陵一棹”渡海珠，小港是“寥寥一犬吠烟渚，灼灼千枝映花屿”，与桃花源“良田、美池，阡陌交通，鸡犬相闻”有着同样令人流连忘返的景致。

小港吸引众多文人墨客的，除了桃花，还有梅花。梁鼎芬写过《采桑子・香雪约在小港探梅同赋》，其他的诗人如张德瀛、杨其光、商廷焕都写过关于小港梅花的诗词。梅花是中国古典诗歌里的常客，小港的梅花在诗人的笔下一样有着“琼葩如雪，万枝寒印疏影”的风情。

文化的形成是因为人类的活动，文化的发展同样也是因为人类活动的升级。桃花、梅花从自然形态的植物到被移植到房前屋后是第一阶段；农耕渔牧被文人雅士关注，成为艺术表达的对象而被广为传播，则是第二阶段；田园风情成为节日传统，被千万人追捧，得以绵延数百年，则是第三阶段。

小港的风雅不仅仅是因为有桃花、梅花，还有前人风雅的点缀。清

清光绪十六年（1890），湖南发生水灾，白纶生捐出巨款救济。光绪帝赐以“乐善好施”四字，并在龙潭村建立一座牌坊以示表彰

代文人偏爱小港，还有一个重要的原因就是天山草堂和何维柏，“前贤灵爽知应慰，空足萧蓼有足跫”。

穿梭在小港的花丛中，落英满身，竹里行觞，缅怀先贤，看琼葩如雪，感受香风送暖、花魂吹醒的日子，随着现代化大都市的建设步伐，已经永远留在岁月的深处，但是，这种过往却并没有彻底消失，留在记忆的深处，作为海珠文化的有机组成，持续散发芬芳。

除了小港，隔山、瑶头、庄头、鳌洲、峡溪等名村中，瑶头也是知名度颇高的。瑶头在宋代就已经开村，曾是生产陶器的作坊，故名窑头，后来改名叫瑶溪，是河南三十三村中最大的一个村。说到瑶溪，自然就会联想到瑶溪二十四景。撇开歌咏瑶溪二十四景的居巢等一众诗人不谈，潘飞声作为富家后代，他对于海珠文化的贡献是很大的，留下了很多吟咏海珠的诗词。对于瑶头，潘飞声情有独钟。

瑶头之美在溪、松、桃，以溪为纲，串联松桃，“河曲而西，水松夹岸十余里……溪又多桃，花时红霞满天，与松翠荡为云彩，上下异色，最称烟波胜赏”。瑶头是河南风情画的代表作，古村古榕、土风纯朴，有酒肆茶寮，还能听见海幢寺传来的晚钟。所以，广州人如果想要寻找“绿树村边合，青山郭外斜。开轩面场圃，把酒话桑麻”的田园诗意境，就免不了撑船过海往瑶头。诗人赵国柱有一首《窑溪晚归》最适合去对比孟浩然的《过故人庄》：

一路香风送稻花，村南村北酒帘斜。
板桥行尽松阴径，门对清流第二家。

张维屏到了晚年依旧忘不了小时候伴读住过的河南，于是租了潘家的东园作为自己的“听松园”，所以瑶头等地也是常来常往。在《二月初四泛舟窑溪》中他说“十年三度泛窑溪”，他的《窑溪泛舟同谢里甫熊荻江》是将瑶头的历史和风景融为一体的上乘佳作：

水松千树夹溪流，松影溪声并入秋。
南宋人才话龙尾，西风诗境访瑶头。

烟去妙手双黄鹤，天地闲身一白鸥。
陈迹他时觅鸿爪，蒙家祠外问渔舟。

诗中“南宋人才”指的是南宋状元张镇孙，据说他的故居在龙导尾。瑶头泛舟，感慨怀古，在陈迹之中寻觅雪泥鸿爪，在溪声中淡泊身世浮沉。此情此景，不正是士大夫们孜孜以求的解脱吗？

庄头又名庄溪，是素馨故园，曾经，村前村后弥望皆是素馨。虽然河南其他地方如沙园也种素馨，知名度却远远不如庄头。历来的文人都喜欢把庄头与素馨紧密结合在一起，大量的诗词写庄头的素馨，到头来，反而越简单的越难以忘记，黄子高的《记乡人语》最为朗朗上口：

黄蜂队队雀查查，辛苦年来为种瓜。
悔不庄头村里住，一生衣食素馨花。

龙溪的前身是乌龙岗，潘家到来之后，把福建龙溪的名字复刻到这片荒芜之地。潘氏的远祖潘节是河南固始人，唐仪凤二年（677）戍边赴闽，就此定居福建同安县龙溪乡。后人如潘飞声擅长辞赋的，留下不少歌颂龙溪的佳作。例如潘飞声的《渔家傲・与人述河南村居之乐》：

一个渔庵天占水，新蒲细柳摇苍翠。摇得月明花满地，深竹里，酒船一笛吹刚起。出网鲟鳇鱼几尾，厨娘商略添盐豉。恰好夜凉供薄醉。拼睡美，携樽人到门开未。

鳌洲和峡溪都在龙溪附近，鳌洲在龙溪西北，峡溪在龙溪之东。

隔山与庄头、沙溪的纯田园风光不同。隔山又名南昌，是南汉旧时宫殿所在。固然在隔山可以赏荔，“红云曾宴荔枝湾，佳味于今又隔山……主人邀客相携手，饱啖琼浆坐路隅”。更重要的是世事沧桑、风云变幻，陶文鼎《广州杂咏》：

隔山村外路横斜，隐约台基薄雾遮。
此日霸图零落尽，冈头惟有木棉花。

河南曾经是七十三村，到了今天，再想随处可遇小港、瑶头、庄头这样的岭南水乡风情，已经是不切实际的幻想。时光毕竟千年已过，城市化的速度将整个海珠区“换了人间”。

海珠区的发展演绎了农业文明从一个城市逐渐退潮的过程。河南，曾经是那么富裕、丰饶的土地，其农业文明的辉煌与灿烂被写进了诗词歌赋之中，变成经典永远流传下去。今天，水稻、蔬菜、果树不再是土地的宠儿，代之而起的是高楼大厦。幸运的是，因为“万亩果林”，小洲村被保护了下来。

农业文明、工业文明、科技文明，不同时代的文明可以共时同存吗？

海珠区的发展很好地诠释了这一问题，如果是作为主角的农业文明，自然是留在了过往的岁月里。工业文明也是一样，时代推进社会进步的力量是巨大的。

与城市化相对应的是“乡村性”，“乡愁”的核心价值便是保存“乡村性”，“乡村性”活化在“三生”（即生产—生活—生态）之中。1978年改革开放之前，珠三角地区之所以仍被称为“岭南水乡”，是因为那时的城市化率依然很低，离开市区，山、水、林、田、塘、村和谐共生，生产保持着桑基鱼塘、果基鱼塘的农耕景观，生态没有被破坏，生活富足安乐，自然便是“岭南水乡”。

小洲村在海珠区的东南部，古称“瀛洲”，具有1000多年历史，因为位于“万亩果林”保护区内，因而被保护了下来。今天的小洲村拿到了很多荣誉，相继被评为“广东省生态示范村”“广东最美丽乡村”“中国乡村旅游‘飞燕奖’之最佳古村镇文化奖”“中国独具特色名村奖”“第二批中国传统村落”“中国生态文明楷模”“第一批国家级生态村”“首批广东省古村落”“中国最有魅力休闲乡村”“广东省旅游特色村”等。

小洲村是到了元代才开始有人居住。明代洪武和成化年间，简东源及侄孙简西溪先后来小洲村教书，逐渐开枝散叶，小洲村成为简姓村落。第一次提及小洲村村名的文献是清同治年间的《番禺县志》，该志的“菱塘司图”中标出了小洲村村名，而毛鸿宾的《广东图说》也是成书于同治年间，他列举了河南堡的“小村七十三”，其中就没有小洲或

1978年的水乡小洲河西桥

者瀛洲。

今天的小洲村还是不是“小村七十三”那个时代的小洲，答案自然是否定的。小洲村过去是一个传统的岭南乡村，自明朝起乡民修建堤岸果基，保水增产，世代以种植水果为生。今天，它成为广州重要的城市文化与旅游空间。即便小洲村保留水乡旧貌，但是，小洲村的角色已经完成了转化，成为广州国际大都市绿色生态的“艺术村”。

去怀想一个留在记忆中的小洲，还不如去享受一个活在当下、生机勃勃的小洲。旧时和谐的“生产—生活—生态”空间已经留在“岭南水乡”的记忆中。近些年，广州市、海珠区政府积极指导小洲村的旅游开发和村落改造，一个既传统又新鲜的“三生”空间又重新回来，活化在“小洲艺术村”。

新旧嫁接、多元共生。随着文化创意产业的发展，小洲村的空间结构得到了改造，传统的农业生产转变为旅游业、娱乐业，村落的生产生活空间形态趋向现代化，村落中传统建筑蚝壳屋、古祠堂、古桥、古码头等逐渐变成景点，吸引游客前往游览。小洲村或许不再恢复原始的乡村生态，不过，小桥流水、果树浓荫的旅游生态正在出现。小洲村就像是过往时光的标本，依旧刻画着我们浓浓的乡愁、不舍的牵挂。

花开：旧时堂燕、满江素馨

一座城市并不是从一开始就与百花为伴，而是从一种花扩展为百种花，从种一种花到种百种花，从卖一种花到卖百种花，从买一种花到买百种花，最后，花开广州，盛放世界。广州花史的第一页，写的一定是素馨、河南的素馨。

从素馨开满河南的土地，到迎春花市成为广州的名片，花，陪伴着羊城人民走过了千年的风风雨雨。花城的名号，归功于勤劳的种花人，也归功于历代文人的传播。因为反复歌咏，素馨、花田、花村成为具有广州特色的意象，进入诗歌，流传千古。

堪称花城的国际都市，除了广州，试问还有哪一座？花城美誉的获得也非一日之功，日积月累中，越秀、荔湾、海珠等城区在花卉生产、花卉交易、迎春花市繁荣方面都贡献良多。清朝晚期军事家、书画家，人称“雪帅”的彭玉麟在《广州竹枝词》中讲述了他眼中的花城：“河南花埭百花肥，万紫千红燕子飞。”说的就是海珠也是一个花区，花市有花出河南，从一枝素馨开到万紫千红。

一种风俗的养成，必定是世世代代的约定；俗成之后，也将为子子孙孙所遵守。花城花市所有的风俗，若问出处，都指向一个源头，那就是素馨。

大儒就是大儒，白沙先生对于素馨的解读，始于“美”，终于“善”。归根结底，香花、美人都是治国安邦的象征与暗喻，他观花、赏花的终点是“道”。

说到迎春花市来历，话头也还是要从素馨开启。如果能够穿越，我们愿意回到几百年前的那些早晨，“拨动木兰之棹，逍遥杨柳之津”。天还没有亮，庄头人就摘下带着夜露的素馨，摇着小船到了广州城下。“一生衣食素馨花”，对于城里人来说，每天的早上，花客挑着担子走街串巷，把幽淡的清香放在女人的鬓发间、神佛的贡龛上，“香以如云，色以如雪。濯肌则粉见痕，吹气而兰留叶”是一种多么美好、浪漫和惬意的生活啊。

风俗的特点，一是全城千万人皆认可，二是全家几代人都接受。

花市的风俗，就是这样被羊城人从素馨的洁白开始，演化为炫目七彩的姹紫嫣红。

从来没有一座城市，像广州这样把花爱得如此热烈和持久。

堪称花城的国际都市，除了广州，试问还有哪一座？花城美誉的获得也非一日之功，日积月累中，越秀、荔湾、海珠等城区在花卉生产、花卉交易、迎春花市繁荣方面都贡献良多。清朝晚期军事家、书画家，人称“雪帅”的彭玉麟在《广州竹枝词》中讲述了他眼中的花城：“河南花埭百花肥，万紫千红燕子飞。”说的就是海珠也是一个花区，花市有花出河南，从一枝素馨开到万紫千红。

一种风俗的养成，必定是世世代代的约定；俗成之后，也将为子子孙孙所遵守。花城花市所有的风俗，若问出处，都指向一个源头，那就是素馨。

翻开过往的典籍，岭南名人雅士描写素馨的文章连篇累牍。明代大儒陈献章（人称“白沙先生”）便著有《素馨说》：“产于此邦曰素馨者，香清而体白，郁郁盈盈，可掬可佩。贯四时而不凋，供一赏而有余……予既爱之，遂益究其用。”

花非棉粮，既不能穿，也不能吃，那么花的用处特别是素馨花的用处，到底是什么？

白沙先生回答：“然则是花之用于人，虽不若麻缕之于菽粟……人之资于麻缕为其可以温也，资于菽粟为其可以饱也……今是花也，吾取焉，故以其能郁郁盈盈，少裨于茗耳……使是花之于人，如麻缕之于菽粟，然又安可已哉。可已而已，不可已而不已。引而伸之，触类而长之，于道其庶几乎，治国其庶几乎。”

大儒就是大儒，白沙先生对于素馨的解读，始于“美”，终于“善”。归根结底，香花、美人都是治国安邦的象征与暗喻，他观花赏花的终点是“道”。

外地来穗的高官如神韵说大师王士祯、内阁学士周寿昌喜欢将素馨与广州风情整体打包，写一些轻松的竹枝词。王士祯的《广州竹枝词》将素馨与美人同框：“鬌云盘髻簇宫鸦，一线红潮枕畔斜。夜半发香人梦醒，银丝开遍素馨花。”

广州的诗人把素馨的用途做了解读。屈大均在《广东新语》中说：“花又宜作灯。雕玉镂冰，玲珑四照，游冶者以导车马。故扬用修云：

素馨花

‘粤中素馨灯，天下之至艳者。’”又说：“广中七七之夕，多为素馨花艇，游泛海珠及西濠、香浦。秋冬作火清醮，则千门万户皆挂素馨灯，结为鸾龙诸形，或作流苏，宝带葳蕤，间以朱槿以供神。”匠人会用铜丝串联素馨花，编成鸾凤、翔龙、飞禽、游鱼等复杂造型的立体灯笼，在其中点上蜡烛。每逢元宵、七夕、中秋三大节日，素馨灯是装点节日气氛的重要角色。

本地的诗人更是尽情抒发对于素馨的爱。“本地”不是指广州，而是河南。张维屏、梁佩兰、吴兰修、区子美、谭莹、居巢等人都有诗词曲赋来赞美素馨。最为华丽铺张的篇章是谭莹的《素馨灯赋》，他用浓郁艳丽的笔墨写了素馨：“三城伫艳，一水吹香。浦霞犹丽，街月初黄。花田采以成簇，灯市张而列行……城西河南，庄头栅头。色清香酷，叶碎枝柔。刚晓露以频摘，恰朝暾而并收。七门映雪，万井霜秋。”

如果将谭莹的《素馨灯赋》转换为画作，一定是浓墨重彩的大尺幅工笔。在众多的诗人中，居巢是画家兼诗人，他著有《画素馨》一诗：“端应唤作小南强，冰雪聪明竟体香。莫怪相看倍怜惜，莫愁生小是同乡。”

说到素馨，传说就会将话题拉回南汉，海珠与岭南旧王朝的关联主要是在南汉时期，留下了刘王殿、昌华别苑等遗址，还有一处是庄头。

庄头与素馨有关联的是两个景点，一是美人的香冢——素馨斜，二是种素馨的田园——花田。乾隆版《番禺县志·古迹》是这样记录“素馨斜”的：“旧志称在城西十里三角市，平田弥望，尽种素馨花，此误也。在今河南庄头村，昔南汉宫人葬于此。有美人喜簪素馨，殁后遂多称之，名其冢曰素馨斜……一说美人素馨，葬此冢，生此花，因名素馨，犹虞美人草也。”关于花田，陆应阳的《广舆记》有简要记述，说花田在广州城西。清代人梁无技在《素馨田诗注》中说已经无法考证。不过河南还有素馨田，靠近沙头小港。

一座城市并不是从一开始就与百花为伴，而是从一种花扩展为百种花，从种一种花到种百种花，从卖一种花到卖百种花，从买一种花到买百种花，最后，花开广州，盛放世界。广州花史的第一页，写的一定是素馨、河南的素馨。

素馨斜和花田，是历代诗人争相歌咏的题材。素馨的传说更为久远，相传南汉后主刘鋹宫中有美女名素馨，便是河南庄头村人，为刘鋹所宠爱。素馨死后，皇帝将她葬在花田之中，其坟冢长出洁白清香小花，于是就用女人的名字素馨来命名此花。

刘鋹的是非功过众说纷纭。亡国后，宋太祖并没有杀他，而是留他在宫中执梃侍卫，表面仁义的背后是嘲讽和戏弄。李煜与刘鋹的遭遇相近，也是兵败被大宋羁押东京（现河南开封）。与南唐后主李煜相比，后人对亡国之君刘鋹没有太多的同情，但不知为何，又留下他与素馨的传说，像是一片洁白的花瓣，夹在南汉血迹斑斑的史册中，让人把一丝叹息湮没在无边的愤恨之中。

宋代之后，一直有歌咏素馨的诗词，这些篇章都离不开美人香殒的故事，像宋代区子美《素馨花赋》："夫何一佳人兮，入南汉之后宫；靓新妆之婉婉兮，淡颜色其丰容；奚锡名之特异兮，曰既素且馨。"元代王恽《素馨》："汉宫有女号素馨，殁而墓花香若熏。"明代许炯《素馨花》："昔日三千宠，君王独爱才。芳心托下土，犹傍粤王台。"

明代广东南海人郭棐特别做《素馨赋》缅怀这段灰姑娘一般的神话故事："曾见名花为丽人，而岂知丽人之为名花乎？……名姬之花数茎，尚留妃子之斑，千秋未谢，独标素馨之名。"

清代《番禺县志·艺文志》引梁无技的注解称："刘王初葬素馨于花田，每殷忧而寡乐。网丝盈轩，苔痕侵阁，汎瑶瑟而不欢，搴朱帷而寂寞，文客墨卿，乃作《花田赋》以止王心。"这是一个典型的后人编撰的中国版灰姑娘加梁祝的故事。到了宋朝，还有人写诗歌咏这段鲜花传奇："昔日云鬟锁翠屏，只今烟冢伴荒城，香魂断绝无人问，空有幽花独擅名。"

从南汉刚刚亡国的北宋初年起，一直到清朝末年，素馨的传奇一直在人世间流传。其实，素馨的来历，前朝已经有详细记载，后人并非不知，只不过有的时候宁愿选择相信那些虚幻的传说罢了。

304年成书的《南方草木状》是这样描述素馨的："耶悉茗花、末利花，皆胡人自西国移植于南海。”《南方草木状》一共有三卷，为晋人嵇含所撰。全书收载草类29种、木类28种、果类17种、竹类6种，共80种，大部分是生于岭南的植物。嵇含写作《南方草木状》时，南汉尚有600多年才立国，未有南汉，先有素馨，这个顺序是后人都知晓的。

素馨的气味和形状，都与茉莉近似，关于耶悉茗和茉莉，嵇含也指出了其来源：“耶悉茗花、末利花，皆胡人自西国移植于南海，南人怜其芳香，竞植之。陆贾《南越行纪》曰，南越之境，五谷无味，百花不香。此二花特芳香者，缘自别国移至，不随水土而变。”

至于庄头为何多素馨，清代番禺人陈其锟在诗集《循陔集》中有详细交代：“耶悉茗，南汉宫人喜簪之，因此种花。及卒，冢上种此花以媚之，谓冢上自生着，传会也。”陈其锟，字吾山，号棠溪，道光六年（1826）进士，以知县用，改礼部主事，后人也就称他陈礼部。遇父母之丧，便归里不复出，主讲于羊城书院近30年。曾创议设义仓惠贫民。精鉴古，善诗文，工书法。

真真假假在时光的风烟里酝酿，变出酸甜苦辣百般滋味。弱水三千，各取一瓢饮，说什么和怎么说都无可厚非，因为本意都出自善愿。说千道万，有一条是千真万确的，河南的庄头村以种素馨和茉莉出名。

素馨和花城相伴的日子最为久远。花城花市需要有一种常伴长随的花，它也许不够娇艳，却四季不衰，这便是素馨了。

说到迎春花市来历，话头也还是要从素馨开启。如果能够穿越，我们愿意回到几百年前的那些早晨，“拨动木兰之棹，逍遥杨柳之津”。天还没有亮，庄头人就摘下带着夜露的素馨，摇着小船到了广州城下。“一生衣食素馨花”，对于城里人来说，每天的早上，花客挑着担子走街串巷，把幽淡的清香放在女人的鬓发间、神佛的供龛上，“香以如云，色以如雪。濯肌则粉见痕，吹气而兰留叶”是一种多么美好、浪漫和惬意的生活啊。

“花市，在广州七门，所卖止素馨，无别花，亦犹洛阳但称牡丹曰‘花’也。”这是屈大均先生在《广东新语》中对“花”的定义。就像说“江”指的就是长江，说“河”指的就是黄河，在广州，那时说“花”，指的就是素馨。屈大均在其所著《广东新语》中特别交代了河南与素馨的关系："珠江南岸有村曰庄头，周里许，悉种素馨，亦曰花田。"还说："珠浦之人，以珠为饭；花田之人，以花作衣。"

由素馨滥觞而最后形成的羊城迎春花市，其间必然经历了反反复复和曲曲折折，个别时段的加速度或许又促进风俗成熟的进度。就像南汉，皇室崇尚佛教，礼佛客观上推动了广州花卉市场的兴旺。有需求就有市场，花农集中在白鹅潭东西两岸大量种植素馨等花品，形成专业栽培的"花地"以及"桃花夹水二三里"的刘王花坞。

珠江南岸三十三村的时代，人们多以种花为业。花田大者方圆上百亩，花开之时，满目璀璨，花朵在月色中珠悬玉照，胜似白雪。其时，广种香花的不只是河南，白鹅潭南岸的芳村也以花闻名，香风吹拂，芬芳满村，引来游人无数。西关一带曾有花田，后来十三行时期富商纷纷在此修建宅地，花田便被西关大屋取代。

如果单独一枝，素馨会很不起眼，它远不是玫瑰、牡丹等花中贵妇的对手。素馨是最为娇弱的一种花，盛开时也只有细细瘦瘦的几个花瓣，花骨朵比珍珠大不了太多。所以，广州人买素馨，总要用容器来装，花贩也都以升计价，一升素馨，要价不过10来个铜钱。

没有素馨，或许会有另外一种花卉来点燃广州人爱花赏花的激情，不过，历史最大的特点便是难以改写。恰好就是庄头延绵了花的传说，成就了花城的传奇。

既然有城，必然有"市"。与粮油柴米市场一样，专业花市很快就蓬勃兴旺发展起来。据《广东新语》记载，广州的花市主要位于七个城门口，即大东门（今中山路和越秀路的交界处）、小北门（今小北一带）、大北门（今大北一带）、西门（今西门口一带）、归德门（今濠畔街一带）、大南门（今北京路和大南路交界处）、定海门（今德政路与文明路交界处）。按屈大均的说法，在这些常年花市上，素馨花是唯一的主角，所以人们口里说的"花"，其实就是素馨。

遥想当年，天色薄明，花农们将一担担素馨从河南庄头的田间挑到江畔的花渡头。很多花贩早已驾着小艇在此等候，他们把一个个花篓搬到船上，再驾船渡过珠江，停靠在五仙门码头（今海珠广场一带）。待城门一开，这一篓篓的素馨就会被运往一个个花市，随之再进入千家

花洲古渡牌坊

万户。

风俗的特点，一是全城千万人皆认可，二是全家几代人都接受。

花市的风俗，就是这样被羊城人从素馨的洁白开始，演化为炫目七彩的姹紫嫣红。

“花城”顾名思义是“花的城市”，它的起点是“花村”或者“花乡”。“花乡”的源头是“花田”，河南的庄头村早在北宋时期便是十里花田、百里飘香，北宋诗人刘彝《茉莉田》就写道：“忆昔打桨珠江滨，庄头十里香氤氲。冥蒙花露白无际，一片荡作旃檀云。”这里描述色如白露、香若旃檀的是茉莉，庄头不只是种素馨，也种茉莉，花开百样，岂可偏爱。

明代忠臣、“岭南前三大家”之一的邝露偏爱花田，写了很多关于花田的诗，像《花田游舸》《花田饯朱未央时余归自都中》等。在《花田饯朱未央时余归自都中》一诗中，邝露将花田与梅花、鸿雁、龙泉、五岳等中国传统意象并列，一吐轻抚龙泉、拔剑而起的雄心壮志。

一樽须尽素馨田，别路惟余水共天。
自爱梅花归庾峤，若随鸿雁向幽燕。
长裾请拟邹枚后，五岳宁论婚嫁先。
莫倚唾壶歌伏枥，酒酣为汝拂龙泉。

很多来过广州的外地诗人都写过关于广州的竹枝词，被慈禧太后称为“京东第一人”的学者史梦兰写过《粤东竹枝词》来回忆河南的种花盛况：“河南春聚绮罗丛，串串香球贯彩绒。花好尽供城里卖，个侬绕屋种油葱。”清朝，编辑《岭海名胜记》的陈兰芝就住在河南海幢寺旁边，他认真编辑了《花田记》一卷，序言写道：“花田在河南庄头村，平日弥望尽种素馨花。”

《花田记》汇集了从明到清乾隆年间20多位名人为素馨花田写的诗词歌赋30余首，可见陈兰芝花费在其中的心血以及对于素馨的热爱。陈官《花田竹枝词》：“河头花郎惯卖花，河尾女儿长采茶，谁道河南少风景，半为香国半农家。”对于河南“少风景”的文化误解从古时便有，花与茶，便是将河南从“文化沙漠”渡往香国农家的一苇轻舟。

围绕在素馨身边的众多诗歌中，有歌唱花市的，“素馨花市闹黄昏，抛掷金钱价莫论”；有歌唱花渡的，“花渡头，秋波桂楫木兰舟，红妆障日影悠悠……钗头玉燕亦多情，不爱明珠爱素馨，君不见爱华女儿钱满袖，香风齐入五羊城”；有歌唱花村的，“河畔即花村，花气潮痕，一声江面正销魂”。

在中原，“农桑”的主题被历朝历代诗人反复歌咏，“把酒话桑麻”“昼出耘田夜绩麻”等，成就了大量的精品佳作。在岭南，“花田”的主题同样如此，从宋到清的数百年间，关于花田的诗词弦歌不绝，成就了花城的文化名片。到了民国初年，河南已经难觅素馨暗香。1898年创办时敏学堂的谭颐年在一个秋日的清晨再访庄头，已经找不到花田旧影，他在《河南花田名实旧矣，秋日晨游归而有作》中感慨道：

“芳泥郁郁亦千年，云自行空月化烟。秋老晓吹三里雾，劫残香剩二分田。”

从素馨开满河南的土地，到迎春花市成为广州的名片，花，陪伴着羊城人民走过了千年的风风雨雨。花城的名号，归功于勤劳的种花人，也归功于历代文人的传播。因为反复歌咏，素馨、花田、花村成为具有广州特色的意象，进入诗歌，流传千古。

热血：保家卫国、红色革命

作为近现代民主革命的策源地，从1840年到1949年的百余年间，面对列强欺辱，海珠人展示了三个方面的革命精神：一是无惧牺牲、一腔热血报效祖国的爱国精神；二是同仇敌忾、万众一心的团结精神；三是敢于坚持正义立场、勇于捍卫革命果实的斗争精神。革命精神是对广州红色文化最好的定义。

战火与硝烟，今天已经散去，留下的是斗争精神永垂不朽，成为海珠区红色文化的基因，成为广州这座英雄城市不可磨灭的烙印。

河南是红色种子生根发芽的沃土。从海珠区起步来追溯广州的革命传统，可以发现海珠区的红色文化源远流长。最早的源头可以上溯到卢循和黄萧养农民起义，两人都曾在海珠区扎营设立城寨。

一方面，帝国主义不会因为尊重历史文化的古老而放弃占据广州；另一方面，抵抗西方列强的文化冲击不是纸上谈兵、坐而论道就可以实现的，它必须通过城市市民有组织、有策略的行动才能达到目的。1841年5月，广州爆发了名垂青史的三元里抗英斗争。清道光二十七年（1847），河南人民抗议英国人霸占洲头咀的不屈行为一样彪炳史册。

挽救一个国家颓败的命运，仅仅靠邓世昌这样的忠臣是无法实现的，“修补”不足以疗救，必须有一场革命才能彻底改变中国。正是本着这样的宗旨，中国近现代民主革命从广州拉开了序幕，海珠区也成为近现代民主革命策源地的一个重要组成部分。

1917年至1923年，新生的中华民国尚在襁褓之中，就遭到北洋军阀扼杀。孙中山先生为保卫得之不易的革命果实，先后三次在广东建立革命政权，其中两次在河南开府办公，领导护法运动和国民革命运动，筹建黄埔军校，实现第一次国共合作，对中国历史产生了重要而深远的影响。

河南是孙中山护法运动大本营、国民革命策源地，更是中国共产党第一次成功运用统一战线这一革命法宝并取得辉煌成就的重要见证地。

广州是一座有着革命传统的英雄城市，岭南历史和广府文化里渗透着深厚的红色基因。要正确理解广州的红色文化还是要从“四地说”入手：广州是岭南文化中心地、近现代民主革命策源地、海上丝绸之路发祥地、改革开放前沿地。

作为近现代民主革命的策源地，从1840年到1949年的百余年间，面对列强欺辱，海珠区突出展示了三个方面的革命精神：一是无惧牺牲、一腔热血报效祖国的爱国精神，如清朝海军将领邓世昌，在甲午海战中以死抗击日本的侵略；二是同仇敌忾、万众一心的团结精神，在反抗英国人强租洲头咀斗争中勇敢站起来的河南人民，携手保卫自己的家园不受侵犯；三是敢于坚持正义立场、勇于捍卫革命果实的斗争精神，面对军阀篡权，海珠区成为中山先生的坚强后盾，树立起捍卫民主大后方的旗帜。革命精神是对广州红色文化最好的定义。

天安门广场上的人民英雄纪念碑镌刻着这样的碑文：“三年以来，在人民解放战争和人民革命中牺牲的人民英雄们永垂不朽！三十年以来，在人民解放战争和人民革命中牺牲的人民英雄们永垂不朽！由此上

海珠区邓世昌纪念馆内的邓世昌油画像

溯到一千八百四十年，从那时起，为了反对内外敌人，争取民族独立和人民自由幸福，在历次斗争中牺牲的人民英雄们永垂不朽！”

从1840年起，为了民族复兴、人民幸福，无数仁人志士抛头颅、洒热血，探索着前进的道路。中国共产党人就是在这些先烈探索的基础上，前赴后继，选择了正确的共产主义道路，最终取得了革命的胜利。

1840年之后的中国近现代史，可以用探索中华民族复兴之路为标尺划分为几个阶段：一是太平天国起义，遭到国内外反动势力的联合绞杀，农民起义之路宣告失败。二是戊戌变法，1895年，康有为与梁启超赴京发动了轰动全国的“公车上书”，揭开维新变法的序幕，最终戊戌变法只进行了103天，封建地主阶级搞君主立宪这条路最终也失败了。三是辛亥革命。早在1911年10月武昌起义之前，广州就于1911年4月爆发了黄花岗起义。辛亥革命推翻了清王朝的统治，结束了中国延续二千多年的封建帝制，胜利果实却被袁世凯篡夺。于是孙中山又高举护法旗帜，在广州于1917年、1921年和1923年先后三次建立革命政权，捍卫民主共和制度，与封建军阀进行不屈不挠的斗争。当孙中山第三次回广州重建陆海军大元帅大本营时，他感叹道：“十三年以前，我们都是用广州做革命的起点，广州是革命党的发源地，是很光荣的。”在大革命时期诞生的黄埔军校和大元帅府，让广州成为孙中山先生领导的资产阶级民主革命的摇篮。四是中国共产党领导的新民主主义革命。1927年，广州起义爆发，经过20多年的艰苦奋斗，星星之火可以燎原，最终实现了全国的解放。

河南是红色种子生根发芽的沃土。从海珠区起步来追溯广州的革命传统，可以发现我们的红色文化源远流长，最早的源头可以上溯到卢循和黄萧养农民起义，两人都曾在海珠区扎营设立城寨。

卢循起事是在东晋，在河南南昌（古时海珠区有南昌岗，后夷为平地改名昌岗路）隔山建立城寨，自号平南将军，东晋朝廷任命他为广州刺史，治理羊城达七八年之久。南宋人方信孺在《南海百咏》里写道：“卢循城在郡之南十里，与广州隔江相对……今其中故址隐然，规模仿佛，断砖废瓦，往往为游人所得。”

卢循据守河南是元兴三年（404）之后的事情，而方信孺卒于1222

年，也就是说800多年过去，在河南，依旧可以看到当年“卢循城”的规模。卢循与黄萧养不同，卢循不是珠三角地区本地人，他是范阳涿郡（今河北涿县）人，是被晋军一路从永嘉（今浙江温州）、晋安（今福建福州）追杀来到广州，在河南建立根据地，围攻广州城。

当时守城的是广州历史上著名的廉吏吴隐之。广州北面石门有一眼清泉叫贪泉，传说喝了就难逃贪婪无度的恶性。吴隐之不信这个邪，他喝了贪泉，还留下一首诗宣告贪泉传说的破灭：“古人云此水，一歃怀千金。试使夷齐饮，终当不易心。”

《晋书·吴隐之传》记录了吴隐之上任广州刺史之后所发生的故事：

广州包带山海，珍异所出，一箧之宝，可资数世，然多瘴疫，故前后刺史皆多黩货。朝廷欲革岭南之弊，以隐之为广州刺史。未至州二十里，地名石门，有水曰贪泉，饮者怀无厌之欲。隐之既至，语其亲人曰：“不见可欲，使心不乱。越岭丧清，吾知之矣。”乃至泉所，酌而饮之，因赋诗曰：“古人云此水，一歃怀千金。试使夷齐饮，终当不易心。”及在州，清操逾厉，常食不过菜及干鱼而已，帷帐器服皆付外库，时人颇谓其矫，然亦终始不易。及卢循寇南海，为循所得。刘裕与循书，令遣隐之还，久方得反。归舟之日，装无余资。及至，数亩小宅，篱垣仄陋，内外茅屋六间，不容妻子。刘裕赐车牛，更为起宅，固辞。后迁中领军，清俭不革，每月初得禄，裁留身粮，其余悉分振亲族，家人绩纺以供朝夕。时有困绝，或并日而食，身恒布衣不完，妻子不沾寸禄。义熙八年，请老致事，九年，卒。隐之清操不渝，屡被褒饰，致事及于身没，常蒙优锡显赠，廉士以为荣。子延之复厉清操，为鄱阳太守。延之弟及子为郡县者，常以廉慎为门法，虽才学不逮隐之，而孝悌洁敬犹为不替。

吴隐之与卢循的战争，以吴隐之的失败而告终。皇帝刘裕亲自写信给卢循，要求放了吴隐之，很久后吴隐之才得以返回。一生清廉的吴隐之只有几间茅屋，“清俭不革”，保持廉士的风范。

清朝两广总督阮元在《广东通志·前事略·五行志》中批评了吴隐之在处理卢循攻城时的不当：“卢循攻略广州，吴隐之闭城固守，其十月壬戌夜火起，时有百姓避寇盈满城内，隐之惧有应贼者，但务严兵，不先救火，由是府舍焚荡，烧死万余人。因遂散溃，悉为贼擒。”在阮元看来，卢循始终是贼寇，但吴隐之的处置不当，导致城破家亡，也难辞其咎。

农民起义军领袖常常为自己安排的一条道路就是被招安，卢循也不例外。攻下广州后，他派遣使者去建康（今南京）进贡求和，刘裕任命他为广州刺史，把广州交给他管理。

如果不是因为姐夫徐道覆的撺掇，历史或许就会改写，卢循也许就在广州做一辈子的太平官了。义熙六年（410），徐道覆怂恿卢循趁刘裕北伐南燕之机，分二路兴兵北上攻打晋军，一度逼近京师建康，史称“卢循之乱”。

此时，刘裕急忙从南燕前线回撤，固守建康。卢循久攻京师不破，之后又遭遇连连败仗。义熙七年（411）三月，卢循想退回广州，不料工于计谋的刘裕已经派遣孙处从海路先到了广州，卢循的战局变为被动围攻孙处，20多天也没有能攻下广州。此时，沈田子带兵来援救广州，卢循只好继续逃往交州，与交州刺史杜慧度决战。谁料杜慧度有当年项羽破釜沉舟的决心，他散尽家财犒赏三军将士，一仗全歼卢循余部，卢循投水自杀。至此，卢循起义以失败而告终。

方信孺《卢循河南故城》吟咏诗曰：“蛙据方洲妄自尊，沈郎百万若云屯。归舟无路寻巢穴，空有卢亭旧子孙。”后人吟咏大多循此路径，但是也有不同的感慨。有人为吴隐之感到惋惜：“吴郎失计金城陷，蚁穴纷纭任雄占。”也有人为卢循感到惋惜，陈其锟《卢循河南故城》：“当时若听道覆言，直捣新亭祸未已……雀鼠偷生亦何益，蜗牛此地留遗迹。水南旧是刘王廪，箕台中有卢堠石。一洲形胜拟方壶，断甓残砖日就芜。试问蛋家歌管里，卢亭尚有子孙无。”卢循城形状如同方壶，被振武将军沈田子大破。站在封建正统的立场，卢循是寇。陈其锟感叹如果卢循当年听从徐道覆的建议，直捣新亭，或许胜负难料。到了今天，只能是后世子孙“羞称旧姓名”。

黄萧养与卢循不同，黄萧养本身就是南海县冲鹤堡人，他因武装贩卖私盐被囚禁在广州。正统十四年（1449）三月，他越狱成功，从珠江坐船逃走。两个月后，他突袭河南赤岗海口的军营，杀死军官，抢夺了船只和兵器，回到了家乡冲鹤、勒流一带招兵买马，八月，黄萧养打回广州，在河南隔山的刘王殿设立指挥所。

起事时风起云涌，兵败时溃不成军。农民起义的局限向来无法改变，即便是明末李自成和太平天国运动的洪秀全都已经当上了皇帝，也难逃覆亡的铁律。黄萧养也是一样，除了民间传说，他并没有留下什么。

河南不仅有红色的土地，也有一代代具有革命意识的群众。

1840年之后，随着《南京条约》等不平等条约的签订，中国逐步沦为半殖民地半封建社会。在那些因为各种不平等条约而开放的口岸中，文化被殖民的程度是因城而异的，不同的城市抵御西方列强殖民文化的冲击能力是不同的，一些城市由于原先并没有积累起厚实的文化积淀，所以，被殖民文化改造的程度就大很多。

广州的情况有所不同，它在当时已经是有着2000余年发展历史的古城，拥有扎实的文化基础、鲜明而独特的文化自信，在抵御外来文化侵略时，表现出的态势是文化对抗而不是文化融合。广州在中西交流的过程中，并非没有出现过文化融合，文化融合出现在中西平等互惠阶段，这是广州在中国近代百年间展示出的差异性。

虽然到了1861年9月，英法强迫清政府签订《沙面租约协定》，沙面沦为租界，但是其影响力仅仅局限在沙面一岛范围内，不像上海，租界面积不断扩大，列强的管辖权甚至覆盖整个城市，严重破坏了中国司法、行政的自主与独立。

广州与上海的区别，河南的士绅在百余年前已经察觉到了。1847年，他们在给英国领事的信件中是这样写的："上海是新开港口，向无远商贸易栖止之所，且海滨荒地，无碍居民。故择地租住，其理尚顺。"上海是新开的港口，原来就是一片荒地，也就没有原住民和土地主人之说，即便是鸠占鹊巢，也就是一个空巢罢了。

一方面，侵略者不会因为尊重历史文化的古老而放弃占据广州；另一方面，抵抗西方列强的文化冲击不是纸上谈兵、坐而论道就可以实现的，它必须通过城市市民有组织、有策略的行动才能达到目的。1841年5月，广州爆发了名垂青史的三元里抗英斗争。清道光二十七年（1847），河南人民抗议英国人霸占洲头咀的不屈行为一样彪炳史册。

1847年的5月15日至17日，英国人在河南洲头咀丈量土地，插旗志界，意欲强行租借。面对如此无礼无耻的行径，河南人民的态度是非常坚决的。“顷闻英逆欲迁入内地居住，自省城海岸以及河南一带，俱各绘地图，将恃势占据。夫华夷相杂，实逼处此，深为心腹之患。凡我士民，身家性命所关，断不能容。……倘一入内地居住，立即飞柬通知，齐心奔赴，使英逆一人不留，片帆不返，以伸公愤。”一旦出现英国人来河南居住的情况，马上将洲头咀变为第二个三元里。

河南各界人士的行动是非常快速的，英国人是在农历四月初二到初四来河南丈量土地，四月初七，河南就汇集了四十八乡3000余人，前往洋行会馆抗议。“迫于初七日，会齐四十八乡约集三千余人，同到洋行会馆，欲与之面辩。”而“领事推匿不见”，只好将抗议信“交通事人转递”，然后，将信件也就是《河南绅耆致英领事书》印刷多份，“分送我阖省绅耆及各外国官商”，把河南人民的主张广而告之。

与三元里人民直接打了一场包围战不同，河南百姓此次抗议英国人欲强租洲头咀，是据理力争。这个理是中国自古遵循的理，既是人情也是天理。在《河南绅耆致英领事书》和《河南乡绅呈大宪禀》中，我们的先辈是用条约、伦理来摆事实，讲道理。在给英国领事的信中，先是回顾了广州与英国互利互惠的贸易史，“我粤东与贵国通商二百余年，彼此有相资之益，中外无诈虞之嫌”。

然后，河南士绅强调了中国人的道德文化——“必须两相情愿”，不能为图自己方便，就砸了其他人的饭碗，河南的每一寸土地，都是河南人民的养家活口的“血产”。“夫河南习俗，非十三行可比也。而河南地势又非上海各港口所同也。……河南地方，寸金寸土，皆民血产。该处田塘、栈房、铺户、民居，或借此耕作以赡家，或居此贸易以谋利。……一旦强逼夺之，以致流离失所，谋生无地，情何以堪。”

两相情愿的第二个依据是条约的规定。士绅说明查了过往官府公示的条约内容，其中写明“各国商民准其租地，自行建楼、立栈，仍由中国地方官，会同领事官，体察民情，择定地基……务须两情允协”。而眼下河南之地的民情众口一词是“不愿出租矣”，如果英国领事馆真的想“恃强挟势夺人之产、占人之田”，那就是“不守信约”，“为各国所耻笑”。

河南人民知道，道理与文章不会吓退强盗，只有做最坏的打算，把众志成城的决心展示出来，才能让他们重新掂量原先的打算。河南人民正告对方，河南四十八乡数万户人家，面对英国人“强夺得地”，不会置之不理，“志即可激以成城”，让英国人“跬步之间，皆为荆棘；邻右之近，尽成雠仇”。

最终，英国公使复函《复河南潘族父老书》给潘正炜等人，作出承诺，放弃租用洲头咀。洲头咀抗英斗争取得了胜利。

河南人民的血性不仅仅体现在保家，更体现为爱国卫国。今天，我们将邓世昌誉为民族英雄，以褒奖他这位在国家危难之际以身殉国的烈士。邓世昌是海珠区人，《清史稿·列传·卷二百四十七》中记载了当时大东沟海战的场面：“战既酣，致远弹将罄，世昌誓死敌。将士知大势败，阵稍乱，世昌大呼曰：‘今日有死而已！然虽死而海军声威弗替，是即所以报国也！’众乃定。世昌遂鼓轮怒驶，欲猛触吉野与同尽，中其鱼雷，锅船裂沉。”想必当年为邓世昌撰写传记的人，写到这

邓氏宗祠内的“世昌井”

里定是热泪盈眶。一位在败局已定的战场，仍然用生命和忠义来捍卫中国和中国海军声威的将领，值得后世千秋万代永远记住他的名字。

邓世昌牺牲后，朝廷谥号“壮节公”，翰林院编修刘若曾拟的御赐祭文最后两句是“臣心不二，抒浩气而壮山河；大节在三，留英光以争日月”。直到今天，邓世昌的事迹依然称得上气壮山河、光争日月。

挽救一个国家颓败的命运，仅仅靠邓世昌这样的忠臣是无法实现的，“修补”不足以疗救，必须有一场革命才能彻底改变中国。正是本着这样的宗旨，中国近现代民主革命从广州拉开了序幕，海珠区也成为近现代民主革命策源地的一个重要组成部分。

1909年12月，同盟会南方支部决定让倪映典策动广州新军起义，并派朱执信、胡汉民的弟弟胡毅生等联络南海、番禺、顺德、三水等地民军首领李福林、陆领、陆兰清、谭义等筹备响应，新军起义的调动总机关就设在河南大塘。

清宣统二年（1910），武昌起义发动前夕，广州同盟会将组织机关设于河南鳌洲外街担杆巷，以守珍阁装裱字画店为掩护。守珍阁最初由高剑父、潘达微、朱述堂、梁焕真等人筹备成立，守珍阁招牌为伍懿庄所书，店内设审美画会，画会门额则为高剑父所书“糊涂世界”，后因担心暴露而歇业，转为天景戒烟室。

歇业的原因是当时同盟会还有一个秘密团体——东方暗杀团，徐宗汉、李应生租用宜安里民居作为东方暗杀团活动处所。新军起事失败后，宜安里暴露，撤出时未将所藏举义旗帜拿走，被清兵搜获。守珍阁在租赁宜安里时做担保，为防止牵连，便主动歇业。

20世纪初，今天孙中山大元帅府纪念馆所在的地方不过是一片滩涂，属粤海关司库周东升所有。清光绪三十二年（1906），岑春煊督粤期间，周东升因营私舞弊被革职查办，家产被没收，所经营的花县（今花都区）飞鼠岩灰石矿及河南草芳园滩地都被充公。

鉴于当时国内水泥市场被外国水泥占据，广东当局决定以周东升的田产为厂址，以飞鼠岩灰石矿为原料，多方筹集资金，向洋行购买机器设备，另征得周边土地500亩，开办了广东士敏土厂（士敏土即水泥）。

1917年至1923年，新生的中华民国尚在襁褓之中，就遭到北洋军阀

当时广东士敏土厂办公楼，现为孙中山大元帅府纪念馆

扼杀。孙中山先生为保卫得之不易的革命果实，先后三次在广东建立革命政权，其中两次在河南开府办公，领导护法运动和国民革命运动，筹建黄埔军校，实现第一次国共合作，对中国历史产生了重要而深远的影响。

河南是孙中山护法运动大本营、国民革命策源地，更是中国共产党第一次成功运用统一战线这一革命法宝并取得辉煌成就的重要见证地。

孙中山先生一生都在与强大的封建势力、军阀势力对抗，他与广州有着深厚的历史渊源。以辛亥革命为分界线，在此之前，广州是中山先生发动武装起义、推翻清政府的策源地。辛亥革命后，他三次在广州建立政权，广州成为他捍卫三民主义、实现共和理想的根据地。关于广州对于革命的重要性，孙中山先生自己也在公开讲话中屡次说到，例如在中国国民党第一次全国代表大会召开前，他在广州商团及警察联欢会上说："为什么要在广州开革命党全国代表大会呢？因为十三年以前，我们都是用广州做革命的起点。广州是革命党的发源地，是很光荣的。我们想重新再造中国，还要拿这个光荣的地方做起点，好比做新屋一样，必要选定一个新屋基，广州就是我们创造新民国的好屋基。"

广州有40多处旧址曾是中山先生的重要活动地点，例如位于越秀区的“三·二九”起义指挥部旧址、中国国民党第一次全国代表大会旧址、中山纪念堂，黄埔区的黄埔军校旧址等。1917年到1923年在广州三次建立政权，是他能够依托根据地实践三民主义理想的短暂高光时期，海珠区的大元帅府对应的正是这一阶段。大元帅府成为革命的摇篮，与孙中山先生的命运紧密相连。每一次，当他在北方遇到革命的逆流，他都会回到广州，在广州的革命大本营站稳脚跟，不弃不馁，再度出发东征北伐。

中山先生第一次在河南士敏土厂设立大元帅府的历史背景，是在袁世凯死后，北洋军阀出现分裂，黎元洪与段祺瑞之间爆发“府院之争”，张勋借机率兵进京，逼迫黎元洪废除《中华民国临时约法》，解散国会，拥护溥仪复辟。

迫于无奈，为挽救革命，中山先生南下广州建立南方政权。从1917年7月到1918年5月，以军事而非政府的形式，对抗北洋军阀政权。孙中山就任的是中华民国军政府海陆军大元帅。

此时开府河南的目的是护法，大元帅府告诉世人，国会、《中华民国临时约法》一旦不存在，民国也就名存实亡。国会、《中华民国临时约法》是辛亥革命的胜利果实，《中华民国临时约法》是1912年孙中山任南京政府临时大总统时制定的，经过参议院通过，具有临时宪法性质。反对段祺瑞的军事独裁统治，要在根本上树立法的地位。

从政治上来看，自1917年7月孙中山偕同廖仲恺、朱执信、何香凝、陈炯明、许崇智等乘军舰离沪赴粤，到1918年5月孙中山愤而离粤返沪的短短10个月时间内，权力的组织结构发生了3次变化，核心的原因是在当时以武力决定权力的形势下，支持孙中山的军事力量十分薄弱，西南军阀唐继尧、陆荣廷虽然被任命为元帅，但并不支持中山先生，也拒绝来广州就任。

第一个权力机构是1917年9月成立的中华民国军政府。它最初是在黄埔公园办公，交通十分不便，最后确定征用河南广东士敏土厂的两栋办公楼。广东士敏土厂让出两栋办公楼，但并不影响其日常的经营和生产。

由于河南驻扎有支持孙中山的李福林部，珠江上停泊有永丰舰，广

印文为“中华民国陆海军大元帅之印”

东士敏土厂又是临江而建，交通方便且又相对安全，成为军政府理想的办公场地。

第二个权力机构是到了1917年11月，总参谋长李烈钧在唐继尧的授意下提出组建的“西南联合会议”。这个权力机构与军政府抗衡，因此这一提议遭到孙中山的强烈反对。

第三次权力变换发生在1918年2月，西南军阀继续阴谋策划改组军政府。唐绍仪、程璧光、伍廷芳、莫荣新等人邀请孙中山到海珠石开会，会议拟定了《中华民国军政府组织大纲修正案》，目的就是削弱孙中山的权力。到了当年4月，国会非常会议讨论通过了《中华民国军政府组织大纲修正案》，孙中山在5月4日辞去大元帅一职，与朱执信、胡汉民、戴季陶等前往上海。

孙中山先生第二次在广州设立政权是在1920年11月，就任中华民国政府非常大总统。与大元帅的军事色彩不同，非常大总统与北方民国总统分庭抗礼的色彩更加强烈。此次孙中山先生以督军署（今中山纪念堂一带）为总统府。1921年4月，国会非常会议通过了居正等人的提议，将之前设立的中华民国军政府取消，改为中华民国政府，孙中山当选为大总统，称为非常大总统。1922年8月，因为陈炯明的叛乱，孙中山决定离开广东回到上海。这一次组建政权的失败原因，与1917年西南军阀的外部破坏不同，分裂来自内部。

孙中山先生在南方建立政权的同时，北方依然存在腐败独裁的北洋政府，一南一北两个政权、两个国会并存的局面，预示着革命尚未成功、同志仍需努力。1923年2月至1924年11月，他再次回到广东士敏土厂建立陆海军大元帅大本营，就任陆海军大元帅。

此时，北方黎元洪已经复位大总统，在反对北洋政府独裁统治的过程中，位于河南的大元帅府始终是一面飘扬的旗帜。它告诉世人，民主革命的征途曲折而漫长、艰难而痛苦，但是，还有一群人在坚守着民主的理想和信仰，只要这面旗帜不倒下，中国的民主革命终会等到成功的一天。

1924年11月，孙中山发表北上宣言离开广州后，1925年3月12日病逝于北京。之后的广州很快就变为国民党反动派镇压共产党人的阵地。孙中山先生去世一年后，1926年3月就爆发了矛头指向共产党人的“中山舰事件”，孙中山先生树立的民主革命的旗帜倒了下来。1927年12月11日，中国共产党人领导的广州起义对国民党反动派的屠杀进行了英勇反击；直到1949年10月解放，广州才重新回到红色革命的怀抱。

河南的红色历史，除了大元帅府，还体现在其他遗址遗迹上。第一

1925年5月1日，全国第二次劳动大会在广州召开，大会决定成立中华全国总工会，选举林伟民、刘少奇分别为正、副委员长

次全国劳动大会于1922年5月1日至6日在广州举行，当年举行大会的地点就在今天的海珠区滨江西路230号，为原广东机器工会礼堂。广东机器工会购得永德货仓，将一部分改成礼堂，大会即在礼堂举行，与会173人，代表全国12个大城市的110个工会。

战火与硝烟，今天已经散去，留下的是斗争精神永垂不朽，成为海珠区红色文化的基因，成为广州这座英雄城市不可磨灭的烙印。

格局：父辈的遗产、城市的记忆

工业化曾经是人类找到的快速城市化的路径之一，回顾广州千年城建史、百年工业史，离不开对海珠区的关注。海珠区是广州近代工业的摇篮之一，是当代广州工业的骄傲，海珠区曾用工业化作为引擎，推动广州城市化发展迈上新的台阶。

从1952年拉开序幕的工业大道大发展，帮助广州从一个消费城市蝶变为制造城市。海珠区是广州“工业时代”典范，工业大道创造的“广货”知名度和影响力是城市工业化的奇迹。

从新中国成立开始，海珠区就在那个百废待兴的年代挑起了振兴工业的重担，此后，一直都没有停止过发展工业的步伐。

工业大道留给我们今天的启示：辉煌可以不再，但是精神永远不灭。

工业大道是一条劳动的大道，工业大道的精神与全国其他城市的工业精神是一致的，那就是工匠精神。工业大道上无数的第一是父辈留下的辉煌，是他们崇尚劳动、热爱劳动、辛勤劳动、诚实劳动的精神结晶，是城市永远不能忘怀的记忆，他们的故事值得后世代代传述，曾经的辉煌留在史册，工业大道的精神却依旧活在今天，演变出更多的传奇，在海珠区的土地上继续上演，直到永远。

遗产丰富，是历史文化名城最为显著的特征，也是最值得骄傲和自豪的地方。由于历史久远，不仅有天地造化的恩赐、祖先慷慨的馈赠，还包括父辈辛勤劳动的结晶。对于广州来说，工业遗产便是最接近当下的文化遗产。

“让城市留住记忆”，这些记忆也包括了对于工业化时代的记忆。

到目前为止，全球所有的国际大都市包括闻名遐迩的历史文化名城，或长或短，都走过工业化的道路，广州也不例外。将工业化阶段作为历史保存下来，是伦敦、慕尼黑、法兰克福等国际都市正在进行的工程，广州告诉世界的是：工业遗产不仅仅是物质遗产，更重要的是精神遗产。

工业化曾经是人类找到的快速城市化的路径之一，回顾广州千年城建史、百年工业史，离不开对于海珠区的关注。海珠区是广州近代工业的摇篮之一，是当代广州工业的骄傲，海珠区曾经用工业化作为引擎，推动广州城市化发展迈上新的台阶。

在回顾海珠区工业史之前，我们先来了解一下人类工业文明的发展阶段，第一个问题便是，我们今天身处工业文明的哪一阶段？

用已故哈佛大学教授丹尼尔·贝尔提出的“后工业社会”来比照，我们今天身处的时代具有“后工业社会”特征。贝尔教授把迄今为止的人类社会划分为三个阶段：前工业社会、工业社会和后工业社会。前工业社会从时间上算，是在蒸汽机出现之前，也就是海珠区的农业社会；工业社会以机器大工业为增长引擎，即20世纪50年代到90年代是海珠区的工业社会；后工业社会以科学知识为中轴，强调人与人之间知识的竞争，今天的海珠区脱离了机器大生产的规模化，转而向先进技术、科学进步要效益。

所谓“后”，往往意味着“反”。

对于贝尔提出的“后工业社会”，国外学者也提出质疑，美国所经历的转变，不是从“工业化社会”过渡到“服务性经济”，而只是过渡到另一种工业社会。工业在21世纪仍是国民经济的重要支柱，没有强劲增长的工业，服务业终将是无本之木，发展工业依然是21世纪的重要课题。

除了“后工业时代”，还有没有更准确的概念来界定我们身处的时代？

工业4.0或许能更精细地勾勒出时代的细节，工业4.0概念最早出现在德国，在2013年的汉诺威工业博览会正式推出。工业4.0基于工业发展的技术基础划分不同阶段，工业1.0是蒸汽机时代，工业2.0是电气化时代，工业3.0是信息化时代，工业4.0是智能化时代，智能化是利用信息化技术促进产业变革。

工业4.0核心目的是提高德国工业的竞争力，德国政府将其列入《德国2020高技术战略》中所提出的十大未来项目之一。“中国制造2025”与德国“工业4.0”的合作对接渊源已久，中德签署的《中德合作行动纲要：共塑创新》以“共塑创新”为宗旨，有关工业4.0合作的内容共有4条。

确定了目前的位置，自然也就定位了历史。

从1952年拉开序幕的工业大道大发展，帮助广州从一个消费城市蝶变为制造城市。海珠区是广州“工业时代”典范，工业大道创造的“广货”知名度和影响力是城市工业化的奇迹。

跟随时代发展，特别是跟随工业时代发展，今天回过头来看，是一个颇费思量的艰难选择。跟得太紧，工业化太重，容易成为“铁锈城市”。美国宾夕法尼亚州的匹茨堡市是美国著名的 “世界钢都”，然而进入21世纪，美国重工业集中的中西部整体演变为“铁锈带”，匹兹堡也难逃厄运，成为其中一员。

曾经万城敬仰，如今零落一方。工业化并没有错，直到今天，这种发展方式也没有错，变化的是时代，对于每一个城市来说，都必须拥有自己独特的跟得上时代的步伐，落后就意味着被淘汰。现在，我们先简要回顾一下海珠区的工业成长之路。

从19世纪末到广州解放前，河南的工业企业按照投资主体和技术水平，大致分为三个组成部分。第一部分是官办企业，投资力度大，引进当时国外最先进的设备和技术，现代化程度高，管理者多为海归，因此发展迅速。第二部分是民族工业企业，发展缓慢、规模弱小，拼尽全力站稳脚跟。第三部分是手工作坊。

清宣统年间的外销广彩花卉纹盘
（兰桂堂广彩艺术研究院提供）

河南的手工业创业时间比较早，清康熙年间，河南被定为粤盐外销的集散地，开设售盐馆和仓库；彩瓷、茶叶等行业已经具有相当规模；造（木）船、草席、榨糖等手工业也有相当发展。至宣统年间，河南已有各类大小作坊数百家。其中，席庄有十余家，河南凉席新创彩色花席，远销美、法、德等国，年均收入白银五十余万两。同时，花梨木家具、土布织造、机器修造等小厂过百家，造（木）船厂八十余家，与之配套的缆桨橹场四十余家、葵篷约二十家。当时，广东官营的船厂有四处，以河南船厂最大，能制造艨艟。民营船厂亦能制造乌艚、白艚和九丈多长的大龙艇。

早期河南的手工业最有代表性的是河南彩，也就是广彩。民国刘子芬所著《竹园陶说》有记载：“海通之初，西商之来中国者先至澳门，后则迳趋广州。清代中叶海舶云集，商务繁盛。欧土重华瓷，我国商人投其所好，乃于景德镇烧造白器，运往粤埠另雇工匠，仿照西洋画法加以彩绘。于珠江南岸之河南，开炉烘染，制成粉瓷，然后售之西商。”

清咸丰到同治年间，广彩作坊聚集在珠江南岸龙导尾和龙田村，即现在溪峡街、环珠街、龙导街、龙船岗及海幢公园西南一带。那时候，河南临近珠江，空地又较多，适合开办彩瓷作坊，一时间云集了近千名广彩艺人。

河南彩很快就打响了名号。1915年，居住在河南的广彩买办冯耀卿把龙导尾刘群兴创作的广彩箭筒《十二王击球图》带到美国旧金山，参加太平洋万国博览会，这是广彩第一次参加世界博览会，还获得了优秀奖。

河南是广彩当之无愧的摇篮，后来港澳等地的广彩事业都与河南有着千丝万缕的关联。1925年，广州的谭锦方、谭锦屏兄弟到澳门开设镇记瓷庄，不少广彩工人转到香港和澳门谋生。抗日战争爆发后，很多广彩工人漂泊去了香港、澳门谋生，他们沿袭的还是广彩灵思堂的管理模式。灵思堂是广彩的行会组织，成立于清乾隆戊戌年（1778），会馆曾设在今荔湾区毓桂坊毓桂三巷，后来迁往河南，在龙田东五巷新建了一座会馆。

广州民族机器工业的起步大致在19世纪末。1873年，陈联泰机器厂改造和安装了广州第一部缫丝机，后来，陈联泰机器厂还能自制蒸汽缫丝机，陈联泰的厂址位于当年十三行的新豆栏街。协同和机器厂创建于1912年，前身是清宣统三年（1911）由陈沛霖、陈拔廷在芳村大涌口开办的协同和碾米厂，1912年与何谓文合股扩大成协同和机器厂，专门生产柴油机。陈联泰、协同和称得上是当时广州技术较为领先的民族工业企业。

早期的民族工业家在清末民初陆续过江在河南设厂。清光绪十二年（1886），陈桃川在十三行晋源街创办均和安机器厂，主要业务是修理蒸汽机等机械。民国初年，均和安迁址河南大基头。陈桃川是南海丹灶镇良登村人，父亲是广东机器工业的元老、联泰号老板陈澹浦，陈桃川的老师是广东机器局的总办顺德人温子绍，温子绍无师自通，擅长制造，算是一个机器天才。

1893年创建开业的广茂香罐头厂位于河南鳌洲，总投资10万银圆，是中国最早的罐头厂，产品包括果、蔬、鱼、肉等食品罐头。中国第一罐豆豉鲮鱼罐头就是在河南诞生的，这家罐头厂也是大家现在熟悉的品牌鹰金钱的前身。

大型官办企业落户河南始于士敏土厂，经两广总督岑春煊奏准开办，清宣统元年（1909），广东河南士敏土厂建成投产。该厂的设备购自德国克虏伯-格鲁森公司，是我国近代第二家同类企业，其产量位居华南首位。中国第一家水泥厂是清光绪十五年（1889）由开平矿务局总办

宣统元年（1909）建成的广东士敏土厂

唐廷枢开办的唐山细绵土厂。

两次鸦片战争结束，河南虽经洲头咀反租地斗争，但在1891年，英商太古洋行还是租得白蚬壳地段，建起十幢楼房共二十间仓库，俗称“太古仓”，供该集团旗下的轮船公司做储运棉花、太古糖之用。洋行在广州的投资也有着一定的正面作用，一方面增加了市场供应，另一方面推动清地方政府兴办洋务运动，推动民族资本家投资实业。

除了岑春煊，还有一些两广总督热心兴办现代工业和教育。张之洞在光绪十四年（1888）倡议创办了广州机器织布纺纱局，选定河南大基头为厂址。随即向英国订购织布机1000台及纺纱机械设备。1889年，张之洞又提出创办炼铁（钢）厂，选厂址于凤凰岗，并向英国订购炼铁炉两座及炼钢炉、轧板、抽条、制铁路钢轨等机械，后因调任湖广总督而未能实现。

广州真正迎来工业发展的浪潮，是在20世纪30年代。

19世纪30年代，英国的工业革命不仅仅发明和应用了蒸汽机，还带动了铁路、钢铁、煤矿等行业的共同发展，真正点燃了工业革命的熊熊烈火，如果从19世纪30年代算起，中国的一些城市包括广州，大工业的

1933年2月正式开工的广州市河南电力分厂

节奏落后了整整百年之久。

从1929年到1936年，在陈济棠主政广东时期，广东的工业、市政得到了长足发展。首先是全长1959.8千米的粤汉铁路终于在1936年4月实现全线通车；其次，建起了西村工业区和河南工业区；最后，架设了连通珠江南北的海珠桥。

广州的工业家底到了20世纪20年代末也并不厚实，1930年，全市共有工厂109家，其中橡胶厂13家、电镀厂20多家、炼煤油厂30多家，现代化程度高、规模大的企业并不多。1933年，陈济棠颁布《广东省三年施政计划大纲》，兴办的是与以往完全不同的现代化大工业、重工业，西村工业区主要发展水泥、化工（包括硫酸、电解、化肥、苛性钠）、发电、饮料。河南工业区以纺织、造纸为主，重点企业包括位于河南南石头的广东省营制纸厂、河南芳草围的省营广东纺织厂。

工业的发展不同于农业靠天收，一离不开稳定的社会环境，二离不开政府的大力投资，简单地说，没有钱就没有能力兴办先进大工业。广州工业的发展曲线到了20世纪30年代有一个明显的拉升，得益于陈济棠主粤八年为广东留下的一段安定时光和政府的雄厚财力，而20世纪30年代诞生的一批省营工厂引进了当时世界最先进的制造工艺和设备，甚至一直坚持生产、发挥作用到改革开放后的20世纪80年代，像位于西村的广州水泥厂一直使用最初引进的丹麦设备。

稳定的社会环境比雄厚财力更加重要，广州造纸厂（以下简称“广纸”）在广州解放之前的坎坷经历，上演了一出悲欢离合、令人唏嘘的人间戏剧。

广纸的诞生还算顺利。1929年3月，陈济棠当选国民党中央执行委员，之后升任国民革命军第四军军长兼广东绥靖委员，同年4月被任命为国民革命军第八集团军总指挥，统领广东海陆空三军，掌握了广东省党政军大权，人称“南天王”。

现代大儒梁漱溟曾经这样评价当时的广州：“民国十六七年，兄弟曾到广州，现已隔七八年。现在之广州，与以前之广州又不同，码头增多，市面扩大，建筑物、汽车都日有增加。”梁漱溟说的曾到广州，是在1927年、1928年左右，隔了七八年，“现在”是1934年、1935年左右，正是陈济棠治粤八年的巅峰时间，他看到的码头、建筑、汽车，是一个观光客最容易看到的外部景象。

而推动城市面貌发生变化的，是城市的内在动力。1933年，陈济棠推出《广东三年施政计划大纲》，喊出“建设新广东”的口号，在广州开始工业化建设，大力发展经济。广东省营制纸厂这一项目就在《广东三年施政计划大纲》之中。

当时广东的用纸八成依赖进口，一年进口纸张所费银圆12300多万两，尤其是新闻纸，进口费用为6260万两，约占一半。于是，当时的广东省政府决定从西村士敏土厂的利润中抽取1200万毫洋（毫洋为广东省银行发行的货币，1931年9月，广东中央银行改组为广东省银行之后，规定不再发行银质硬币，而是以毫洋为本位发行纸币，即毫洋券），投资兴办造纸厂，生产卷筒新闻纸。

广东省营制纸厂的诞生，乃天时地利人和使然，天时是当年抗日战争还没有全面爆发，广东还处于和平环境；地利是广州拥有便利的远洋货运条件，海运直达；人和是一群决心改变工业落后面貌、不达目的誓不罢休的技术人员自始至终都在维护和捍卫着企业的利益。

当时国内的大学尚未开设相关专业，真正懂得造纸的，都是海外学成归来的留学生，筹建造纸厂的两位负责人陈丕扬和刘宝琛均为留美硕士。陈丕扬是广西人，1921年毕业于麻省理工学院化学工程专业，接着考取以造纸著称的美国梅省省立大学，1924年获硕士学位。刘宝琛和陈丕扬一样就读于麻省理工学院，专攻化学工程，1922年获硕士学位，毕业进入美国北大造纸厂实习，经8年的深造和实践，于1928年归国。筹建造纸厂之前，刘宝琛曾任广东建设厅科长、广州自来水厂总经理、西村士敏土厂工务处长等职，陈丕扬来自广东建设厅实业处，两个人都是“公务员”出身。

20世纪30年代的河南南石头村东边有一片自然形成的洼地，被金鸡岗、鸡春岗、番鬼岗环抱着，这里除了少量民用耕田之外，多是荒塚野坟。造纸厂筹备处用8到10毫洋一亩的价格收购了民田300亩，连同旷野公地，一共圈定了1200亩作为工厂用地。

工厂计划引进的是瑞典卡仕达的造纸设备和捷克斯科达的动力设备，筹备处遇到的第一个技术难题就是原料。外国专家选定的原材料是杉木，但是杉木还有其他用途，且价格高昂，用来造纸浪费了。陈丕扬和刘宝琛派人去往广东省内各县以及湘南、桂东一带调研，最终提出改用马尾松，广东马尾松资源丰富还价格低廉，一般农户都是用来作为燃料。

瑞典专家提出反对，认为马尾松生长快、纤维短、油脂多，在磨木机中只能变成粉而不是造纸要用到的浆。为了论证马尾松的适用性，大家将十吨原木运到瑞典进行试制，结果完全符合要求，可与北欧云杉纤维媲美，陈丕扬首创马尾松造纸的实践为世界公认。

1934年，目标是建成当时国内最大规模的制纸厂——广东省营制纸厂开始厂房土建。1935年，瑞典和捷克的设备陆续运抵工地。1936年7月，陈济棠联桂反蒋失败下野，但并没有影响制纸厂的建设进度。到了

建成初期的广东省营制纸厂大门（摘自中纸网）

1938年8月，广东省营制纸厂完成设备调试，以60%机械木浆加40%化学木浆试机，成功抄出新闻纸，经过市内各家报馆印刷机使用，符合要求。广东省营制纸厂设计日产新闻纸50吨，日产化学木浆20吨、机械木浆30吨。

广东省营制纸厂生不逢时，诞生于国破家亡的危难之际，投产仅仅两个月，日军就在惠州大亚湾登陆，广州的形势十分危急，国民党也准备在撤退前炸毁包括制纸厂在内的省属企业。本来广东建设厅准备炸毁全部厂房和设备，包括当时全球仅有五套的抄纸机，在瑞典洋行和刘宝琛的劝阻下，仅炸毁了机浆车间里的磨木机和精桨设备。

从1938年到1948年，广东省营制纸厂落入日本人之手，先是由日本王子制纸株式会社接管。1939年，日本商人南喜一与汪精卫伪政权勾结，以日本再生制纸株式会社名义将制纸厂的设备全部抢走，运往北海道偏僻小镇勇拂，在那里重新安装完毕，于1943年7月投产，同年8月，日本再生制纸株式会社并入国策制纸株式会社，勇拂工厂开机共4年，生产各种纸张1.8万吨。

1945年8月，日本战败投降后，中国政府派出驻日代表团抵达东京，

1948年，陈丕扬和我方人员历尽艰辛从日本运回被劫设备（摘自中纸网）

办理归还中国被劫物资事宜。广东省营制纸厂的设备当时并没有人知道被劫往何处，1945年秋天，王子制纸株式会社为报当年之仇，向中国驻日代表团告发了勇拂工厂的情况。

1946年8月6日，中国驻日代表团通过盟军总部饬令日本政府归还所有设备，而勇拂工厂主持人南喜一、水野成夫谎称抢走的设备是以150万日元的价格向汪精卫政府购买，并有合约为证，而从广州运到北海道的设备也仅有256件。1947年6月，中国驻日代表团派林可仪、赵如晏、谢为杰和盟军总部代表前往勇拂实地取证，日方也仅是增报47件合计303件，我驻日代表团随即电请广东省政府派专人赴日交涉。

1948年2月23日，刘宝琛、陈丕扬专程抵达东京，工作至3月底，查清被劫设备2143件，日方补充机器457台、附属设备1047件，编成《广东省营制纸厂被劫机器物资盘存清册》，由中日双方签字确认。1948年7月6日，通过劫掠中国机器而兴建的勇拂工厂停工，拆卸所有设备。

完成交涉后，刘宝琛回国筹备复厂，而陈丕扬则留在日本监督拆卸、装箱。3个月后，广东省营制纸厂价值400万美元被劫机器分装3624箱运至北海道室兰港，在此举行移交仪式，陈丕扬代表中方接收设备，随后，中国招商局派来海列号、海赣号货轮将设备运到黄埔港。

广东省营制纸厂的命运并没有因为回归祖国的怀抱而得到好转，此时已是广州解放前夕，国民党政府无暇顾及纸厂的复产，设备的安装工程只是进行了不到四成就被迫停止。广纸的幸运在于自始至终拥有一群真正热爱广纸的广纸人，包括一直陪伴广纸迎来解放的刘宝琛、陈丕扬等。广州解放后，广东省营制纸厂改名为广东省人民政府造纸厂，再改名广东造纸厂、广州造纸厂，于1950年底完成设备重装，1951年2月正式复产。

解放以后，工业成为新中国经济发展的最强动力，广州也开始探索自己的工业化道路，这其中，政策和目标都经历一系列的转变，从消费型城市到工业化城市，从轻工业为主的城市到轻重工业相协调的综合工业城市。

1954年，广州市第四次党代会提出“在相当的时期内，逐步使广州由消费城市基本上变为社会主义的生产城市”。1956年，广州市第一届人民代表大会又提出“广州将发展成为以轻工业为主，交通运输业、商业又占有一定比例的城市”。1958年，广州市第三届人民代表大会进一步提出“把广州市建设成为华南的工业基地”。1961年，中共中央中南局制定《广州工作六十条》，提出“把广州市建设成为一个具有重工业基础的，轻工业为主的生产城市” 。1965年，广州市工业会议提出“逐步把广州市建设成为一个轻重工业相协调的综合工业城市”。

从新中国成立开始，海珠区就在那个百废待兴的年代挑起了振兴工业的重担，此后，一直都没有停止过发展工业的步伐。

新中国成立初期，河南的工业主要覆盖建材、机械、轻工、纺织、造船等行业，机械工业主要有新中国、公和祥、义和祥、均和安、义兴祥、捷和等企业，从事机修、铸造、锻造等生产，这些厂集中在南华西一带。轻工行业有一些生产橡胶、罐头、火柴、面粉的企业；纺织主要是纺纱一厂、二厂；造船只是手工制作木船。

如何在烂摊子上建设新家园？海珠区走出了两条路，一条是改造，一条是重组。改造是将原先家底还比较雄厚的工厂提升产量、提高质量；重组是将数艘小舢板合并成大军舰。

1950年，广东省营制纸厂改名为广东造纸厂；1953年9月，广东机械厂扩建为广州通用机械厂，到了1957年，广州通用机械厂扩为广州重型机械厂；1953年12月，广州锌片厂在原大生铜厂的厂址建成；1953年，华南缝纫机厂、建业（后改为“广州”）硫酸厂建成； 1960年，广州自行车厂建成；1961年5月，广州保温瓶厂投产；1963年，新中国机器厂扩建为新中国造船厂；1965年，广州味粉厂迁入南石头；1966年，原捷和钢铁厂扩建为广州轧钢厂。

除了上述企业的改造外，工业大道上很多名牌企业是小舢板组装而成的航空母舰。广州第一橡胶厂就是这样，1953年公私合营，海珠区昌岗西路上几家做自行车外胎的小厂合并成了大华橡胶有限公司，1965年更名成为广州第一橡胶厂，生产的钻石牌自行车胎享誉海内外。1958年，广州渔轮修理厂与大华机器厂合并为广州渔轮修造厂。为了扩大自行车生产，1959年11月，广东、东兴、运通这几家自行车零件厂与广州链条厂合并，成立了广州自行车厂；1961年，五羊牌26吋自行车面市，

1959年的工业大道，广州在河南规划设置新工业区

在市场上十分畅销。

从20世纪50年代开始，不仅仅是广州，全国的城市都进入了一个工业主导文化发展的时代，歌颂大机器生产，歌颂速度和力量，工人阶级成为文化的主力军，文化的创造主体是工农兵，领导者是工人阶级，城市最具有示范效应的文化设施便是工人文化宫。

因为工业领域的突出成绩，海珠区成为广州最为瞩目的样板之一。1956年5月29日，毛主席视察广纸和广州重型机械厂，并与青年工人交谈；1958年7月9日，周恩来总理视察了广州造船厂（以下简称“广船”）；1960年2月12日，朱德副主席视察了广州造船厂。

工业改变了广州的面貌，使得广州跟上国家发展的节奏和步伐，虽然在改革开放之前的30年间，广州并没有因为工业成为全国城市地区生产总值的排头兵，即使是到了改革开放起步时的1978年，广州市的地区生产总值也只是43.09亿元，排全国城市的第八位，位于上海、北京、天津、重庆、长春、哈尔滨、沈阳之后，除了当时的直辖市北京、上海、天津和后来的直辖市重庆，东北三省的重工业城市长春、哈尔滨、沈阳都排在广州前面，可以明显看出，产业结构的重工业化比重决定了城市的地位。

到了1988年，海珠区的工业总产值达57.8亿元，占全市工业生产总值的26.18%，位列当时八区之首。产业结构比较合理，轻重工业比重为3∶1，机械、纺织、电器、橡胶制品、烟草加工为主要的五大部类，缝纫设备、造纸、家用电器等产品在全国居重要地位。万宝家电销量居全国前列，缝纫设备为全国第二大生产基地，造纸为全国三大基地之一，纺织、卷烟、自行车、橡胶制品、机床、饮料等产品都远销海内外。

经过改革开放前十年的努力，海珠区的工业布局已经形成七个组团：草芳围的纺织、缝纫机组团，工业大道北的重型工业组团，南石头的造纸工业组团，江南大道的电器、玻璃组团，磨碟沙的轻纺组团，新洲的糖机工业组团等。

外向型工业的崛起，是改革开放之后广州工业发展的又一新特点，到了20世纪80年代，工业集团的出现为广州工业史翻开了全新篇章。到1989年，广州市在一轻、二轻、化工、机械、电子、纺织、建筑等行业，组建了广州副食调味食品集团、万宝电器集团、白云山集团、东方立德粉集团、珠江罐头集团、珠江钢琴集团、亚洲饮料集团、百花香料集团、中南五金交化集团、广州城建开发集团等32家集团公司。

这些集团公司的生产基地很多都设在海珠区，例如万宝电器集团，就是以名优产品为龙头，按专业化协作组织的生产经营型企业集团。万宝电器集团的核心企业是广州市万宝电器工业公司，万宝集团横跨南方九省（区）、市，到1988年，该集团企业成员有43家，工程技术人员5000多人，年总产值24亿元，年产电冰箱106万台，其中35万台进入国际市场，跨入世界电冰箱生产厂家八强之列，出口创汇达1亿多美元。

改革开放20年之后的1998年，广州地区生产总值为1893亿元，已经上升到第三位。2017年，广州地区生产总值为21503亿元，突破2万亿大关。广州、深圳等一批城市的后来居上预示着中国城市的后工业时代来临，城市发展的引擎已经更换，高科技开始主导城市的高速前进。

说到万宝集团，就不能不提及工业大道。

工业大道留给我们今天的启示：辉煌可以不再，但是精神永远不灭。

海珠区工业大道的腾飞是典型的中国当代工业发展模式，集中力量办大事。新中国第一个五年计划期间，广州市政府在“把广州市建设成为社会主义工业城市”的政策指导下，决定开辟海珠区南石头、凤凰岗一带为新的工业区。从1952年开始，河南被作为广州市重要的工业基地加以建设，市政府决定开辟一条马路方便工厂运输，并将这条马路命名为“工业大道”。随后，不少中央、省、市的大中型企业纷纷落户工业大道，包括广州造纸厂、广州通用机器厂（广州重型机器厂前身）、广州造船厂等30多家大中型工业企业陆续在此扎根，形成规模宏大的工业区。

工业大道背靠白鹅潭深水航道，全长8000米、宽40米，北起人民桥南端的凤安桥，南接南洲路。在这条工业大道上，从北向南排列有广州轧钢厂、广州明兴制药厂、广州汽轮机厂、广州永红化工厂、广州锅炉厂、广州造船厂、广州气体厂、广重企业集团、广州电池厂、广州第十一橡胶厂、广州冷冻机厂、广州东方红印刷厂、广州造纸厂、广州万宝冰箱厂、广州自行车厂、广州乒乓球厂、广州市星球轮胎厂、广州锌

由中共广州市海珠区委宣传部策划的原创话剧《工业大道》，2020年在广州上演

片厂、广州珠江塑料厂、广州味精厂、广州助剂化工厂、广州农药厂、广州轻工业机械有限公司、广州试剂厂、广州耐火材料厂、星群制药厂等企业和工厂。

工业大道是一条工匠的大道。

改革开放初期的广货北上，就是海珠区工业大道的辉煌十年。

万宝牌电冰箱、虎头牌电池、五羊牌自行车、双桥牌味精、双鱼牌乒乓球、金页牌新闻纸等全国知名产品都出自这条大道，几乎每间工厂都有属于自己的“全国第一”。

1954年，广州重型机械厂成功制造出第一颗太空卫星的零配件，20世纪80年代制造出世界上第一件钛制潜水服；在20世纪50年代，广州电池厂生产的555牌、虎头牌、五羊牌电池就已经出口国际市场，成为国内最早出口的电池产品；从20世纪60年代中后期开始，广州第一橡胶厂制造自行车胎、摩托车胎、多用途系列轮胎，出口量均居全国同行业首位；20世纪70年代，广州造船厂自主研发了高速鱼雷快艇、大型导弹防卫舰，1974年，广州造船厂自主研发、生产出第一艘万吨巨轮；20世纪

80年代，第一军医大学和广州洁银日用化工厂研制出广东省第一支药物牙膏，也是中国最早的药物牙膏之一，洁银牙膏风靡全国。

与东北、华东、华中的一些城市相比，广州的工业家底本来并不厚，也不是国家重点投资的工业基地，工业大道能走到全国领先、国际知名，靠的还是广州工人的勤劳、智慧和善于变通的经营作风。

工业大道上的骨干企业，基本都有共同的阶段性特征：诞生于20世纪20年代，在20世纪50年代完成公私合营，在20世纪80年代创造出名牌产品。

就拿广船来说，广州造船厂的历史算起来也很长，可以上溯到二十世纪二三十年代。在今天海珠桥南边向东一带，有一间修理内河船舶的广和兴机械厂，1953年，广和兴与附近的广诚兴机械厂合并，成为海运局船舶修理厂，这就是广州造船厂的前身。

广州电池厂的历史非常悠久，前身兴华电池厂始创于1928年，是中国最早创办的电池厂之一，20世纪50年代实行公私合营后，联合了当时广州市大大小小49家电池厂，生产的555牌电池是最早出口的国产电池。

广州锌片厂与广州电池厂的“年纪”差不多，前身是大生铜厂，1920年由一位陈姓华侨在金沙路的菜地上建起了这家铜厂，后被官僚资本收购；1953年，成为地方国营企业。

当然，也有一些企业是工业大道上的“小字辈”，广重集团成立于1948年，在1954年生产出我国第一台离心机。万宝冰箱厂的前身是二轻机修厂，1983年、1984年引进了新加坡、日本日立冰箱生产线进行生产。

广州的发展掀开了中国城市在国际化、现代化史册中崭新的一页，工业大道的变迁告诉我们一个道理，工业化促进城市化，但是，城市化不可能永远是工业化，一个还在发展的城市永远都不会止步于某一阶段，纵然是痛，也必须完成涅槃般的蝶变。

工业大道是广州华丽转身的见证者。今天，工业大道上所剩的旧工厂已寥寥无几，曾经烟囱林立、工厂云集的工业大道，已被大型商场、高层住宅小区取代，地铁站、公交站和食肆分布在马路两边。洁银日用化工厂转变为乐善2号创意园，广州电池厂成为美食文化园，东方红印刷厂成为东方红创意产业园，工业大道的过往成为城市的新记忆。

习近平总书记曾经用16个字概括工匠精神的深刻内涵，“执着专注、精益求精、一丝不苟、追求卓越”。工业大道是一条劳动的大道，工业大道的精神与全国其他城市的工业精神是一致的，那就是工匠精神。工业大道上无数的第一是父辈留下的辉煌，是他们崇尚劳动、热爱劳动、辛勤劳动、诚实劳动的精神结晶，是城市永远不能忘怀的记忆，他们的故事值得后世代代传述。曾经的辉煌留在史册，工业大道的精神却依旧活在今天，演变出更多的传奇，在海珠区的土地上继续上演，直到永远。

传承：百年文教，丹青十香

中山大学有着鲜明的本土特色，中山大学创办至今已近100年，它是岭南大地生长出来的一棵参天大树，代表着岭南文化在高等教育领域达到的高度，展示出岭南文化兼容并蓄、进取创新、勇于挑战的品格和气质。

广州是岭南画派的中心地，海珠区是岭南画派的发祥地，在清代末年能形成一个创作高峰，成功孕育岭南画派，不是无缘无故、毫无根基的。河南过往就被称为“诗之岛”“画之乡”，不仅创作者众，而且技法创新，研究者认为广东画史有河南派。

教育在文化发展特别是文化传承过程中发挥的作用是决定性的。文化，顾名思义文以化之，文化的教化作用主要是由教育来担纲完成的。海珠区的文教事业与珠江北岸的兄弟城区一样，拥有众多百年老校、知名品牌，回顾海珠区文化教育的历史要从明代何维柏的天山草堂说起，将转折点设置在20世纪的上半叶，在这50年中，中山大学经历了从岭南学堂迁至河南康乐园到1952年完成院系大调整的变化，中山大学因为革命精神、优秀师资、卓越成就而为天下共知，成为南方大学的一面旗帜。

岭南画派是国内美术界一个重要的绘画流派，被公认为具有强烈的南方特色和大胆的创新精神。概括来说，岭南画派在诞生初期具有如下特点：第一是观念上主张创新，以革命和进取的精神打破固有国画范式，热情关注现实，用绘画反映现实、服务现实；第二是主张写实写生，引入西洋画派技法，“折衷中西”；第三是在绘画技术上，反勾勒而用“没骨法”，用“撞水撞粉”还原色彩的艳丽，将岭南特有景物题材入画。

良好的环境是催生新画派的外部条件，真正的变化一定来自内部的质变。“夫风生于地，起于青蘋之末。”至今仍然发挥着推动作用、产生强大凝聚力的岭南画派，就诞生在河南一座不大的院落中，最初的起点便是一个人要改变现状的勇气、胆略和信心。

对于岭南画派来说，“青蘋之末”就是十香园。

教育在文化发展特别是文化传承过程中发挥的作用是决定性的。文化，顾名思义文以化之，文化的教化作用是由教育来担纲完成的。海珠区的文教事业与珠江北岸的兄弟城区一样，拥有众多百年老校、知名品牌，回顾海珠区文化教育的历史要从明代何维柏的天山草堂说起，将转折点设置在20世纪的上半叶，在这50年中，中山大学经历了从岭南学堂迁至河南康乐园到1952年完成院系大调整的变化，中山大学因为革命精神、优秀师资、卓越成就而为天下共知，成为南方大学的一面旗帜。

河南早期知名教育品牌是明代何维柏开办的天山草堂，天山草堂因何维柏而知名，前面其他章节已经讲述了天山草堂的价值和影响力，在这里也就不再重复。

清代，河南的教育事业因为人口稀少相对较弱。根据黄任恒《番禺河南小志》的记载，书院主要就是南洲书院和双洲书院，南洲书院在宝岗，双洲书院“在河南瑶溪村，旧在天后庙左，倾圮日甚。嘉庆二十年，河南各乡绅士重建”。

黄任恒生于清光绪二年（1876），字秩南，世居河南龙导尾乡。早年就读于越华书院，以耕耘海珠历史和乡邦文献为乐事，用“十年修业”的精神，编纂成《番禺河南小志》，该书共九卷约25万字，详细记述了河南的地理、古迹、物产、人物等情况。黄任恒一生勤奋著述，在金石考古、古文史料、典籍版本甚至医药验方方面都颇有造诣。

书院是旧时各村童冠会文之所，课程目的直指应试。除了书院，古代城乡的基础教育机构还有社学。社学是民间的启蒙教育机构，主要接收12岁以下的学生。明清两朝，社学教学的基本内容都是朱熹的《童蒙须知》《小学》等初级儒学读物。明朝，广东著名教育官员魏校在他的训词《谕岭南学校师生》中清楚地介绍了社学的课程范围：“社学宜于各乡择子弟端谨明敏者聚而教之，廷请有学行者俾为教读，日以文公《童蒙须知》令其演习，以妆放心，初授以《养蒙大训》四言五言，口诵既熟，乃授以《小学》《近思录》《四书》。”

尽管书院、社学都是围绕《四书》《五经》展开教学，但是比较其中的学术色彩，书院的自由度就大很多。明朝，岭南学风大盛，湛若水等学者广开书院。书院因由个人所创，往往学派的特色非常明显。因此到了清朝，封建统治者意识到书院潜藏的危机，在大兴文字狱的同时也禁止设立书院。顺治九年（1652），世宗谕敕“不许别创书院”。

社学由于其启蒙性质并未受到禁止，雍正曾下令“改生祠、书院为义学”。雍正年间是广东社学发展的转折点，雍正元年（1723），“议准，州县设学，多在城市，乡民居住辽远，不能到学。照顺治九年例，州县于大乡巨堡，各置社学”。

河南过往就拥有孔林社学、竹桥社学、沙头社学、赤岗社学、庄头社学、石溪社学、沙溪社学、龙山社学、五凤社学、保安社学、均安社学、宜春社学等十多间社学，社学的普及满足河南初级国学入门教育的需要。

古代落后的教育状况，到了当代发生了根本性逆转。很多人认识广州，是从了解中山大学开始的。中山大学是中国高等教育的一座高峰，它以悠久的历史、辉煌的传统、独特的价值标示着中国高等教育事业曾经和正在达到的高度，吸引着万千学子从五湖四海、四面八方会聚到河南的康乐园。

首先，诞生在广州的中山大学，有着大革命的背景，“读书不忘革命，革命不忘读书”系中山大学的传统，创办初期，这是一所国民党左派希望能够服务于社会发展、推动国家进步的国民革命大学。

中山大学的一支源头是由孙中山先生在1924年2月发起创办的国立广东大学。到了1925年3月，孙中山先生的亲密战友廖仲恺在国民党第一届中央执行委员会第71次会议上提议，为纪念中山先生，将国立广东大学改名为国立中山大学。同年8月5日，国立广东大学第38次校务会议通过决议，将国立广东大学改名为国立中山大学，并呈报国民政府审批。国民党第一届中央执行委员会第108次会议通过了改国立广东大学为国立中山大学的决议。1926年3月13日，国立广东大学第70次校务会议决定组织筹备中山大学委员会；6月19日，国民政府批准了中山大学筹备委员会委员名单；8月17日，国民政府发布命令，正式宣布将国立广东大学改名为国立中山大学。

大革命时期的国立中山大学位于革命根据地广州，还能坚持贯彻中山先生的思想和主张，是当时革命精神的象征，吸引了鲁迅、郭沫若等进步知识分子加盟。鲁迅先生于1927年1月来到广州，在国立中山大学任教务主任，他在中山大学的演讲中说：“中山大学不但要把不革命反革命的脾气去掉，还要想法子，引导人回复本性，向前进行到革命的地方。……中山大学在广东革命政府之下，广东是革命青年最好的修养的地方，这不用多说了，至于中山大学同仁应共同负的使命，我想，是在中山大学的名目之下，本着同一的目标，引导许多青年往前进，格外努力。”

郭沫若比鲁迅更早到中山大学，他是1926年3月到中山大学任文学科长，中山大学第一首校歌便是出自郭沫若先生之手。1926年4月27日，《广州民国日报》刊登由郭沫若填写的中山大学校歌歌词：“中原之中中山大，扶植桃李满天下，博审慎明还笃行，倡导三民主义济民生，此乃吾校之光荣，此乃吾校之光荣。”郭沫若还写了许多文章表明自己对广州革命策源地的向往，其中一篇便是《我来广东的志望》：“总之我们要改造中国的局面，非国民革命的策源地广东不能担当；我们要革新中国的文化，也非在国民革命的空气中所酝酿的珠江文化不能为力。”也就是在广州，郭沫若先生投笔从戎，离开中山大学的讲坛，加入北伐军的行列。

其次，中山大学还是一所中国传统文化色彩非常强烈的现代化大学。今天中山大学的校训“博学、审问、慎思、明辨、笃行”即来自孙中山先生为国立广东大学的题字。十字训词原文出自儒家经书《礼记•中庸》，《礼记•中庸》第二十章说：“博学之，审问之，慎思之，明辨之，笃行之。”按《礼记•中庸》原意是指人具有“诚”之本性，只要按“至诚”之本性从事修身，透过学、问、思、辨、行五个环节，便可以把自己修养成“君子”。

国立广东大学最早用的是师范学堂的校园（即广州贡院旧址），抗日战争前，国立中山大学迁往石牌新校园（今华南理工大学、华南农学院部分校园），抗日战争爆发后被迫迁往云南、粤北坪石等地，抗日战争胜利后回到石牌。

中山大学的另外一支源头岭南大学在1938年抗日战争之前曾做过两次校园规划方案，分别在1904年由斯道顿事务所（Stoughton & Stoughton Architects）和1918年由詹姆斯·埃德蒙斯（Jas. R. Edmunds Jr.）事务所完成。1938年前，校园建筑布局和南北轴线基本按照詹姆斯·埃德蒙斯的规划方案实施完成，以宽阔宏伟的纪念性轴线和对称规整布局手法组织各建筑群。

今天的中山大学（南校区）经过一百多年的发展和积累，呈现出中西合璧的风貌。在校园的中轴线上，既有典型的古代建筑乙丑进士坊、中式园林建筑惺亭，也有"中国固有式"建筑怀士堂，还有当代岭南建筑岭南堂。各种时期的文化以建筑的方式在校园中轴汇集，但是，其核心还是弘扬中国传统文化。在抗日战争前夕岭南大学建设相对稳定的十几年间，中国的大学纷纷以弘扬"中国固有之文化"为目的，取法中国传统建筑形制，营建具有民族特色的校园建筑。

到了1952年，全国的大学开始院系大调整，1952年10月23日，中山大学院校调整筹备委员会成立，委员会主任是中大老校长许崇清，副主任是冯乃超、陈序经，委员包括王越、姜立夫、王力等国内著名教授。调整的原则是将广州当时的国立中山大学、岭南大学、华南联合大学、华南师范学院、广东法商大学、广东工业专科学校等高等院校，统调为一所综合大学（中山大学）和四所专门学院（华南工学院、华南农学院、华南医学院、华南师范学院），财经学院设于综合大学内。

1952年10月21日，中山大学由石牌校区迁至原来岭南大学校区。1952年11月25日，与岭南大学合并后的中山大学举行开学典礼。中山大学原石牌校址，成为新组建的华南工学院、华南农学院的院址；中山大学原百子岗校址，成为新建的华南医学院院址。

追根溯源，岭南大学的历史相较国立广东大学则更早一些，它代表着中山大学中西文化交融的一股源流。1932年岭南大学刊印的《私立岭南大学概览》称："岭大历史，上溯达四十余年。发起者为美国哈巴牧师（RCV A.P. Happer），赞成者为香便文牧师（Benjamin Couch Henry），筹措数载，成立董事局于纽约。事在民国前二十八至二十五年（1884—1887，即清光绪十至十三年）。民国前二十四年（光绪十四年，1888年），哈牧负监督之命来广州，开校于沙基金利埠（今六二三路），取名格致书院。"

光绪二十六年（1900）七月，格致书院迁往澳门，更名岭南学堂，同时开始在河南康乐村买地。黄任恒在《番禺河南小志》对于这段时间岭南大学的经历也有记录：“初名岭南学堂，光绪二十九年（1903），美国博士尹士嘉同香山举人钟荣光自澳门迁来河南康乐村，陆续购地一千七百余亩，募捐中外一百二十余万元。民国十六年（1927）改名岭南大学，呈请省政府立案。”

1927年8月1日，岭南大学校董会与纽约董事局举行交接仪式，岭南大学自此由中国人接手管理，成为完全属于中国人自己的大学。1952年，撤销岭南大学建制，并入中山大学。2001年10月，中山大学又与中山医科大学合并。

孙中山先生也曾到过岭南大学参观、演讲，1924年元旦，孙中山到岭南大学参观，并给岭南大学新生做了一场讲演，称赞岭南大学“在广东可以说是第一，就是在中国西南各省，也可算是独一无二”，对岭南大学的“规模宏大、修理整齐、教育良善”深表赞赏。

中山大学经历百年变迁、战乱动荡、内忧外患，能克服无数艰难险阻而成就一番伟业，首先与一群忠心于中大事业的本土校长们是分不开的。这些校长多数是广东人。

许崇清来自广州知名的许地许氏家族，从1924年成立国立广东大学一直到1952年的院系大调整，许崇清都陪伴在中山大学左右，呵护着它的成长。1924年2月，孙中山筹备成立国立广东大学时，许崇清为广东省教

1906年岭南学堂新建的第一座学生宿舍楼

育厅厅长兼广东大学筹备委员会委员。1931年6月，许崇清被正式任命为中山大学校长；1940年，许崇清在抗日战争期间第二次接管中山大学，将学校迁至韶关乐昌坪石镇；1951年，许崇清重新回到中山大学担任校长，同年3月，他在中山大学员生欢迎会上的讲话中，回顾了中山大学发展史，他说："中山大学所赖以维持下来的，只是中山大学的革命的传统精神"。许崇清被誉为"共和国教育奠基者之一"，有人评价，许崇清之于中山大学，正如蔡元培之于北京大学，梅贻琦之于清华大学。

陈序经是海南文昌人，海南当时隶属于广东省。在陈序经生命的最后20年里，他先后出任岭南大学校长、中山大学副校长、暨南大学校长和南开大学副校长，被誉为新旧政权交替之际"难得的大学校长"。执掌岭南大学时期，陈序经聘请历史学家陈寅恪、数学家姜立夫、语言学家王力、工程学家陶葆楷、政治学者张纯明，还有吴大业、陈永龄、容庚、梁方仲等多位各学科的著名学者来岭南大学任教，大大提升了学校的教学科研水平。

钟荣光是中山市小榄镇人，1898年任教于格致书院（岭南大学前身），担任格致书院汉文总教习，1908年担任岭南学堂教务长，1917年被任命为岭南学校副监督。1927年岭南大学收归国人自办，钟荣光被选为岭南大学第一任华人校长，为岭南大学服务超过40年。

岭南大学怀士堂旧影

其次是中山大学在教学领域有着深厚的历史渊源及优良传统。鲁迅、郭沫若、冯友兰、傅斯年、赵元任、顾颉刚、周谷城、俞平伯、陈寅恪、戴镏龄、商承祚、容庚、梁方仲、姜立夫、高由禧、蒲蛰龙、高兆兰等蜚声海内外的专家学者都曾在中山大学任教。正是因为有了他们，才奠定了中山大学国际、国内一流综合性大学的地位。

冯友兰先生于1925年秋到广州任中山大学教授兼哲学系主任，年底北上任燕京大学教授。

傅斯年1926年冬应中山大学之聘回国，1927年任该校教授、文学院长，兼任中国文学和史学两系主任。1928年正月，傅斯年赶到上海，向蔡元培提出“借用在广州之语言历史研究所已成就及将建设者，以成中央研究院之语言历史研究所”的建议，立刻得到赞同。同年，他与顾颉刚在中山大学创立语言历史研究所（以下简称“史语所”）并任所长。5月，傅斯年在史语所筹备期间发表了立所纲领《历史语言研究所工作之旨趣》，规划本所为八组，包括史料学、汉语、文籍考订、民间文艺、汉字、考古学、敦煌材料研究、人类学及民物学。

1928年，赵元任受邀到中山大学担任客座教授，他借此机会，在当年11月至次年2月，进行了北至韶关、西至桂林、东至汕头的田野调查，记录了粤语、汕头话、潮州话等丰富的方言资料。

周谷城是1930年秋到广东中山大学任教授兼社会系主任。

再次是中山大学有着鲜明的本土特色，其成立距今已经近100年，它是岭南大地生长出来的一棵参天大树，代表着岭南文化在高等教育领域达到的高度，展示的是岭南文化兼容并蓄、进取创新、勇于挑战的品格和气质。无论是国立广东大学这支源头，还是岭南大学这支源头，对于岭南文化的研究都有过开创性贡献，而且，这样的贡献将长久持续下去。

以中山大学几位老教授为例，我们来看看他们是如何为岭南文化做出贡献的。

冼玉清教授生于1895年，原籍广东南海县西樵镇，因此在诗文中常常自署“西樵女士”“西樵山人”，冼玉清有着良好的家学渊源，她曾经在翰林学士江孔殷太史开办的兰斋家塾里，跟随岭南著名画家李凤廷学画。1927年岭南大学收归华人自办时，首任华人校长钟荣光力聘她为

1920年在岭南大学图书馆学习的莘莘学子

博物馆馆长。是年，冼玉清才三十二岁，自此与岭南文史结下了终生之缘。冼玉清教授一生清苦自律，埋头岭南典籍，撰写了诸如《广东艺文志考》《广东女子艺文考》《广东鉴藏家考》《粤东印谱考》《广东丛帖叙录》《近代广东文钞》《广东释道著述考》等专著，可谓硕果累累，其对岭南历史、人物、史志文物的发掘整理，“千百年来岭南巾帼无人能出其右”。

商承祚是古文字学家、金石篆刻家、书法家，番禺人，其父是清朝最后一位探花商衍鎏。1963年，商承祚参加广东书法篆刻研究会筹委会，任副主任委员，为广东书法篆刻研究会（广东省书法家协会的前身）成立做了大量的组织工作。

广州的中等教育起步很早，清末科举制度废除后，广州便涌现出了很多小学和师范学校，所以，羊城的中学不乏百年老校，若论资历，没有百年校史，便很难忝列广州名校行列。

海珠区的南武中学是一所有着光荣历史的百年名校，南武中学的前身是创办于1905年的南武两等小学堂，是广州市海珠区最古老的一所完全中学，开创了广州男女同校的先河，被誉为“海珠文明的摇篮”。南武中学向来重视体育教育，中国第一块体育国际比赛金牌获得者陈彦是南武校友，著名教育家黄炎培曾用“北有南开，南有南武”来赞誉学校。

若要追溯南武中学的源头，还可以更早一些。1901年春，黄晦闻、杨渐逵等人在河南龙溪首约租了一间民房创办了群学书社，作为修学励行、启迪民智的场所；1903年，海幢寺借圆照堂给群学书社，群学书社搬来海幢寺后易名南武公学会；1905年，南武公学会创办南武两等小学堂，南武中学即源出于此。

“南武”是广州古代的城名之一，南武公学会创办人之一、首任校长谢英伯曾说，用“南武”来命名学校，是希望学子们“昭兹来许，绳厥祖武”，激励南武人继承先贤优良传统，学习先贤创新精神。

除了“番禺”，广州城在历史上还有过“楚庭”“南武”等称谓，明清时期广东志书也有记载。明代嘉靖年间的黄佐在《广东通志·舆地志》中记载：“广州城始筑自越人公师隅，号曰南武。后任嚣、赵佗增筑之，在郡东，周十里”，并说“楚亭郢在番禺”。明代万历年间郭棐的《广东通志》也说：“开楚庭，曰南武。”

明朝人顾祖禹《读史方舆纪要》卷一零一“广州城”条下引注：“旧《图经》：‘广州城始筑自越人公师隅，号曰南武。’《吴越春秋》：阖闾子孙避越岭外，筑南武城。后楚灭越；越王子孙避入始兴，令师隅修吴故南武城，是也。”顾祖禹认为南武城是比任嚣、赵佗建筑的番禺城更为久远的广州城雏形。

除了教育事业桃李天下，海珠区在文艺界盛开的花朵便是岭南画派。

岭南画派是国内美术界一个重要的绘画流派，被公认为具有强烈的南方特色和大胆的创新精神，概括来说，岭南画派在诞生初期具有如下特点：第一是观念上主张创新，以革命和进取的精神打破固有国画范式，热情关注现实，用绘画反映现实、服务现实；第二是主张写实写生，引入西洋画派技法，“折衷中西”；第三是在绘画技术上，反勾勒而用“没骨法”，用“撞水撞粉”还原色彩的艳丽，将岭南特有景物题材入画。

广州是岭南画派的中心地，海珠区是岭南画派的发祥地，在清代末年能形成一个创作高峰，成功孕育岭南画派，不是无缘无故、毫无根基的，河南过往就被称为“诗之岛”“画之乡”，不仅创作者众，而且技法创新，研究者认为广东画史有河南派。

在清代道光、咸丰年间，河南出现了一批画家，风格不同，形成差异性较强的多种画派，河南派也不是风格统一的流派，其内部百花齐放、风格各异，细分为丹山派、隔山派等门类。何翀生于清嘉庆十二年（1807），他比居巢早出生4年，又晚去世18年，是一位高寿的画家。何翀，字丹山，在河南蒙圣里以“花竹安乐”为斋名从事绘画和授徒。原先师法华新罗，善人物、花卉、山水、虫鸟，而且笔致高秀，因字丹山，人称丹山派。

十香园的“二居”被称为隔山居派，居巢谢世较早，居廉则因为长寿而弟子颇众，其中较有成就的有：早期的杨少初（元晖），稍后的李鹤年（鹿门）、陈芬（柏心）、伍德彝（懿庄）、梁鹤巢（大松）、葛璞（小堂）、张逸（纯初）、容祖椿（仲生）、关超卉（惠农）、陈鉴

1904年，居廉（前排右四）及居廉的友人、弟子在十香园合影，前排左四为高剑父

（寿泉）等，晚期著名弟子则是岭南画派的代表人物“二高一陈”——高剑父、高奇峰、陈树人。

与此同时，还有罗岸先于山塘开设画苑。罗岸先，号三峰，又号野舫，喜欢写广州名胜小册，例如荔枝湾、白鹅潭等，罗氏善画且工诗，与蒙而著、杨永衍、胡春堂、李桂馨、关村生、关熙臣等河南民间的知名人士，谈诗论画，各显所长，形成画坛的一时之盛。由于并非以绘事谋生，故人称之为超然派。据李寿庵《粤东画人简记》称：“车萼仙、兰敏芬、何剑士、黄鼎苹、胡剑庵、陈俊朋、李野屋、罗仲彭、胡少翰、罗约驻、麦鸣飞、何鸿钧等，亦属其列。”由此可见，河南作为“画之乡”确属名实相副也。

清代末年，河南的文艺氛围酝酿得非常浓厚，很多文人雅士不仅擅诗，也工于画，就像居廉，后世认定他为岭南画派的开山鼻祖，将他的身份固定在画家的位置上，其实，居巢、居廉也写得一手好诗。在古代中国，诗人的社会身份是要高于画家的，居巢首先是一个诗人，他的诗集有《昔耶室诗集》《今夕庵诗钞》。居巢的《柳梢青》描绘河南隔山的风情风景：“小巷谁家，双扉白板，一树桃花。”就如同一幅扇面，寥寥几笔，红白相间，传神出彩。有人用诗话文体描绘了居巢诗歌的画境：“空山无人，落叶如雨。抱琴独来，静与秋语。脱然畦径，深林徐步。微闻斧声，樵子何处？溪云半消，忽见疏树。孤鹤在旁，聆此佳句。”

像居廉这样的诗画文人在河南并不鲜见，杨永衍同样是诗画双绝的河南人，他“写山水全用湿笔，不事干擦”。他在白鹤洲的别业叫作“鹤州草堂”。宣统年间的《番禺县续志》是这样记载鹤洲草堂的：“杂莳花竹，尝招陈璞、潘恕、居巢、居廉、何翀、袁杲诸人觞咏其中。”

河南能孵化孕育岭南画派，首先要归功于天地造化的恩赐，大江东去，留下良田千顷、田园房舍，加上古木松荫、水色花香，河南为画家提供了取之不尽的绘画题材。

其次，要归功河南拥有庞大的创作队伍。在海幢寺，过往有画禅堂。画禅堂是僧人宝筏的工作室，宝筏喜欢收藏名画，自己又画得一手好山水，就把自己的居所称之为“画禅堂”。海幢寺还有相润、昙树、

居巢先生画像

善林、雪岩等多位僧人擅画，且常与广州本地文人书画来往，常常雅集酬和。例如相润，号竹莽，“与张墨池交善，藏墨池画最多，以一册赠黄香石，黄跋云：昔南屏僧不借定武帖与松雪，今竹莽以此见贻，古今人相越，可为艺林增一佳话”。

清代岭南著名书画家谢兰生也是海幢寺常客，谢兰生是清朝嘉庆壬戌年（1802）进士，后来在粤秀、越华、羊城各大书院执教，诗文之外，喜弄丹青。他和弟弟谢观生都以能画著名，谢观生在伍家万松园寓居多年，伍元薇收藏了谢观生大量的作品。这样的画友还有熊景星，所不同的是，他没有住在伍家，而是住在潘家。

谢兰生在日记中多次写到受海幢寺僧人邀约到海幢寺为僧人作画及题跋的经历。嘉庆二十五年（1820）九月初七：“饭后过河入海幢叶现堂，邀楷屏来谈，为诸僧写字画，颇多可厌”；十一月二十六日 “到海幢为月川写大堂画一副，为僧瑜山题二樵山水扇面”。

再次是画家之间良好的互动交流氛围促进了河南画坛整体水平的提

高，古代在没有协会的情况下，互帮互学少不了热心人。谢兰生除多次到海幢寺为寺僧作画外，喜好组织同人在海幢寺开展画会，众人一起合作画卷。“戊子六月，同人集海幢丛现堂，瑜公和尚乞画，因为作《雪山图》，香湖先生绘佛像，退谷写石壁，荻江加松枝，余写佛像座，春塘添小竹，一弹指顷而画成。”

相互借鉴、取长补短、诗画相长，海幢寺僧人石夔与广州著名士绅、学海堂学长陈澧交往从密，陈澧曾为其所绘山水作品题跋：“青峰高耸与云齐，流水潺潺绕石溪。寺隐寒松烟翠里，桥横疏柳夕阳低。”潘正亨也记录过一次众人雅集，“李芸甫画松，汤雨生画梅，孟丽堂画灵芝、萱草、大石，合作大幅，悬海幢寺壁”。

良好的环境是催生新画派的外部条件，真正的变化一定来自内部的质变。“夫风生于地，起于青蘋之末。”至今仍然发挥着推动作用、产生强大凝聚力的岭南画派，就诞生在河南一座不大的院落中，最初的起点便是一个人要改变现状的勇气、胆略和信心。

对于岭南画派来说，“青蘋之末”就是十香园。

十香园并不大，占地200多平方米，却是岭南画派的发祥地，原是居巢、居廉的住所，也是他们开馆授徒的地方。十香园的前身是居巢的啸月琴馆，始建于清道光十二年（1832），时称“隔山草堂”。草堂的环境十分优美清静，北面是马涌的支流，周围茶园花圃、绿水环绕、溪水清澈、鱼虾戏游，是“瑶溪二十四景”之一“盐闸来鸥”所在地。盐闸指的是当年盐运司在此设立的防止贩卖私盐船只过往的闸门，来鸥是此处的鱼虾吸引了鸥鸟前来觅食、上下翻飞，可见环境之胜。

十三行潘家后人潘飞声在《访居古泉隔山草堂》一诗中为我们留下了十香园最早的样子：

久别相逢笑破颜，茅堂依旧好溪湾。
晴窗恰对疏疏树，矮纸工描细细山。
暂抚菊松拼我醉，得餐薇蕨共君闲。
饥驱屡负栖岩约，明镜惊看鬓渐斑。

居巢绘《梨花螳螂》

居巢、居廉合称“二居”，居巢（1811—1865）是居廉（1828—1904）的堂兄，居廉父亲亡故较早，就跟着堂兄学习绘画。“二居”早期的绘画、谋生与东莞人张敬修有关，1848年前后，居巢带着居廉前往广西，在广西按察使张敬修门下做幕僚，兄弟俩闲暇之余就以写生为乐，在广西的八年时间里，“二居”受江苏画家宋光宝和孟觐乙的影响最大。宋、孟二人分别来自江苏苏州和常州，都擅长用无骨法画花鸟，孟觐乙晚年专攻花鸟，两目失明，犹能摩挲作画。

张敬修是可园主人，东莞可园与顺德清晖园、番禺余荫山房、佛山梁园合称清代广东四大名园。张敬修生于1824年，比居巢小十三岁。他本人喜好诗词，还能画一手好梅花，用的也是没骨法。1855年，张敬修被革除按察使职务，回到故乡东莞可园，“二居”也跟随张敬修来到东莞，在可园一直住到1864年张敬修去世。在可园，居巢画了很多传世的精美扇面，居廉为张敬修画了数十本《宝迹藏真册》。

如果再向上追溯岭南画派的源头，我们要来到广西李秉绶的环碧园。李秉绶（1783—1842）字云莆，号竹坪，临川温圳（今江西温圳）人，清代著名画家兼诗人。李秉绶曾在京城任工部都水司官职，但嫌公职缠身，创作不便，壮年时就辞去官职，专心画事，在桂林北郭按江南园林样式筑环碧园，聘宋光宝、孟觐乙在环碧园课徒教子侄，李氏兄弟中李秉礼、李秉绶、李秉钺、李秉铨均能书擅画，一门风雅，为桂林寓公之冠。

宋光宝和孟觐乙在环碧园教画时，学生中除李家兄弟外，还有来自广州的居廉、居巢、宋绍濂等。据《绿水园读画记》记载："巢廉兄弟，初犹学藕塘，后乃自成一家，居氏花卉又开一生面矣。居廉尝刻印曰'宋孟之间'，宋为藕塘光宝，孟为丽堂觐乙，不忘师也。"居廉的再传弟子高剑父传世画稿中还有临摹老师居廉画作的白描，临摹由恽寿平、宋光宝、孟丽堂到居巢、居廉一脉传承的花鸟图式。居氏兄弟受宋光宝、孟觐乙影响，尤注重写生，后不断探索实践，融入西洋画法，再传"二高一陈"高剑父、高奇峰、陈树人。

大约在咸丰六年（1856），居家兄弟俩将各自的住所，居巢的啸月琴馆、居廉的今夕庵和紫梨花馆合在一起，改造为十香园。"十香"泛指园中所植素馨、茉莉、瑞香、夜来香、鹰爪、夜合、珠兰、君子兰、白兰、含笑等花草。

每一门派都有师承，有些门派师承的是风格，而有些门派师承的是精神。十香园是岭南画派的摇篮，开一代风气所在。"二居"之后，"二高一陈"的高剑父、高奇峰、陈树人都出自十香园。科举废除后，广州开始倡办新学，当时大部分新式学堂的美术教师都是十香园的弟子，比较有名的有广东的伍懿庄、张纯初、容祖椿、关蕙浓，广西的杨元晖和福建的陈芬等。岭南画派并没有统一的风格，"二居"之后的"二高一陈"特别是"二高一陈"的弟子关山月等，与"二居"的风格完全不一样。

美术事业也如珠江浪潮，后浪推着前浪，滚滚向前。高剑父生于1879年，父母相继病逝后，高剑父来到河南隔山乡生活，彼时居廉正在十香园招徒，自幼具有绘画天赋的高剑父便拜居廉为师，成为十香园弟子。1912年，高剑父到上海参与创办《真相画报》，在《真相画报》

上，“二高一陈”正式提出了“折衷派”的口号，即“折衷中西，融汇古今”，岭南画派作为一个艺术流派，第一次公开宣传自己的艺术主张，又设立审美书馆，帮助开拓新国画的市场。

到了20世纪20年代，岭南画派羽翼渐丰，飞出了河南摇篮。高剑父于1923年在今越秀区创办春睡画院，门下弟子众多，并多有成就，培育了以苏卧农、黎雄才、关山月、司徒奇、陈金章等为代表的一批艺术家。

到了高剑父这里，岭南画派经过几代人的接力孕育，已经形成了创新的理论和丰富的实践，高剑父曾解释自己“折衷中西”的主张：“吾择（中西绘画）两途之极端，合炉而冶，折而衷之，以我国之古笔，写西洋之新意。夫中国画之妙在用笔、思想、结构、气韵，西洋画之长在形似、远近、用色，以彼之长，补我不足，而成一有笔墨气韵之洋画，即有形似、远近之中国画。”

20世纪30年代，高剑父的弟弟、天风楼主人高奇峰及其七个著名的弟子周一峰、张坤仪、叶少秉、何漆园、容漱石、黄少强、赵少昂等一起共同度过了四年亦师亦友的黄金时光，他们在一起谈艺、作画、雅集，合称“天风七子”。“天风七子”后来各奔前程，将岭南画派的血

1948年，高剑父与方人定、黎葛民等友人合影

脉带到了海外，何漆园创办香港美学会，赵少昂在香港继续办“岭南艺苑”，两人私塾式的教学是天风楼模式的延伸。而无论是春睡画院还是天风楼，都是以十香园为正宗源头。

除了师徒承袭、倾心相授，一代与一代薪火相传、交流切磋、互相扶持也是河南画家的传统，画家中总有人站出来担起组织者的重担，凝聚一群同行者，保持队伍不散，留下许多温暖的故事。

民国初年，何翀、居廉、罗岸先等老一辈大师先后谢世，伍懿庄便站出来扶掖后学。“守河南者，以伍懿庄最为朋辈推重。懿庄克承家学，又入室居廉而有出蓝之誉，况其居处伍家花园浮碧亭中，雅丽清幽，得天独厚。（李寿庵语）特别是伍氏收藏历代名画其丰，又喜于扶掖后学，李寿庵喜爱绘事，但苦无师承，伍氏知其好学而提携，以所藏画相示，让李寿庵得以尽览前人手迹，并加提点。”除了李寿庵，高剑父也临摹了师兄伍德彝的不少家藏名画。

伍懿庄谢世后，陈树人从加拿大归来，在隔山刘王殿北麓自建息园，与黎庆恩、胡少翰、罗仲彭、黎葛民、赵少昂、麦公敏、桂南屏、张纯初、黄祝渠等画人组织清游会，逢周日就在息园谈诗论画、挥毫泼墨。

当时，陈树人政务繁忙无暇顾及画事，麦公敏、李寿庵、黄鼎苹、黎庆恩、陈俊明、李野屋等人组成南社，定期雅叙。

抗日战争胜利后，一度疏散的相聚重新又紧密起来，麦汉永、马小进、马小舟、黄文宽、黄独峰等人组织粤社，仍遵循老一辈相约雅集的惯例，定期聚会于河南。不久，李寿庵也从香港回来，粤社就由李寿庵牵头，黎葛民、梁占峰、冯曼硕、沈进恩、莫仲予、陈子毅、麦汉兴等新老画家济济一堂。麦汉兴的父亲麦公敏的画室称“竹实桐花馆”，麦汉兴就把自己的画室称为“小桐花馆”，简称“桐斋”。

画家们不是孤芳自赏而是携手共进的优良传统到了新中国成立后，更多以协会等社会组织、民间团体的方式体现出来。中山大学位于海珠区，许多中山大学的专家学者也是书画名家，如容庚、商承祚、麦华三、秦咢生、黄文宽、李曲斋、朱庸斋、麦汉兴、廖熊等老教授，一直到改革开放时期，都乐于支持海珠区的文化活动，积极参与各种书画雅集。

1964年，岭南画家卢振寰、黎雄才、杨之光及书法家麦华三等在广州南园挥毫作画

今天，岭南画派的发扬光大不再是一个人或者几个人肩负的重任，而是由广州美术学院这样的高等院校来承担。今天的广州美术学院不仅拥有岭南画派纪念馆，还设有岭南画派研究中心、关山月研究室和黎雄才研究室，是当代岭南画派研究、创作的重要基地。

广州美术学院自1956年中南美术专科学院由武汉迁来广州河南，更名广州美术学院后，最为重要的院系中国画学院就奠定了以岭南画派创新思维与现代教育体系相结合的教育理念。这一理念的基础便是岭南画派的“折衷中西、融汇古今”，中国画学院的院长如关山月、黎雄才、梁世雄、陈金章等都是岭南画派的实践者和传承者，中国画学院也通过“岭南画学”概念的提出，强调了创作对于岭南文化的弘扬。

文化的传承，就像在岁月长河中航行，需要载体和摆渡人。教育与艺术的双重传承，在广州美术学院体现得尤为突出，岭南画派从几位大师的个体传授，到今天高等院校的正规培育，文化的百花园又何止是十香？而是满园春色、香飘四海。

向海：广州文化新走向

今天的海珠人用行动指明，国际化是未来海珠的前进方向。海珠的国际化遵循的是广州的国际化方向，广州的国际化遵循粤港澳大湾区共同国际化的方向，粤港澳大湾区的国际化践行的是“一带一路”倡导的国际化。以人为本、文化为桥、贸易互通，合作共荣，在这样一条中国友谊之船航行了数千年的国际化主航道上，海珠从古至今一直没有偏离过。

今天的海珠人同样面对“将为未来留下什么”这一时代之问，并已经给出了答案：一个富有岭南历史韵味兼具国际化创新风格的海珠。

向海，曾是近代海珠的宿命，现在是当代海珠的使命。

珠江的前航道和后航道像是两条历史长河中的丝路飘带，环绕着海珠：一条象征着对外交往的走出去；一条象征着友好合作的引进来。古代，尽管海上丝绸之路连通了东西方的贸易，但是用今天的标准来看，当时中国的出口贸易以茶叶、丝绸、陶瓷为主，产品结构单一，其加工方式多是作坊里的手工劳动，产量产能有限。今天，21世纪海上丝绸之路上，“中国制造”是总部经济、知名品牌、文化输出的完美结合。

那么，琶洲是怎么从历史深处走到今天的？

琶洲，作为文化现象，它的内涵正在慢慢超越一个地名所能涵括的特质，人们提起琶洲，想到的不再是一个旧时孤岛的名字，或者是现在一个地铁站点的名字，它就像珠江新城一样，代表着最新潮流、前沿科技、时尚生活，代表着年轻一代的期盼和希望，代表着广州未来的走向。

过往的十三行，是封建帝国迫于压力打造的贸易繁荣，从根本上说，它是闭关锁国的产物。因而，十三行昭示的国际化是单向的走出去。百多年前的中国与今天的中国完全不可同日而语，一个自信、自强的中国已经站在了国际舞台上，与古代海上丝绸之路以走出去为主不同，今天的海珠国际化不仅要走出去，还要引进来。

进入21世纪，广州大道中南端以东对应天河区的区域发展更为迅速，海珠形成了“一纵一横”的城市文化空间格局。

“一横”是沿着珠江南岸铺开的观光旅游带，从广州塔、琶醍向东到水博苑；“一纵”是广州新中轴线南段，从广州塔向南到海珠湿地。过往的文化品牌伴随着城市战略定位的提升也在发生着变化，传统的太古仓、江南西演变为一个文旅圈，旧日农田变为人工智能试验区，海珠区也从一个田园牧歌式的水乡一跃成为数字经济的领航者。

文化的传承必然包括创造，每一代人都肩负同一文化使命：站在通往明天的大路前，回望历史，每一代人将为未来的世界留下自己创造的遗产。

今天的海珠人同样面对“将为未来留下什么”这一时代之问，并已经给出了答案：一个富有岭南历史韵味兼具国际化创新风格的海珠。

文化是土地与人的关系，过往的海珠已经把这种关系诠释得淋漓尽致，先辈两千多年来不懈的创造，留给我们的是一个值得骄傲的海珠和一片辉煌繁荣的沃土。

新时代的海珠向何处去？

今天的海珠人用行动指明，国际化是未来海珠的前进方向。海珠的国际化遵循的是广州的国际化方向，广州的国际化遵循粤港澳大湾区共同国际化的方向，粤港澳大湾区的国际化践行的是“一带一路”倡导的国际化。以人为本、文化为桥、贸易互通，合作共荣，在这样一条中国友谊之船航行了数千年的国际化主航道上，海珠从古至今一直没有偏离过。

向海，曾是近代海珠的宿命，现在是当代海珠的使命。

珠江的前航道和后航道像是两条历史长河中的丝路飘带，环绕着海珠，一条象征着对外交往的走出去；一条象征着友好合作的引进来。古代，尽管海上丝绸之路连通了东西方的贸易，但是用今天的标准来看，当时中国的出口贸易以茶叶、丝绸、陶瓷为主，产品结构单一，其加工

广州人工智能与数字经济试验区琶洲片区

方式多是作坊里的手工劳动，产量产能有限。今天，21世纪海上丝绸之路上，“中国制造”是总部经济、知名品牌、文化输出的完美结合。

培育总部经济就是厚植国际贸易之根本，没有大企业总部的城市如同没有参天大树的灌木丛，无法吸引金凤凰。

为了强化区域国际竞争力，2022年12月，海珠区发展和改革局印发了《海珠区“十四五”产业发展规划（2021—2025年）》，向世界宣告：面向2025，海珠区将形成“1+6+N”现代化产业体系，大力发展总部经济。

2025年将是海珠区腾飞的一块里程碑、一条新的起跑线，不仅产业规划设定了2025年的目标，2022年7月印发的《广州市海珠区科技创新发展“十四五”规划》，描绘的也是面向2025年的科技创新发展蓝图。

总部经济不是一纸行文走完流程便可以收获的果实，海珠人深知，稀缺和高端的总部经济一定是精心谋划、悉心呵护的结果。在空间布局上，海珠区在“一区一谷一圈”的大轮廓上进行细分，布局六个产业聚集发展重要节点，重点发展琶洲人工智能与数字经济试验区、环中大科技创新区、广州塔数字文旅产业聚集区、环海珠湿地价值圈、海珠新活力文商旅融合圈、石溪至沥滘高端时尚总部区共六个产业聚集发展重要节点。

未来海珠的总部明星群将在哪个节点、哪个行业脱颖而出、闪亮寰宇？

按照时间轨道的“远中近”，海珠区分步骤依次推进重点行业。近几年，海珠区推动的是琶洲人工智能与数字经济试验区、广州塔数字文旅产业聚集区建设。琶洲，近十多年来，在发展亮点灿如星河的南粤大地，闪现出特别炫目的光彩，吸引了来自海内外各行各业的关注。

那么，琶洲是怎么从历史深处走到今天的？

琶洲，作为文化现象，它的内涵正在慢慢超越一个地名所能涵括的特质，人们提起琶洲，想到的不再是一个旧时孤岛的名字，或者是现在一个地铁站点的名字，它就像珠江新城一样，代表着最新潮流、前沿科技、时尚生活，代表着年轻一代的期盼和希望，代表着广州未来的走向。

琶洲是琵琶洲的简称，古时上有三阜，形似琵琶，故名琵琶洲。在南宋人方信孺写的《南海百咏》中已有“琵琶洲”的记录：“琵琶洲，在郡东三十里，以形似名。俗传洲在水中，与水升降，盖船舶所集之地也。”“洲在水中”说的是琵琶洲过去就像海珠石一样，四面环水，是珠江的一个江中洲渚，海珠石后来并入珠江北岸的马路，琵琶洲也一样，与南岸土地连为一体。既是杂咏，必然有诗。方信孺为琵琶洲写的诗是这样的：

仿佛琵琶海上洲，
年年常与水沉浮。
客船昨夜西风起，
应有江头商妇愁。

南宋时，琵琶洲虽未有琶洲塔，却已是古代船舶进出广州的标志。一夜西风，商家又要闻讯乘风远航，离别是嫁作商人妇的宿命，方信孺在这里同情的对象不是琵琶洲而是商妇。到了清代，琵琶洲摆脱了寂寂无名的困境。琶洲塔在明代建成之后，就日益走红，“琶洲砥柱”成为“羊城八景”之一。可“琶洲砥柱”并没有为琶洲带来游人如织的繁华，琶洲依旧是水乡田园风情，清代诗人梁佩兰在诗中这样写道：

琵琶洲头洲水清，
琵琶洲尾洲水平。
一声欸乃一声桨，
共唱渔歌对月明。

时光飞逝，转瞬百年。欸乃渔歌不再，珠江月明未变，优美的自然风光配搭现代都市正是广州人工智能与数字经济试验区琶洲核心片区的城市景象。今天的琶洲除了拥有全球贸易展览交易中心广交会展馆外，还是人工智能与数字经济试验区，是科技创新的摇篮，是数字创新产业、会展产业、总部经济等现代服务业融合发展、外向型和创新型经济集聚发展的高质量经济增长极。

南宋时期方信孺笔下的那个商人，如果能穿越来到今天，一定不会随西风远走他乡，而是留在琶洲发展。据2019年发布的《琶洲地区发展规划发布（2019—2035）》披露，到2025年，琶洲计划实现地区营业收入约5000亿元；到2035年，实现营业收入1.2万亿元，就业人口80万人、居住人口34万人，琶洲将是不折不扣的寸土寸金的商业旺地。

高速度增长离不开高科技引擎，琶洲还是未来广州的“城市大脑”。《广州市海珠区科技创新发展“十四五”规划》提出打造“琶洲城市大脑”的目标，加快布局5G（第五代移动通信技术）等新基建，建设智慧城市示范区；建立“用数据说话、用数据决策、用数据管理、用数据创新”的城市数字治理体系，加快建设一批大数据资源池，支持企业技术迭代创新与应用测试，加强一批智慧应用场景建设。

现实已经足够惊喜，理想更加令人振奋。回溯时光长河，方知一切来之不易。早在2015年，海珠区开始谋划建设数字经济方向的琶洲人工智能与数字经济试验区，并先后获评国家及省市多个重量级发展平台。腾讯、阿里巴巴、唯品会、树根互联等一批行业龙头企业的落户初步形成集聚效应，新一代信息技术服务业、建筑业、租赁和商务服务业、科学研究与技术服务业依托琶洲人工智能与数字经济试验区建设、总部集聚效应及丰富的科研资源，成为海珠区优势发展行业。

2020年3月，琶洲人工智能与数字经济试验区被工业和信息化部评为国家新型工业化产业示范基地。以科技部和广东省支持广州建设国家新一代人工智能创新发展试验区为契机，琶洲人工智能与数字经济试验区按照打造世界一流规划的标准，牵头编制试验区建设总体方案，成功推动琶洲纳入粤港澳大湾区重要产业发展平台。建立完善“一个试验区、一个实验室、一批重大创新载体”的创新支撑体系，推动琶洲成功入选国家新型工业化产业示范基地。2022年，琶洲人工智能与数字经济试验区取得新突破，获批省级经济开发区。2023年2月，海珠区举行了琶洲省级经济开发区揭牌仪式，这是广州市第九个省级经济开发区，琶洲省级经济开发区锚定的是建设世界一流数字经济示范区。

目前，琶洲省级经济开发区整体产业效益正处于高速增长阶段，入

琶洲人工智能与数字经济试验区

驻企业超3.3万家，其中“四上”企业1608家、高新技术企业345家、总部企业98家，分别占全区的40%、52.8%、59.8%。此外，还拥有未来独角兽企业7家、独角兽企业4家。

6千米长的阅江路，近临珠江，远眺云山，风景秀美如画，目前是广州中心城区自动驾驶汽车测试与应用的唯一开放路段。路的南边，琶洲人工智能与数字经济试验区正蓬勃发展，高楼大厦如雨后春笋般拔地而起。2022年8月，奇安信大厦举行开工奠基仪式，预计在2025年建设完成，这是2015年以来琶洲试验区（西区）开工以来落户的第28个企业总部项目。

自2015年以来，在琶洲人工智能与数字经济的产业主题下，琶洲试验区（西区）共招商引进落地了腾讯、阿里巴巴、唯品会、科大讯飞、小米、TCL等龙头企业建设28个总部用地项目，涉及消费及产业互联网、人工智能、智能制造、互联网游戏、数字传媒、数字新零售、数字航运等领域，重点项目总投资规模达867亿元。琶洲试验区产业的强大磁场效应不断释放，吸引了今日头条、中石油天然气、中石化天然气、宝武集团中南钢铁、三七互娱、欧莱雅、红星美凯龙等一批批优质企业进驻，央企区域总部、时尚新消费、高端商贸和新零售等优质产业集聚琶洲。

总部经济如同扎根土地的参天梧桐，它看重政策优势、生态条件、产业环境，但是，它最为看重的，是区域的明天和城市的未来。只有一个充满希望朝气、生机勃勃的城区，才能让跨国集团、大型企业将数十亿甚至数百亿的资金投下，与城市共同迎接美好的明天。

海珠的明天在琶洲，广州的未来也在琶洲。在这里，海珠人正链接国际创新资源网络，大力发展高能级创新型总部经济，将海珠区打造成为培育创新型总部企业国际化、集群化发展的优选地。海珠区预计，到2025年，新一代信息技术产业税收亿元以上企业数量将达到6个。

除了数字经济，海珠在"十四五"产业规划中表明，未来还将发力现代商贸、高端服务、会展文旅、智能建筑和都市工业，全力提升商贸业发展能级，培育一批创新能力强、服务能力好、专业水平高的高端生产性服务业企业，扶持一批"专、精、特、新"中小型高端生产性服务业企业，推动一批高端生产性服务业创新示范项目。

在这些企业中，将诞生未来海上丝绸之路上的明星，它们是"走出去"的远航者。广东咏声动漫股份有限公司是中国最具实力和影响力的动漫集团公司之一，总部位于海珠区草芳围。《猪猪侠》是广东咏声动漫股份有限公司自2005年起推出的原创动画品牌，开播以来，依托这一品牌的大电影和舞台剧也频繁亮相银幕与舞台，不仅市场叫座，而且口碑叫好，屡获包括白玉兰奖国产动画片金奖、十佳收视奖、十大卡通形象奖、年度最具产业价值动画奖等行业奖项。在市场规模不断扩大后，《猪猪侠》动画系列还不断加速其出海进程。在海外市场的开拓方面，《猪猪侠》的出品公司选择与国际知名儿童娱乐和品牌运营公司Crane Kahn LLC进行合作，共同策划了3D动漫品牌——《猪猪侠》国际版动画片，2019年正式在海外上映。

在会展领域，海珠是人们期待中的国际展城。

在百年未有之大变局中，中国对外开放步伐不断加快，已经构建起以国内大循环为主体、国内国际双循环相互促进的新发展格局，通过发挥会展优势，海珠不断推进国内市场与国际市场更好地联通。

新型冠状病毒感染疫情防控期间，为了客商的健康，广交会关上了展馆的大门，却没有关闭交易的大门，而是开启了网络上的"云门"，不用门票，一键便可轻松参展逛会。以2022年秋季举办的第132届广交会为例，主办方将云端扩容升级，进一步放开参展申请，吸纳更多符合条件的企业参展，扩大受惠企业面。其中，出口展参展企业34744家，比上届增长约40%；进口展参展企业400多家，来自30多个国家和地区。借助广交会的平台，众多境内参展商还将目光投向“一带一路”沿线国家的广阔市场。

第132届广交会以“联通国内国际双循环”为主题，为拓展海外营销网络，广交会全球合作伙伴计划深入推进，着力开拓“一带一路”沿线市场及重点到会国的营销渠道，加强与专业机构合作，新增部分国家工商机构为合作伙伴。截至2022年10月，广交会已与93个国家和地区的170家机构建立了合作伙伴关系。

《区域全面经济伙伴关系协定》（RCEP）是以东盟为主导的区域经济一体化合作，于2022年1月生效实施以来，越来越多的外贸企业更加注重开拓RCEP市场。第132届广交会上，不少国内参展企业准备了拳头产品，积极参加与RCEP市场相关的对接活动，收获了不俗业绩。

近十年，广交会在“卖全球”“买全球”的同时，不断上演创新与改革的好戏，积极参与全球市场的发展。目前，“一带一路”沿线国家采购商与会占比超过45%，进口展区参展企业占比达70%。当世界经济贸易面临深刻变革时，广交会直接联通国内国际两个市场，成为促进国内国际双循环的重要平台。

过往的十三行，是封建帝国迫于压力打造的贸易繁荣，从根本上说，它是闭关锁国的产物。因而，十三行昭示的国际化是单向的走出去。百多年前的中国与今天的中国完全不可同日而语，一个自信、自强的中国已经站在了国际舞台上，与古代海上丝绸之路以走出去为主不同，今天的海珠国际化不仅要走出去，还要引进来。

新时代，广州统筹推进国际交往中心建设，先后出台《广州建设国际交往中心三年行动计划（2018—2020年）》《广州建设国际交往中心“十四五”规划》。2020年，广州在《世界城市名册》公布的全球城市分级排名中，历史性地跨进第一梯队，跃居全球一线城市，国际交往中心建设取得明显成效。

广州在国际大都市城市群中的枢纽位置正在日益突显，变化之中。海珠的角色是什么？海珠的担当在哪里？千年商都的传统如何在海珠出新出彩？人们拭目以待，海珠也不负众望，正在和广州同频同步，努力打造国际消费中心城市标杆区，一个国际消费中心的海珠值得期待。

2021年7月，经国务院批准，北京、上海、广州等几个城市率先开展国际消费中心城市的建设。

2022年3月，海珠区正式印发了《海珠区建设国际消费中心城市实施方案》，以“一圈引领、五圈支撑”为总体布局，其中，核心引领圈是广州塔—琶洲片区。

2022年12月底，海珠区政府与中国对外贸易中心集团有限公司、广州塔旅游文化发展股份有限公司等11家企业签订共建广州塔－琶洲世界级商圈框架协议，正式发布了“广州塔－琶洲”商圈建设成为世界级地标商圈的专项规划。

蓝图已经绘就，除了天河路商圈，广州还将在珠江南岸崛起一个世界级商圈。到2025年，海珠区将建成重点商业载体87个，其中广州塔南广场预计2023年完成验收，2024年第一季度开业，建成后将为广州塔商圈增加约5.7万平方米的商业面积。琶洲将增加万豪酒店、晓庐凯悦臻选酒店、广州之窗皇冠假日酒店、琶洲港澳客运码头免税商店等高端酒店和商场。

四海之内，万客云集，不再只是为了大宗采购批发，海珠将是天下闻名的消费胜地、购物天堂。除了广州塔—琶洲片区，还有江南西—太古仓、广纸—沥滘、滨江、中大、海珠湿地片区5个区域特色商圈，提供“会展消费、地标消费、数字消费、时尚消费、生态消费”五大消费体验，推动海珠区的商业商圈服务国际消费中心城市的打造。

国际化迈进的步伐将国际品牌、国际服务、国际时尚带到了家门口，什么是“家门口的国际化”？广州并不满足招商引资得到的资金流和供应链，自家庭院的国际化才是真正的国际化，城市的开放、发展就要有这个自信，让普通百姓把自己家当成国际交往的舞台，让海珠的寻常巷陌成为网红，吸引全球游客都来走走看看，才是真正的国际化。

2023年元旦刚过，中共广州市委外事工作委员会就公布了《广州市国际化街区试点建设名单》，“十四五”期间，在海珠区广州塔片区等12个国际化街区开展试点建设，将打造一批具有国际水准、广州特色，功能完备、资源集聚，开放包容、和谐宜居的国际化街区试点样板，推动高水平建设国际交往中心。

广州塔片区的风景之优美完全胜任国际化的要求，海珠区一直用优于5A景区的标准全力推进环境品质的提升，广州塔旅游区入选国家级夜间文旅消费集聚区；首座珠江两岸人行桥海心桥开通后，更是成为新的地标性景点；国际媒体港是广州市委、市政府重点扶持的广电文化产业综合项目，其西港（西塔楼）有境内外知名媒体驻穗机构及各类文化创意产业，东港（东塔楼）将是集广州高端媒体服务于一身的现代传媒产业综合项目，海珠区在广州塔片区打造的是世界级滨水城市客厅。

沿江发展，向海而生。海珠区的城市空间在南拓大潮冲击下，不断更新变化。

城市的规模、面积、人口总是与经济总量成正比。回首21世纪，海珠区的发展进程，其实就是广州市南拓的进程。所谓拓展，归根结底是创新，是在新的时间、新的空间创造过往未知的未来，唯有拓展，才能为城市文化带来新的起点、新的走向。

南拓成为广州有意识、有目的的规划行为始于2000年。当年，广州市政府借鉴一些发达国家和地区的做法，开国内大城市之先河，于2000年6月邀请中国城市规划设计研究院、清华大学城市规划设计研究院、同济大学建筑与城市规划学院、中山大学城市与区域研究中心、广州市城市规划勘测设计研究院共五家规划设计单位，开展了广州城市总体发展概念规划的咨询工作。同年11月，广州市城市规划局根据五家单位的方案展开综合与深化工作，制定了《广州城市建设总体战略概念规划纲要》。该纲要的核心包括三个方面：城市土地利用、城市生态环境、城市综合交通。确定了都会区规划布局的八字方针：南拓、北优、东进、西联，并以此确定了广州未来城市空间结构是以山、城、田、海的自然格局为基础，沿珠江水系发展的多中心组团式网络型城市结构。

海珠区在过往2200多年的发展过程中，无论是起步阶段的南华西街，还是今天的琶洲省级经济开发区，无一例外的都是沿着珠江前航道在发展。海珠区的城市化在广州解放前受时局、财力、人力等主客观因素的制约，速度极为缓慢。广州解放后，广州落子海珠，下了工业化的棋局。而城市化真正的腾飞是在改革开放后，现代化的城市面貌彻底改变了海珠区形象，以琶洲为先锋，海珠领跑在潮流的前列。

文化的先进性与生产力水平直接关联，没有新的科学技术，城市的生产水平就会停留在旧时阶段。海珠的文脉，如果和支柱产业挂钩，按照时间的递进，用简单的数字概括，那就是一、二、三，第一产业、第二产业、第三产业分阶段先后主导了社会、经济的发展。

最早的河南只有第一产业——农业，以种花、采茶为主，潘飞声的《茶田采春》最能概括农耕文化的特征，“最爱河南风景好，茶田行尽又花田”。此后，清政府也试图在海珠岛上发展工业。清光绪末年，官办的鱼雷局（近海幢寺）以及士敏土厂（今孙中山大元帅府旧址）先后创建于岛上，带动了木材、纺织、彩瓷、机器修造等手工作坊成行成市，当时“有商店数千间，工厂数百间”。《粤海关十年报告》中也称“被珠江从广州市区分割开来的河南地区，每年都有越来越多的建筑拔地而起，那里有许多货栈、草席工场、商行分店、造船厂、煤店和船用杂货店也集中于此”。

大工业的浪潮始于20世纪50年代，沙园一带成为撑起广州半边天的工业王国，工厂数量众多，一些国内知名品牌的工厂，如万宝电冰箱厂、虎头牌电池厂、五羊自行车厂、双鱼乒乓球厂、广州造纸厂、广州第一橡胶厂、广州造船厂等都分布于此，工业大道五十年的辉煌便缘于此地。

南拓是一项系统工程，每一阶段有每一阶段的目标，侧重点均有所不同。投入的重点有所不同，使得某个阶段或者某个十年，海珠区在高科技、新产业等现代化发展方面显得特别突出，往往给人留下十分深刻的印象。事实上，包括交通、文化、教育、卫生在内的城市化进程同样没有放慢脚步，也正是因为南拓是一项昼夜不停、日夜兼程的科学系统工程，才有了今天海珠区社会发展全方位的闪亮和辉煌。

如今的海珠，不仅高速公路、内环路、主干道密如蛛网，地铁、桥梁四通八达，而且连通粤港澳大湾区的快捷交通也崭露头角。2022年6月，位于海珠区的琶洲港澳客运口岸码头一期工程顺利通过竣工验收。2023年5月4日，琶洲港澳客运口岸正式开通，从广州中心城区坐船2小时便可直达香港国际机场和中港城。

琶洲港澳客运口岸是广东省、广州市重点工程，是加快粤港澳大湾

琶洲港澳客运口岸码头

区内部快联快通的骨干项目。2023年5月已建成5个客船泊位，设计年通过能力171万人次，碳纤维高速客船海珠湖和海珠湾也已交付，琶洲港澳客运口岸的开放，为往来穗港澳之间的旅客带来一站直达、海天联运的便利。

进入21世纪，广州大道中南端以东对应天河区的区域发展更为迅速，海珠形成了“一纵一横”的城市文化空间格局。

“一横”是沿着珠江南岸铺开的观光旅游带，从广州塔、琶醍向东到水博苑；“一纵”是广州新中轴线南段，从广州塔向南到海珠湿地。过往的文化品牌随着城市战略定位的提升也在发生着变化，传统的太古仓、江南西演变为一个文旅圈，旧日农田变为人工智能试验区，海珠区也从一个田园牧歌式的水乡一跃成为数字经济的领航者。

城市，千百年来就是在变与不变的矛盾对立统一中不断发展。不变的是情怀、河流、山川，变化则是永恒的，每一代人都为城市翻开新的一页。当代海珠人构思新的蓝图，描绘新的美景，如此代代相传，才能前不负古人，后不负来者。

如果从2000年广州市制定《广州城市建设总体战略概念规划纲要》

开始算起，南拓用了20多年时间，在海珠区结出“一区一谷一圈”的丰硕果实。南拓的步调由点到线，连线及面，广州的城市空间更新在新时代展现了惊人的速度，海珠区尤其如此。21世纪初，南拓指明了空间发展方向，而近十年，向海挺进的春风吹开了“一区一谷一圈”的花朵，海珠犹如春色满园的百花园。

文化枢纽的扩展从单点变为多极，从线型走向变为全面开花，海珠正在演变为网络型城区，“一区一谷一圈”便是网络的形态体现，而琶洲正在演变为网络的核心。

“一区一谷一圈”指的是在海珠区的东部建设琶洲人工智能与数字经济试验区，在中部建设中大国际创新生态谷，在西部建设海珠新活力文商旅融合圈。海珠全域都是生机勃勃的、温暖如春的土地，沐浴着阳光，孕育着希望。

“一谷”中大国际创新生态谷拥有中山大学、白俄罗斯国家科学院广州创新中心、广东财经大学、中国电子科技集团公司第七研究所、中国电器科学研究院等高校和科研机构，《广州科技创新“十四五”规划》赋予中大国际创新生态谷的使命是“突出产城联动、生态赋能，定位为粤港澳大湾区国际科技交流合作枢纽、创新创业集聚高地和生态休闲特色空间”。

“一圈”海珠新活力文商旅融合圈是人们心中的老海珠，它的使命是打造智慧化应用示范街区，推动虚拟现实（VR）、增强现实（AR）、超高清等技术在孙中山大元帅府纪念馆、十香园、骑楼建筑等历史文化资源的应用，促进江南西等商圈的数字化改造，实现传统商业创新发展。

广州南拓浪潮的枢纽位于琶洲。2015年，中央城市工作会议提出“转变城市发展方式”，放弃了过往“摊大饼”粗放式发展，使得精细化发展成为新时期城市规划的新任务和新目标。琶洲引领了城市最新的发展潮流，“一区”为广州安装了数字经济、人工智能的先进引擎。

自从任嚣、赵佗在公元前214年选址番山、禺山建城之后，广州的城市中心一直没有移动过，西为珠江，北为云山，因此，南拓与东进一直是广州扩展的主要方向。海珠区的发展走向，如果简单概括，便是以珠江为横轴，与江北的城区形成镜像。在古代，海珠与越秀、荔湾对称，南华西是省城、老西关的镜像；今天，琶洲是广州的CTD（中央科创区），与珠江新城、国际金融城相互映衬、互为补充。

南拓，将人们习以为常的旧空间焕然一新为新天地，但并非所有的南拓都是琶洲模式的高楼林立、科技腾飞，珠江后航道的拓展，就完全不同于前航道的琶洲，它的创新是绿色的、自然的、纯生态的。

今天的广州，山、城、田、海合奏一曲生态主旋律，城市中心寸土寸金，何处寻觅一大片绿色的田野？海珠区给出了答案，在海珠，全区现有永久基本农田保护区共4.5平方千米，耕地约3.0平方千米，主要分布在沥滘、三滘、瑞宝、东风、琶洲等地。

2021年11月，农业农村部认定了21项传统农业系统为第六批中国重要农业文化遗产，其中，就有广州市海珠区的高畦深沟传统农业系统。海珠先民充分利用当地水网密布的自然条件，通过顺涌建围、设置闸桓、挖沟抬畦，提高土壤层高度和深沟蓄水调水，以抵抗潮汐、台风、干旱等恶劣天气的影响，巧妙构建了极富智慧且旱涝保收的“基围＋水桓＋高畦深沟＋园艺作物＋禽鱼养殖”生产模式及“水—果（蔬）—草—鱼—鸟”完整生态链，这就是入选第六批中国重要农业文化遗产名单的高畦深沟传统农业系统。

目前，海珠区的高畦深沟农业系统存留面积超过800公顷，畦面超过2200块，深沟超过9500条，水桓数量超过400个，成为城郊型农业文化遗产保护的宝贵样板。

农业依赖的生态链由水网构成，水网构成了田地之外，还构成了园地，海珠区还有园地8.7平方千米，集中分布在广州海珠国家湿地公园（以下简称“海珠湿地”），高畦深沟农业系统主要分布在海珠湿地周边，海珠区内的林木资源也主要分布海珠湿地内。

海珠湿地位于海珠区东南部，北靠琶洲会展中心，南望大学城，东临国际生物岛，西跨城市科技创新轴，总面积约1100公顷，其中869公顷的核心区域为国家湿地公园建设范围，海珠湿地是我国特大城市中最大、最美的城央湿地公园。海珠湿地是珠江三角洲地区极为罕见的，集城市内湖、河涌、果林为一体的镶嵌复合式湿地生态系统，被誉为广

海珠湖鸟瞰

州的“绿肺”和“南肾”，与白云山合力形成广州主城区的两大生态屏障，对广州空气质量调节有着十分重要的作用。

农业文明依附于土地，当农业文明无法适应城市发展需求时，文化的转向首先依赖于土地功能的转向。海珠湿地的前身是万亩果林，积淀着珠江三角洲河网种植果林的历史。改革开放初期，农村实行土地承包责任制，果林包产到户大大提高农民的生产积极性。由于种植的水果品种繁多，海珠区新滘镇还拥有“岭南水果之乡”的美誉。20世纪80年代，新滘镇农业生产面积达到6万亩，因而才有了“万亩果林”的美名，主要水果品种有荔枝、木瓜、龙眼、黄皮、阳桃、香蕉、番石榴、甜橙等10多个名优品种。

从农耕时代的万亩果林到国际都市的海珠湿地，并非一步完成跨越，而是经历了艰难曲折的探索过程。最初市区两级政府的想法非常简单，就是保留果林以达到保护环境的目的，自1997年到2008年，广州市政府为更好地保护“南肾”，制定了很多规划来保护万亩果林。1997年，划定了广州市海珠区果树保护区；1999年，制定和颁布《广州市海珠区果树保护区总体规划》；2000年，《广州市城市总体发展战略概念规划》也明确划分了海珠区果树保护区的范围。从2004年开始，《瑞宝、东风生态公园建设详细规划》《海珠区龙潭果树公园详细规划》《海珠区绿地系统规划》等一系列规划相继出台，这些规划的指向非常明确，都是为了将果林作为环保手段保护下来。

从2009年开始，海珠区的思路有了新的提升，万亩果林通过改造成为城市的生态空间、休闲空间和文化空间。2009年3月29日，海珠湖项目启动。海珠湖的治水方案是通过开辟雨洪调蓄人工湖带动周边河涌的水质改善，综合多种因素后，人工湖的选址定为万亩果林内的淋沙围，政府以只征不转模式征收万亩果林用地。2012年3月，广州市和海珠区政府一次性投入45.85亿元完成11066亩征地，再以只征不转的方式扩大征收万亩果林面积，收回万亩果林土地使用权，但不转变农用地性质，作为永久生态用地由政府统一保护、统一管理，村社在留用地上发展集体经济。

海珠湖公园的开辟为人口稠密、建筑拥挤的老城区提供了大面积绿色空间，在2011年到2012年的万亩果林征地过程中，市区两级政府看到了创新的方向，广州市人民政府根据万亩果林内河、涌、沟、渠所构成的水网以及城市内部的未来需求，决定将果林转化为湿地公园。

当时的国家林业局意识到海珠湿地对城市的保护价值和示范效应，向当时万亩果园湿地征地工作领导小组（简称“区果园办”）提出可尝试申报国家湿地公园的邀请。2012年，区果园办正式向国家林业局申报国家湿地公园，提出将万亩果林转化为同时兼具湿地保育、自然教育和游憩功能的城央国家湿地公园，并于2015年通过验收。

2012年，万亩果园保护区土地征收方案正式获国土资源部批准。同年9月29日，海珠湿地正式建成对公众开放。

2022年9月29日，海珠湿地迎来十周岁生日。

绿水青山与金山银山，摆在城市管理者面前，如何选择？海珠湿地是全国唯一一个地处超大城市中轴线上的国家湿地公园，是放弃了超过万亿的商业开发价值，以共建人与自然和谐相处为目标，在城市中央打造出“入则自然，出则繁华”的稀缺绿色空间。金山银山是财富，绿水青山也是财富，为千秋万代的将来打算，广州毫不犹豫地选择了为后世子孙留下这一片宝贵的绿洲。

海珠湿地是国内城市化到了后期才出现的超大型绿色开放生态空间，是目前全国特大城市中心区面积最大的湿地公园。通过连通水系、湿地景观、亲水栈道、调清活水等手段，将海珠湖、龙潭果树公园、石榴岗河连片开发，打造成集绿城、花城、水城为一体的国家级生态湿地示范区。

广州海珠国家湿地公园在保留原有古老树种和林相的基础上，探索出珠江三角洲河涌湿地、城市内湖湿地与半自然果林镶嵌交混的复合湿地生态系统，让湿地内的生物相携相生。

曾经，加入世界自然保护联盟（IUCN）绿色名录，成为国际重要湿地，是海珠湿地的梦想。十年来，海珠湿地秉承“保护优先，合理利用”“原生态、微改造、少干预”的理念，积极开展一系列湿地修复与保护措施，不断朝着“具有国际示范引领力的高质量发展的最美城央湿

从海珠湖远眺广州城市新中轴线

地”“国际重要湿地”目标努力奋进。2023年2月2日，在世界湿地日中国主会场上，国家林业和草原局公布了海珠湿地等18处湿地列入国际重要湿地名录。

回望海珠湿地十年路程，一个个成绩彰显了海珠人一步步前行的足迹：

2015年，通过国家湿地公园验收，创办自然学校，为全社会参与生态学习提供平台。

2016年，海珠湿地以“城市园林绿化及城市生态恢复”主题获得中国人居环境范例奖，构建了人与自然和谐共享的“城央生命共同体”。

2017年，创立国家湿地公园创先联盟输出保护经验，从影响区域走向辐射全国。

2018年，《广州市湿地保护规定》正式实施，专章设立海珠湿地保护特别规定，对海珠湿地实施永久性保护。海珠湿地入选“中国改革开放40年地方改革创新40案例”。

2019年，获得首届“生态中国湿地保护示范奖”。

2020年，承办粤港澳大湾区环境生态安全与绿色发展国际工程科技战略高端论坛，发布《生态湾区，无界湿地——海珠·湿地宣言》，深度参与粤港澳大湾区多项建设。

2021年，广东省科学院动物研究所杨星科研究员团队正式对外发布在海珠湿地发现的一个昆虫新物种，命名为“海珠斯萤叶甲”。

2022年，海珠湿地自然学校自然导师朱江在海珠湿地发现昆虫新物种，命名为“海珠珐轴甲”。

2023年，海珠湿地荣获国际重要湿地殊荣。

截至2022年9月，海珠湿地鸟类种数从72种增加到187种，维管束植物从294种增加到835种，昆虫种类从66种增加到738种，鱼类从36种增加到64种，是全国特大城市中心区难得的鱼鸟天堂。

曾经，古老的海珠沿着珠江前航道铺展前进的路标，今天，一条绿色的文化中轴线从广州塔直达海珠湿地。与广州城市新中轴线北段的城市会客厅一样，海珠区在新中轴线南段汇聚了号称四大文化新地标的、广州最新最美的文化基础设施。

广州城市新中轴线跨过珠江向南延伸

这四大文化新地标分别是广州市文化馆新馆、广州美术馆新馆、广州科学馆、广州博物馆新馆，它们与广州塔、国际媒体港、粤传媒大厦等一起，彻底改写了海珠区文化基础设施一般化的历史。

站在海珠湿地环顾四周，楼台倒影、绿树浓荫，游人穿梭在白墙灰瓦与红粉芳菲之间，呈现出的是一幅当代岭南都市的游春图。与花城广场众多新锐风格的文化建筑不同，正在服务市民的广州市文化馆新馆以古老的中式风格吸引了众多关注，依托海珠湿地出众的生态条件，广州市文化馆新馆的园林建筑被婆娑的榕树、清澈的湖面、湛蓝的天空烘托得美轮美奂，“山、水、田、塘”贯穿其间，古典风格的建筑如砾石般散落湖上，形成自然与人文共生共享的完美布局。

美轮美奂的还不只是广州市文化馆新馆，在广州塔与海珠湿地之间，是广州美术馆新馆、广州科学馆、广州博物馆新馆。广州美术馆新馆以“水中盛放的英雄花”为设计理念，占地3.26万平方米，总建筑面积8万平方米。广州科学馆以“科技魔方”为设计理念，广州博物馆新馆以“丝路方舟”为设计理念，共同特点是一方面强化新时代文化建筑应有的风韵和美感，另一方面突出反映岭南风格和广州地域特色，打造全新时尚的岭南风建筑，使之成为展示广州城市文化形象的重要地标。

回溯完海珠区两千多年来的文脉衍变，江海明珠的魅力与传奇从何而来？我们已经有了答案。这片饱含着古往今来千万海珠人热血、汗水和智慧的土地，不仅孕育了千年羊城、南国明珠的美丽，还孕育了迎春花市、海丝商都、岭南画派、河南瓷彩等丰富多彩的岭南文化。

海珠，作为一个高质量发展的城区，作为国际大都市和国家中心城市的组成部分，将向何处去，依旧在跋涉与探索之中。

2023年2月3日，海珠区在广州市文化馆新馆召开全区高质量发展大会。会上，又一批新的优质项目集中落地海珠，包括琶洲算谷类、总部及平台类、未来产业类，涵盖央企总部、元宇宙、合成生物、国际消费等细分领域。

优质项目密集落地，是海珠区整体提升城市生活质量和投资环境水平的结果。2022年以来，海珠区新落地重点招商项目152个，其中百亿级投资项目3个、世界500强和中国500强投资项目22个，这些项目像一颗颗饱满的种子，被播撒在海珠区肥沃丰饶的土地上。放眼今日海珠，文化的辐射效应正在与“一区一谷一圈”的建设布局同步，焕发出光彩夺目的光芒。

现在，或许我们可以回答海珠将为广州、为岭南、为粤港澳大湾区的文化走向带来什么新方向的问题了。迭代创新、产业升级就是海珠区用实实在在的成就和踏踏实实的脚步，走出来的一条新路。

未来已来，永远不远。

南国春常在，江河万古流。每一种经济与科技的全新布局都带来文化的新变，海珠总是有那么多可以畅想、值得期待的明天，让我们心驰神往。这颗“江海明珠”就像阳光下奔涌东流的珠江一样，从历史厚重的土地中发源，又在新时代的浩荡东风鼓动下，不断翻涌着浪花，闪现出璀璨的光芒，永远保持蓬勃的生命力和岭南文化的不朽魅力，向着明天，坚定地奔涌而去。

参考文献

（一）专著

[1] 曾昭璇. 广州历史地理[M]. 广州：广东人民出版社，1991.

[2] 广州市地方志编纂委员会. 广州市志（1991—2000）：第十册[M]. 广州：广州出版社，2012.

[3] 黄佛颐. 广州城坊志[M]. 仇江，郑力民，迟以武，点注. 广州：广东人民出版社，2012.

[4] 仇巨川. 羊城古钞[M]. 陈宪猷，校注. 广州：广东人民出版社，2011.

[5] 黄任恒. 番禺河南小志[M]. 黄佛颐，参订. 罗国雄，郭彦汪，点注. 广州：广东人民出版社，2012.

[6] 蒋祖缘，方志钦. 简明广东史[M]. 广州：广东人民出版社，1987.

[7] 陈桥生. 唐前岭南文明的进程[M]. 广州：广东高等教育出版社，2019.

[8] 广东省立中山图书馆. 民国广东大事记[M]. 广州：羊城晚报出版社，2002.

[9] 杨万秀. 广州通史：古代卷[M]. 北京：中华书局，2010.

[10] 杨万秀. 广州通史：近代卷[M]. 北京：中华书局，2010.

[11] 谭惠全. 百年广州[M]. 广州：广州年鉴社，2001.

[12] 李权时，李明华，韩强. 岭南文化[M]. 修订本. 广州：广东人民出版社，2010.

[13] 黄树森. 广东九章：经典大家为广东说了什么[M]. 广州：广东人民出版社，2006.

[14] 陈泽泓. 广府文化[M]. 广州：广东人民出版社，2012.

[15] 陈永正. 岭南历代诗选[M]. 广州：广东人民出版社，1985.

[16] 梁嘉彬. 广东十三行考[M]. 广州：广东人民出版社，2009.

[17] 黄伟宗，司徒尚纪. 中国珠江文化史[M]. 广东省珠江文化研究会，组编. 广州：广东教育出版社，2010.

[18] 徐德志，黄达璋，梁郁荣，等. 广东对外经济贸易史[M]. 广州：广东人民出版社，1994.

[19] 刘圣宜，宋德华. 岭南近代对外文化交流史[M]. 广州：广东人民出版社，2018.

[20] 吴郁文. 广东经济地理[M]. 广州：广东人民出版社，1999.

[21] 广东省政协文化和文史资料委员会，羊城晚报社. 岭南文史拾贝：广东省政协特约专栏文汇（第一辑）[M]. 广州：羊城晚报出版社，2019.

[22] 广东省政协文化和文史资料委员会，羊城晚报社. 岭南文史拾贝：广东省政协特约专栏文汇（第二辑）[M]. 广州：羊城晚报出版社，2020.

[23] 广州市文史研究馆. 羊城风华录（续）：当代中外作家笔下的广州[M]. 广州：花

城出版社，2008.
[24] 广州市文史研究馆. 岭南逸史[M]. 广州：花城出版社，2008.
[25] 陈欣. 南汉国史[M]. 广州：广东人民出版社，2010.
[26] 汤国良. 广州工业四十年[M]. 广州：广东人民出版社，1989.
[27] 冯沛祖. 广州沧桑录：1911—1949[M]. 广州：花城出版社，2020.
[28] 冯沛祖. 广州古园林志[M]. 北京：中央编译出版社，2017.
[29] 胡巧利. 广东方志与十三行：十三行资料辑要[M]. 广州：广东人民出版社，2014.
[30] 董上德. 岭南文学艺术[M]. 广州：广东人民出版社，2019.
[31] 王晓玲. 广州与亚洲[M]. 广州：广州出版社，2010.
[32] 黄海妍. 在城市与乡村之间：清代以来广州合族祠研究[M]. 北京：生活·读书·新知三联书店，2008.
[33] 陈泽泓. 羊城钩沉：广州历史研究文集[M]. 广州：广东人民出版社，2018.
[34] 陈泽泓. 南国杰构：广州建筑文化研究文集[M]. 广州：广州出版社，2018.
[35] 叶曙明. 儒林芳草：广州书院史话[M]. 广州：广东教育出版社，2015.
[36] 陈建华. 广州市文物普查汇编：海珠区卷[M]. 广州市文物普查汇编编纂委员会，海珠区文物普查汇编编纂委员会. 广州：广州出版社，2008.
[37] 中共广州市海珠区委宣传部，广州日报社. 映像广州：海珠记忆[M]. 广州：广州出版社，2010.
[38] 陈景锴. 海珠古诗录[M]. 陈永正，审定. 广州：新世纪出版社，2008.
[39] 陈景锴. 海珠文史萃编[M]. 陈永正，审定. 广州：花城出版社，2012.
[40] 罗国雄. 广州海珠史话[M]. 广州：广东人民出版社，2015.
[41] 罗国雄. 海上明珠沧桑录[M]. 澳门：澳门出版社，2003.
[42] 罗国雄. 海上明珠补阙录[M]. 广州市人民政府地方志办公室，广州市海珠区人民政府地方志办公室，编. 广州：广东人民出版社，2016.
[43] 钟晖，刘小玲. 海珠古祠堂[M]. 广州：广东教育出版社，2014.
[44] “美丽广州”摄影大赛组委会. 美丽海珠[M]. 广州：广州出版社，2002.
[45] 叶柏莉. 南溆芳华毓海珠[M]. 广州：广东人民出版社，2009.
[46] 周翠玲. 半城半郭河南地：云桂村纪事[M]. 香港：中国评论学术出版社，2011.

（二）论文

[1] 郭丹玲. 试析陈济棠主政时期的广东省营工业[J]. 吕梁学院学报，2013（5）：34–37.
[2] 言倩. 负洲傍海　商贸名港：广州黄埔村考察[J]. 南方文物，2005（3）：100–105，139.
[3] 罗国雄. 简记黄埔古港的兴衰[J]. 广东史志，1994（4）：58–60.

[4] 钟仕斌. 广州琶醍区域升级改造案例分析[J]. 低碳世界，2017(18)：143–144.
[5] 张弘. 广州中心城区滨水旧工业区更新研究[D]. 广州：华南理工大学，2019.
[6] 戴方舟. 结合城市设计的珠江啤酒厂旧址更新利用[J]. 建筑技艺，2021(3)：35–39.
[7] 朱纯.《瑶溪二十四景诗》的山水园林文化机理[J]. 广东园林，2020（4）：76–79.
[8] 吕梓良. 清代以来广州市海珠区城市空间结构的演进[D]. 广州：广州大学，2020.
[9] 张建奇. 20世纪50年代院系调整中的中山大学[J]. 现代教育论丛，2020(5)：91–96.
[10] 黄俊. 许崇清与中山大学的山高水长：韶关华南学术抗战史回顾 [N]. 韶关日报，2021-7-16(A5).
[11] 张晓唯. 陈序经的大学校长生涯[J]. 书屋，2011（12）.
[12] 鲍静静. 从格致书院到岭南大学[J]. 广东省社会主义学院学报，2015(1)：68–74.
[13] 王亮.《容庚先生岭南大学信札》释析[J]. 文物鉴定与鉴赏，2017（5）：26–27.
[14] 邢静. “岭南大学之父”钟荣光[J]. 同舟共进，2020(3)：47–50.
[15] 张新标. 从格致书院到岭南大学：近代教会大学“中国化”的岭南样本[J]. 高教探索，2021(12)：123–128.
[16] 钟国庆. 城市化对岭南水乡生态空间的影响及修复策略探讨：以广州小洲村为例[J]. 安徽建筑，2022(3)：3–6.
[17] 程大立. 村史志：传统村落振兴的文化资源：以《小洲村史》《珠村村志》为中心的考察[J]. 图书馆，2020(3)：49–54.
[18] 王丽英. 真有道之士：晚清道士李明彻散论[J]. 广州社会主义学院学报，2006（1）：51–53.
[19] 王川. 陈寅恪、冼玉清纯阳观之游[J]. 岭南文史，2003(1)：43–45.
[20] 王元林，陈芸. 清代中后期广州海幢寺的对外开放与中外宗教文化交流[J]. 世界宗教文化，2018(6)：40–45.
[21] 郭林林. 海幢寺与清代广州文人文化活动研究[J]. 岭南文史，2020(1)：21–28，56.
[22] 谭赤子. 伍崇曜的经济与文化活动述略[J]. 华南师范大学学报（社会科学版），2002（3）：77–82.
[23] 李春光.《粤雅堂丛书》述略[J]. 广东社会科学，1988（1）：118–124.
[24] 黄素娟. 乡村基层权力与城市扩张：以民国时期广州河南开发为例[J]. 开放时代，2017（6）：10，210–221.
[25] 覃波. 清宫所藏十三行潘氏商人档案[J]. 闽台文化交流，2009（4）：20–25.
[26] 颜志端，颜祖侠. 十三行闽籍行商家族联姻初探[J]. 岭南文史，2019（3）：48–53，59.
[27] 王丽英. 浅论广州十三行商人的俗信：以潘家、伍家为例[J]. 广东社会科学，2011（3）：130–135.

[28] 任文岭. 十三行行商伍氏“馥荫园”（潘氏“东园”）考[J]. 岭南文史，2016（1）：47–53.

[29] 潘剑芬. 十三行行商潘氏家园“南墅”小考[J]. 岭南文史，2015（3）：55–59.

[30] 罗春林. 1929–1935年间海珠桥建设工程费用问题初探[J]. 文物鉴定与鉴赏，2018（6）：30–33.

[31] 梁丽薇. 海珠湿地公园岭南园林特色的调查研究[D]. 广州：华南农业大学，2018.

[32] 杨宪钊. 由海珠寺的沉浮看宋代以降广州社会的变迁[J]. 地域文化研究，2019（2）：38–45，154.

[33] 李俊. 广州近代城市中轴线空间史研究[D]. 广州：华南理工大学，2019.

[34] 麦婉华. 广州海珠：围绕“一区一谷一圈”打造海上明珠[J]. 小康，2021（8）：50–51.

[35] 段丽杰，曾业翔，钟源. 城市湿地修复实践与路径创新：以广州海珠国家湿地公园为例[J]. 湿地科学与管理，2021（3）：59–62.

（三）内部资料

[1] 中共海珠区委宣传部编：《海珠十景》，2002年版.

[2] 广州市海珠区政协编：《海珠文史》，1997年版.

[3] 广州市海珠区地方志办公室编：《海珠风貌》，1999年版.

[4] 中共广州市海珠区南华西街道工作委员会、广州市海珠区南华西街道办事处编《珠水南华——广州市南华西街道风华录》，2009年版.

[5] 广州市海珠区文化局编辑：《海珠文化建设集锦：1985–1995》，1995年版.

[6] 中共广州市海珠区委宣传部、广东省摄影家协会编：《海珠今昔》，2001年版.

[7] 林志成著：《海珠区文化名人研讨资料》，2007年版.

[8] 刘其华：《快速城市化下广州岭南水乡村落的保护与复兴：以小洲村为例》，《城乡治理与规划改革——2014中国城市规划年会论文集》.

[9] 何韶颖：《作为城市外交空间的佛教寺院——以清代广州海幢寺为例》，《2015年中国建筑史学会年会暨学术研讨会论文集（上）》.

[10] 杨戈、朱志军、刘伟凯：《土地增值再分配视角下海珠区旧厂更新改造模式研究》，《2020年工业建筑学术交流会论文集（下册）》.

后记

以全局视野对文化发展进程进行新的认知与判断

——关于《江海明珠》及海珠区的文化研究

一、城市文化研究如何呈现过去与未来

近期读葛兆光先生的《中国思想史》，看他的访谈，那一种敞亮的视野、豁达的思考维度、谦谨又反省的探索与追问的治学态度，有如一拍有力的击打，让我颇有顿悟。确实，文化研究假如没有思想的烛照与点燃，何来看见？又何来复现？

如是，思想史有没有终极的尽头，如同历史或文化有没有研究的尽头，似乎都是没有答案的。发现与探询一直在路上，人文社科研究尤其如此。

是的，面对历史与面对文化一样，同样需要勇气，而勇气是人的品质中最为稀缺珍贵的美德之一。假如没有勇气，也就不能持守，甚至是没有力量去抗衡时日中诸多的侵扰、击打和琐碎的消耗了。

葛兆光先生的几个观点让我醍醐灌顶：如何从西方的思维模式去反观自我，中心与边缘之谈，精英与平民之说，大一统与多元之论，等

等。如果没有这些，那么思想的弹性和强力就会大打折扣。他说：“形势比人强，思想总是无力的。我们能做的是把它往远处推一下，把它放在一个更大的坐标里去看。”

以此反观历史与文化，同样让人心神一振、眼前一亮。有了豁达的胸怀、开敞的视野，我们就能看见更多，除了庙堂，还有乡野，除了达官贵人，还有平民百姓；除了韶乐华章，还有烟火俗常。而这样的历史文化才更为立体，更为可触可感。

越是研究带历史时限的问题，越是需要有创新现代的方法，去重启它原本拥有的意义阐释和价值判断，这应该成为一种文化研究的自觉。

如果仅仅止步于望文生义、就事论事、罗列史料，极容易滑入一种怪圈，成为一个文抄公，做简单潦草的注释。只有将历史脉络流变的每一种成因挖掘出来，既沿着起始的来路回溯，又顺着发展的轨迹前行，让这条文化的河流流动起来，才能激活和呈现每个时段自身蓬勃的生命力，此时的整体观与全貌观是不可或缺的。

比如民俗，就是聚集而居的人与地方互相蕴生出某类风俗和约定俗成的种种习惯，以此获得最基本的日常生活经验。很多的风俗习惯能够一直延续至今，便是一幅待解读的历史画轴，也是一面能照见过往的镜子。

由是，伴随着不断的探索，一个念头越发清晰，研究就会有所发现。

每一代人都感觉自己站在历史的门槛上，既激动也充满了困惑。任何的真实可能都是局部的真实、某个角度的真实，在截然不同的文化层面或者不同的生活领域里，都存在着多种多样所谓合理性的解读。

破译文明的密码，梳理历史的因果，这关系到一座城市如何呈现过去，如何展望未来。

做这样的学问，或者说是工作，是需要消耗时间和生命的。将那些流逝过去的历史，那些纸上辉煌的文化，重新唤醒，重新激活，站起来表达情感，我们所要做和所能做的，就是赋予它们光与热，让它们变得可感可触，从而使关注与重视相互成为共识，然后才能换来“芝麻开门”的重启。

城市文化研究借鉴西方，又回到本土，回到我们天天生存其中的城市，可供参照的理论与经验，无疑为我们的研究提供了借鉴的指南。

有价值的学问是会燃烧的、能发热的，会照亮后来者前行之路所遭遇的黑暗，经此完成每代人或会有的或自觉肩负的“后天下”的使命。

而要完成承前启后的文化研究，除了要面对史籍的汗牛充栋，还要深入城市现场，从身临其境中去求索所见所闻，去获得灵感，去寻找过往的要义和真相。我们所面对的历史文化，不仅是过去时的世相人生，同样有着更多的火种在现在时的俗世日常里燃烧。

有历史，就没有言说不清的城市。文化是术，是技艺；文化更是道，是规律。把历史与文化相结合，那么，评价与判断城市的方法就会有很多种，回顾历史的方法也就有很多种。而基本的立足点，无疑是秉持全局的历史观，用宏大的叙事对历史文化进行递进式的判断与认定。

探寻根脉与面向未来，根脉就是广州精神的根与魂，未来就是广州的发展模式。

面对海珠区，面对这个需要展开更深入关注与研究的老城区，也许是积攒了太多年的期待，我们的追问破闸而出，一个接一个，一个时段的跨度接着又一个时段的跨度。

巨大的变化背后，什么才是导致发生的终极原因？

依仗什么去相信时间的积累，从而相信这种积累里面有着什么不可替代的力量？

如何看待海珠区千百年来，尤其是改革开放四十多年来不断的变化与升华？

当外部的认知和内在的真相之间形成错位，如何去保存和传递海珠区的真实面目？

当对海珠文化的评判成为一种惯性的误读或者曲解，研究历史是否应该成为求得正解最有效的途径？时间的长度对任何一个区域，即便是一件事、一个人，其孕育的生命力也非常重要，这不能仅仅是一种美好的愿景。

不拒涓流，方为江海。如同海珠区的命名，江海明珠，诗意盎然，而又具有腾挪跳跃的想象时空。一如岭南画派标榜的其命维新，正是开风气之先、领时代之潮、走变革之路的要义。

把海珠区文化的研究置放在新的视角下，通江达海、面向世界，关乎海珠历史沉积的厚实、海珠文化遗存的丰富、海珠面向未来的优势与主动权、海珠的发展先机与生态效应等，无不应纳入研究的范畴、关注的聚焦里。

始终将关注点放置在历史与文化融汇的河流中，既关乎常识，也关乎记忆，更关乎如何去追寻历史与文化流变的真相，通过这样的选择去获得认知的方向。

难能可贵的是，海珠区参与着时代的变迁，并且不断地让人们相信，人文传统仍然有超越时空变迁、世事冷暖或者是古今更迭的作用力。

事实是，历史的真相同样是：海珠区或者说发生在海珠区这片区域内的文化大有深意、丰富多元，它变得越来越具体，具体到是广州发展的一面镜子，亦是广州腾飞的一个缩影。一方面可以通过了解缘由，梳理历史脉络所带来的前因以及造成的后果；另一方面进行因果的解读，通过探索寻找出其中的规律，既对外部的变迁持续关注，又不断地去认知这种种客观真相，从而与生活和文化发生密切的关联，并一一道出其中的沧桑与分量。

由此可见，观察与思考同等重要。观察为了解与认知而设置，思考则是判断与认定的工具，互为表里，才能对文化的发展变化给出真相与启示，这是文化研究中另一种切实可行的“格物致知”。

了解与认知还存在着一个判断和定论的关键点，这是不可缺失的重要环节，那就是要兼具更开阔的研究范围和更多元的理论依据。既重视区域文化的特殊，又不忽略大城市文化的普遍；既要重视多元化的特殊性，也要关注普遍性的一体。梁启超在1902年发表的《新史学》一文里，提出“史学革命”的口号，批判传统中国史学存在的弊病，认为“文献浩如烟海，史家数百，堪称‘发达’，实际上却陈陈相因，一丘之貉，未闻有能为史界辟一新天地，而令兹学之功德普及于国民者”。他将新史学研究的内容认定为寻找人类进化发展的过程，并最终求得其中的普遍义理，此种倡导于当今深有启迪。

务实之义与超脱之境，均需立足现实，如何借别人的眼光去获得自知之明变得尤为迫切。同样，固化的思维定式和一成不变的陈词滥调，都应该去除。随着环境与时势的不同，我们的观念与思想也必须更新。

那就是用大众都能接受的价值观和认知方式去解读我们的历史，讲述文化的价值与要义。

无疑，回首旧时，时间可以让我们看清一切，也可以转换某种角度参透因果。只要辩证唯物主义历史观在线，那么旧与新从来都是处于一个内在的链条上。

人文社科研究的终极目的历来如此，用张载“横渠四句”中的“为天地立心”便可作出更好的概括。世间万物的根在文明，“心”则是文化，民众的人生、生存的意义莫不源于文化，文化的传承离不开承载之物——土地、生活、民生，一如每一个人都是文化的传承者。

民众需要文化，而承载文化的物质遗存、生活形态，亦是过往历史的直接遗存，比反复传抄的文本更直接、更具体，比考据溯源更可触可感，这其中蕴含着意味深长的现代性。不仅是为了重现过去，而是为了对文化的传承和弘扬。

马克斯·韦伯提过一个简单又基本的问题：一种理念如何在历史中真正发挥作用？韦伯认为，一种理念必须通过真心诚意相信并践行它的人群才能发挥作用，理念承载着的具体实践和生活方式，才是在历史中发挥作用的内核。韦伯学说的本质，就是不断地去探索值得追求的现代化。现代化基本的动力究竟是什么？

这其实也是我们广州文化研究的核心问题，而这一问题在海珠区更具有一种立体的效应，从农业社会到工业社会再到信息时代，从农耕文化到科技文化，城市化进程从商业贸易到数字经济等，莫不如此。

二、对海珠区文化研究的探寻与追问

2021年元月中旬，中共广州市海珠区委宣传部（以下简称“海珠区委宣传部”）的领导们诚恳地约我们一起座谈商讨，用什么样的观念和方法，才能更好地梳理海珠区的文化发展轨迹，才能把海珠区过往千百年文化历史传承下来的，以及近几十年巨大嬗变积累起来的，不断发展变化着的文旅、商贸、生态、创新、教育、艺术这六大方面，完整地统一起来，形成一个更有高度、更有见地、更有格局的新的认定和评判。

要找到一条主线，把所有海珠区的文化名片、文化品牌串联起来，或者说找到一个最有认同度的容器，把所有海珠区相关的文化内容装进去，让这些文化之间内在的关联性清晰起来，形成一种总体的力量和形象。

串联文化品牌的主线还要具备一个关键的特性，就是既要有历史的纵深感，又要有积累的厚重感，它能在广州这座城市历史最初的起点找到一个与海珠区匹配的位置，如此的表述与呈现才具有说服力，才有文化的地位和历史的价值效应。

为总结历史、展望未来，建立起海珠区文化研究的坐标就显得尤为重要。那么，什么才是海珠区覆盖最广、历史最长的文脉主线？显然，那就是珠江文化！珠江作为广州的母亲河，哪个区最能全方位享受珠江的荣耀？从文化地理学的角度而言，非海珠区莫属。

海珠区文化研究须梳理在2200多年来广州文化的递进流变中，海珠区呈现出与广州文化发展之间的联系，以及留下的重要文化沉淀，从而本着理论创新与价值认定的研究方法，进行价值重估，作更深层次的思考和分析，以此去推动关于海珠区的文化研究，以便获得更有高度的发现、更具认同度的结论、更有分量的文化评判。

在7434平方千米的大广州版图里，海珠区虽面积占比不大，却是广州的三个老城区之一，承载了历朝历代层层叠叠的历史。每一处历史遗存都标示着最简洁也最丰实的文化积累，这里既有珠水环绕赋予的万千气象，也有花城商都自成一体的风格，更有新时代叠加的城市面貌。一个老城区，总是与千年历史文化名城有着千丝万缕的关系；一个老城区，意味着在高速城市发展中需要启动强有力的后劲。了解及认知一个区域的文化品格，不仅需要知晓相关联的历史文脉，亦要扎根风土人情的地缘亲缘。唯有把握好种种因由，才能表述出实在的真相和气韵。

同是一个区域，却有着不同时段、不同来源的称谓，无论是海珠或是河南，同中有异。史料记载从来趣味盎然，不同时期留存下来的记录与书写，沉淀着不同社会的变迁成因。面对有着2200多年历史的广州，海珠这片区域，作为广州文化图层的一部分，不断沉淀、不断叠加。海珠的历史文化记忆，不仅是新中国成立这七十多年的城市记忆，是新老广州人的集体记忆，同样也是我的个人记忆。

海珠的区域文化源远流长、丰富多元，在不同时段产生的作用和价值，太多时候都被遮蔽和低估。深入挖掘、塑造、提升海珠的文旅、商贸、生态、创新、教育、艺术这六大方面，就需要调整立足点，站在见证广州高速发展的立场，将海珠视为广州巨大变迁的一个缩影，才能充分理解海珠的重要。

就红色文化而言，20多年前，我穿过寻常巷陌走进邓世昌故居，油然而生一种被震撼的情感。电影《甲午风云》是我们这代人成长的教科书，邓世昌的形象是一个为国家兴亡甘愿舍生取义的英雄。按照天安门广场人民英雄纪念碑碑文的表述：由此上溯到一千八百四十年，从那时起，为了反对内外敌人，争取民族独立和人民自由幸福，在历次斗争中牺牲的人民英雄们永垂不朽！那么邓世昌无疑是人民英雄，他的故居及其事迹无疑就是海珠红色文化拼图一个重要的板块。

10多年前，当我开始撰写系列长篇小说《西关小姐》《东山大少》时，从相关的历史资料了解到，清中后期，当年广州十三行富贵人家的私家庭园，选址在海珠区漱珠岗、南华西、万松园一带，呈现出来的风貌和格局，跟坐落西关具有岭南风情的大宅很不一样，是面对日月江海的胜境，有一种门泊东吴万里船的气势。

第十六届亚运会后广州的变化，也深入地促动着海珠的变迁。第十六届亚运会作为广州文化传播力和影响力的分水岭，展示南方古城来之不易的蝶变，终于将外人贴在广州脸上“广州没什么文化”这块牛皮癣撕了下来，广州不可低估才成为共识。而在当年梳理的珠江沿岸的42个有历史文化价值的景点中，海珠占了1/4多。

更不用说海珠1949年以来的工业文化，那是当年广州腾飞不可或缺的跳板。海珠区变成了工业岛，在河南上班，在大工厂当工人，荣耀不亚于今天在中央商务区（CBD）写字楼里做一个白领。那个年代，工人阶级是最可爱的一个群体。

海珠的文化像一面多棱镜，千变万化、七彩斑斓。这里的生态文化保存得十分完好，富有教化韵味的传奇代代流传，小港、庄头等在史料记载里种茶种花的浪漫和风雅，从文化地理和生态环境的角度来看，与广州今天的文化面貌是一脉相承、息息相关的。

广州被称为花城，并非此地特别适合种花，而是这里的营生讲究过日子的诗意，并且把这份用心潜移默化到生活里，成为生活习惯和民情风俗。就河南诗人、画家辈出这点而言，广州并非一个除了吃文化就没啥趣味和分量的地方。历史基因沿袭，如今的广东是全国的诗歌大省，广州写诗出诗集的诗人的数量一直在全国名列前茅。

海珠和海丝文化具有千丝万缕的关联；古代广州的地标——莲花塔、赤岗塔、琶洲塔，就有两个在海珠区域内；黄埔古港的历史地位就更不用赘言了。所有一切都在提示我们，更好地完成老城区之一的海珠文化的深度研究，是一种责任。它既是我个人研究积累的一个夙愿，也是进行完整性城市文化研究的一种自觉。

正因为如此，衷心感谢海珠区委宣传部领导们的信任与委托。正是有了他们的支持和推动，才有了这样一个难得的机会，去深度聚焦海珠，研究海珠文化。

我们的研究策略和研究框架是期望从“读懂海珠”出发去“读懂广州”。概括起来，就是围绕着以下几个研究路径来展开。

第一个研究路径，是梳理海珠区在广州文化中的历史地位。从其由来、成因、历史横截面等构成着眼，聚焦历史轨迹的草蛇灰线，蝶变形成的万千气象。云山珠水，是今天广州城市文化的最初起点，也是最原始的要素。在人类活动发生之前，在广州古城建立之前，珠江已经就在这里了。在广州十一区中，谁最有条件来解读珠江文化？显然，海珠区拥有地缘文化的优势。

在今天粤港澳大湾区共同发展的背景下，做大做强珠江文化，恰逢其时可以将文化共同体这一概念引入。珠江文化共同体侧重于拓展广州文化的延展性，强调文化的纵向回溯和横向联合，互相交融，相互生发。

共同体作为一个开放的平台，扩大了对城市精神的总结归纳，既包括广州，也扩展到珠三角地区和港澳。加强文化交流，强化文化认同，有利于沟通，有利于传播，建立起一个共同的精神价值导向，建立起一种基于文化血脉认同而凝聚文化共识的精神纽带。海珠区在广州文化的大格局里，所要做的工作同样是“读懂广州”，而“读懂广州”永无止境，每一个未来的时段都要总结和归纳广州文化、珠江文化的精神和要义，去突出广州文化的引领作用。

第二个研究路径，是关于城市文化首位度的传播，还是和“读懂广州”有关。解读海珠文化，我们提出“城市首位度”概念。本来，城市首位度讲的是城市发展的某个要素，例如资金、人才等在最大城市的集中程度，而研究文化的城市首位度，则是考察某个文化品牌、某种文化要素是否在区域内领先或者独有，文化资源是否得到高效的集聚、保护、弘扬与创新。

海珠区拥有很多具有城市首位度的文化品牌，岭南画派的发源地十香园就是其中之一。从过去的十香园到如今的广州美术学院，都在海珠区。就像番禺区沙湾拥有广东音乐品牌一样，海珠区对于岭南画派的解读，体现在广州市对于这些历史遗产保护的文化战略，更体现在对于这个独树一帜的文化品牌在继往开来的城市发展中所产生的文化价值和意义的重视。由画界同人策划的主题为“其命惟新——广东美术百年大展（1916—2016）”的关于岭南画派的系列展览，影响遍及大江南北，这充分确证了岭南美术在全国画坛的价值、地位和分量。

除了高雅艺术领域的成就，海珠区还有其他烟火气息更为浓郁的元素，比如一度密集在漱珠涌两岸的私家庭院和寺庙道观。入世与出世的共存，家业与乡愁的标榜，财富对于家乡的推动，家国情怀与风雅生活的映衬，种种活色生香和谐融合，呈现出别具况味的海珠，过去有过的一种风貌，今天又成为另一种文化的积累。

第三个研究路径，是关于南拓所开创出来的文化新局面。从2009年开始，广州城市战略规划确定为十字方针：东进、西联、南拓、北优、中调。就东进的路线而言，标识比较明显和突出，城市的中轴线东移和中央商务区兴起，为城市东部带来一系列的改观。南拓的路线同样清晰，城市文脉沿着新中轴线向南延伸，一个个新的文化地标出现在城市中轴线的南端：广州塔、广州国际媒体港、海珠湿地和广州市文化馆新馆四大新场馆等。同样，在经济领域，沿珠江南岸向东，琶洲的总部经济从2015年开始脱颖而出，与新中轴线南移，形成了新的一纵一横格局。这是南拓战略在海珠区构建的立体框架，同样也是广州现代化文化格局。

父辈的遗产演变为城市的新记忆，文化的传承，多元效应的整合，形成了南拓中海珠区文化的新品相。一个城区要走进历史，为历史留下一个印记；同样，也要能走出历史，为城市留下新的里程碑，使命所托，责任重大。老城区不仅能承载古老城市的文化命运，还必须能展示出这个城市未来的走向，海珠区在传承与创新的道路上早已出发，正阔步走在队列的前方。

三、珠江未来或许就是广州的文化中轴线

珠江环抱着广州，孕育着海珠文化的生长。珠江从古至今都是哺育呵护粤港澳大湾区发展壮大的母亲河，珠江在海珠区文化研究场域里的重要性，是不由分说、毋庸置疑的。

海珠区成长发展的轨迹，与广州城市变迁的谱系，总是如影随形的。把握住了广州文化总体特性，就可以更好地对海珠区历史文化脉络进行分析和判断。采用总体性概念可以获得对过往的全新理解，把握整体与局部的关系，就可以更好地解读海珠文化。

认知从来就不是对以往看法的拷贝，而是一个接一个的新变。

广州城市发展的“南拓”，把挑战放在了海珠区的肩上。从文化角度来讲，珠江文化的建设是海珠区面临最大的挑战。广州是山水城市，珠江是母亲河，具体到由哪个城区来续写珠江文化的辉煌文章？我觉得非海珠区莫属，一方面，珠江承载了厚重的历史，需要去梳理总结归纳提升。另一方面，展望未来，珠江在粤港澳城市群中的角色将发生什么变化？

广州的中轴线一直以来都是南北纵向、东西对称，东西对称是因为南北发展不均衡。时代快要进入21世纪中期，海珠区的发展正在加速，南北两岸对称的局面正在浮出水面，珠江未来或许就是我们城市的文化中轴线。

跳出海珠区的框架，把它放在更大的地域背景下来认识海珠、评判海珠，看似疏离其实更贴切。文化总是受背后的政治、经济、社会等因素影响，所以，应该走到更辽阔的语境里，从熟悉的事物出发，重建历史场景与当代现实的呼应，为海珠区找回一个更原本、更实在的历史根基。

海珠区在广州不同时段的特殊经济模式，尤其是在广州近代百年城建史中，地位变化较大。前半段相对比较边缘，集中在海珠岛西北沿江地区发展，如南华西一带；中期则成了广州的工业区之一，工业生产异军突起；到了近10年，广州进入城市化高速发展阶段，海珠无疑变成了拥有新动力的老城区，历史迭代沉淀下来的传统发挥效应。在大广州的城市化版图里，伴随着城市从西往东、由北向南的扩展，新中轴线南延，以今天的态势来判定，海珠区已经是不可或缺、举足轻重，成为重要的风向标。

确认海珠，寻找与大城广州对话共进的路径，让更多的认知能抵达文化发展的现状及真相。解读海珠所倡导的文化共同体，实质内涵包括了三个不可或缺的要素：一是共同的文化记忆，二是共同的文化生活，三是共同的文化精神及文化理念，也就是共同的精神意识与认同感、归属感。唯有认识才能理解，唯有理解才能热爱，建立我们城市共同的价值观和理想追求，必须去深入认识每一个城区，其中当然离不开海珠。在历史与文化回溯的过程中，可以清晰地看到海珠区与广州市的文化轨迹重叠交错，让人感受奇妙，有欣喜，有惊叹。今天广州的精彩是千百年来亿万广州人合力的结晶，唯有珍视，才能传承。

如是，去读懂海珠，还是要从昨天出发。我们去回顾广州城市文化的起源，一些老城区发挥了底色作用，像越秀、荔湾、海珠等。海珠区是广州城市文化大厦的支柱之一，过往千百年，正是因为越秀、荔湾、海珠等老城区持续贡献了精彩，才有今天广州文化的多彩。

除了对历史地位的自信，还要有对未来发展的自信。海珠文化的起点是最淳朴、最优美、最丰饶的田园山水之美。百多年前的海珠区，是“三十二村花似雪，酒旗遥引过河南”， 是“地连海市鱼虾美，居绕潮田稻黍丰”。 到了20世纪50年代，沙园、工业大道成为撑起广州半边天的工业王国，工厂数量众多，名牌产品众多，海珠区成为广州的工业强区。到了今天，我们来看海珠区的琶洲，看海珠湿地，看“一区一谷一圈”，海珠区从一个田园牧歌式的水乡，经历了工业化重镇，一跃成为数字经济的领航者。

这部由海珠区委宣传部策划的《江海明珠》，是一部研究海珠区文化体系的学术专著。它以海珠区2000多年来的文化形态为研究对象，全面、细致梳理海珠历史文化元素，进一步讲好讲透“海珠故事”，切实保护好城市历史文化遗存，延续城市文脉。主要内容包括：

梳理海珠区的历史文脉。认知是发展的基础，对于海珠区文化品牌的认知，必须逆时间之流而上，发现对于今天仍然发挥巨大作用的传统文化，发现传统与现实之间互为因果的传承关系，从而在城市建设过程中深入探寻城市固有的人文脉络。本书首先回溯历史，找到广府文化在海珠区的源头，讲述传统演变的过程以及对于今天的影响。

展示海珠区独特的“地方感”。城市的人文特色是城市魅力的基础，城市的人文特色既包括城市的环境外观，更包含城市的精神内涵。历史文化研究不仅讲述城市的物质环境和精神风貌，也展示城市的历史渊源和人文底蕴，这就是在《江海明珠》中强调的城市“地方感”。

认识海珠区对于广州文化的独特价值。海珠区对于广州来说是一个独特的存在，它与越秀、荔湾等老城区一样，有着长期沉积而成的底色和基调。一直以来，海珠对于广州文化的价值在于它促进了人们对于广州的文化认同，这就是该专著所着力去探究的，正是海珠区在广州文化发展历程中所发挥的独特作用。

四、与志同者合力同行

在海珠区委宣传部组织的一个小型研讨会上，笔者见到五位海珠区的老专家、老同志，他们是区委原常委、区委办原主任谭乃忠，区文化广电新闻出版（旅游）局原局长区志明，海珠区文联原副主席、广东第二师范学院教授李畅友，广州造纸厂文史研究者仇耀明，新滘镇龙潭村原书记何礼谦。不同的视角、不同的观点构成了一个既统一又多元的整体，他们对海珠区作为“江海明珠”提出的“同地而居、同求发展、文明共建、共聚繁荣”的认同和热忱，让人深受感染。他们不约而同地强调，读懂海珠、了解海珠、共建海珠，迫切需要本土情怀和文化根脉意识。

海珠区作为广州文化的组成部分，自有特点，自有光彩。各位老专家从不同的角度呼吁，要“知我海珠，爱我海珠，建我海珠”，要传承历史文化传统，传播民俗风情传奇，这是海珠区继往开来、再攀高峰的必由之路。

谭乃忠谈到，海珠区的文化历史源远流长，特点为二：一是海洋文化，其中侨乡文化是重要组成部分；二是岭南画派，海珠不仅是画之乡，也是诗词之岛，既有岭南画派发源地十香园，也有着众多的历史名人，如杨孚、李昴英、何维柏、邓世昌等。

区志明整理归纳多年的经验与心得：第一，赞同对海珠进行全面、深入的研究，既与时代的需求吻合，更有深远的意义。第二，不同的时代对文化的认知角度不一样，要把握好广州的历史转折，尤其是海珠文化发展的历史转折，要把海珠情立牢在海珠人的心中，知我海珠，才能爱我海珠、建我海珠。

何礼谦则指出海珠水乡文化的重要性，其连接的民俗文化的丰富多彩，一直以来都在影响着海珠人民生活的风俗与风情，也与广州其他区域的民俗文化互为呼应。

仇耀明则直白地表达，不做河南人，不知河南味，不知河南地，不解河南意。与会几位前辈专家的见解、意见，带着温度与深度，让人感受到他们对海珠区的热爱与珍视。

确实，每一位作家、学者，受学习工作的环境条件限制，受出生地的限制，往往内心情感只能追随一个故乡，这个故乡与记忆有关，记忆注定是故乡与自己发生的密不可分的关联。同样，我想每一位学者、作家至少有一个发自内心想要书写的地方。

我是一个广州人，广州是我的故乡，是我创作与研究的母土。广州有着丰富的传统，感恩祖先留给我们丰厚的文化遗产，广州的今天更没有让我们失望，它生机勃勃、蒸蒸日上。一方面，我保持着对于广州的创作、研究激情；另一方面，广州持续激发着我去表达对它的关注和热爱。故乡与我们的互动不需要刻意寻找题材，广州的每一个新变化都与过往、与历史有着密切的关联，让我们自然而然地从今天出发去追溯历史、对比现实。

回想起我在多伦多大学做研究的经历。多伦多大学东亚系有着悠久的历史，我的导师桑德斯教授研究晚唐诗人孟郊，他是哈佛大学毕业的高才生，出版的专著是研究中国古代诗歌与词语排列的关系。从这点就可以看出，外国学者研究中国文化，完全是另辟蹊径，用西方文化背景的视野角度。像桑德斯教授，他的学术手法是穿透诗歌字词文本，去往更深层的情感体验，得出的结论更概括、更共性、更深入，开阔视野对我的研究启发良多。应用到岭南文化研究亦是，不能停留在文化的表层呈现，而是要去找到文化内在驱动的基因。

这些年，我的全部研究、写作都与广州文化有关。研究是为了认识，我想找到一条能让人读懂广州、理解广州的路径，摆脱以往对于岭南文化、广州文化的误解，告诉大家我们共同拥有的这座城市其实有着不一样的精彩。写作是为了热爱，去表达对于广州这片生我养我的热土的依恋和眷念。就像刘斯奋老师所言，阳光灿烂，撒下什么种子都能开花结果。它不辜负每一个人对它的期许，日夜兼程、永远进取、海纳百川、绵延千年，这样的气象轰轰烈烈，让我感动，让我停不下手中的笔。事实上，也在感染着更多的新广州人。

关于岭南文化的精神内涵、核心价值，之前已经有很多专家学者提出过很多准确的表述，我就不重复那些已有的判断。我想说明一点，以广州为例，立足在今天，我们可以发现岭南文化有着很强的融合创新能力，广州塔、琶洲、琶醍，还有很多创意园，广州这座城市善于并勇于将传统与潮流完美融合在一起。

岭南文化的价值在于凝聚力，千百年来，它持续为粤港澳大湾区产生凝聚力和向心力，其中的文化要素如美食、花城、商都等，穿越数百年时光而不衰，如同我们文化的母土和母体，温暖、滋养着整个大湾区城市的成长，成为粤港澳三地乃至海外华人共享的文化共同体。粤港澳大湾区文化自古就是一家亲，已经一体化了数百年。我们今天需要做的就是继承祖辈留下的宝贵遗产，用文化共同体的理念去创新和发展。

所以，对于广州城市文化研究的心念，概括为一句话——将有价值的传统带到未来。

一是让年轻人背上历史的行囊。我们欣喜地看到，今天的广州，传统越来越新潮，年轻人越来越喜爱广东音乐、粤剧、粤语流行经典。他们渴望了解城市历史，用新潮的方式来表达对于城市历史文化的尊重和敬意，这是未来城市传统延伸下去的决定性力量。

二是文化自身的扬弃与革新。广州作为历史文化名城正在走一条让现代元素与古城传统完美融合的道路。以前单纯靠政府在维护，现在有很多主体参与，有不同的创意呈现，新老广州人对文化传统的传承发展达成共识和认同，事实也证明，广州的做法是成功的。

是因，广州作为中华文化、岭南文化、广府文化的“容器”，千百年来一直在发展、成长。无论从城市的规模扩大还是从城市文化的内涵更新来看，老城市与新活力并不矛盾。关键之处是发展，城市没有发展就无法处理好城市开发与文化保护之间的促进关系。

从广州改革开放40多年的成功经验来看，城市改造在保留城市传统肌理、历史面貌的基础上，通过充实新的内容、新的服务，焕发出新的活力、新的生命。城市的“容量”不断扩大，广州的发展战略的东进、南拓为广州带来了天河、海珠的国际都市文化、科技文化、工业文化，与越秀区、荔湾区的传统文化如同双子星座，交相辉映。

作为一座未来的国际大都市，要建构独具广州特色的文化体系，使得新老广州人达成对广州文化历史、文化品格、文化精神的共识，不是一件轻而易举的事情。广州有着清晰的历史脉络，有特色分明的文化遗产，有传承千年的文化魅力。在尊重历史、传承传统的基础上创新岭南文化，才能保证岭南文化具有永久的生命力。

因为有机缘撰写海珠区文化研究专著《江海明珠》，再度验证了近些年，特别是第十六届亚运之后，海珠区带给人耳目一新的感觉。它的都市气息、国际氛围更加浓厚，珠江南北两岸的协调同步更加一致。究其原因，一是市区两级加大文化基础设施建设的投入，海珠区新建的一批文化基础设施，广州塔、广州国际媒体港、广报中心、广州市文化馆新馆等，提升了海珠区的文化辐射力、吸引力。二是擦亮了传统文化品牌，海珠区作为岭南画派的发祥地，保留有珍贵的十香园，是海珠区一直重点打造的精品文化。三是文化产业取得长足发展，琶醍是一个典型的案例，此外，还有太古仓、珠影、TIT创意园等，其建设发展的新方向、新亮点、新面貌让人刮目相看。

那天去海幢寺采访，面对一园清幽，面对婷婷而立的宋莲，面对着住持的侃侃而谈，我们在出世与入世之间回顾历史、展望未来，确实是诸多感慨。文化如同盛夏里的一股凉风，穿越古今，过往的辉煌与今天的灿烂，如此奇妙地相映生辉，我们有什么理由去漠视性灵滋养的甘露和此间的地灵人杰呢？

过去的已然过去，让我们守候的明天更加简明清爽，让更多的温情和暖意萦绕身边，其他的就此别过，而能尽力而为去完成问心无愧的事情，豁达通透，恐怕才是以后人生至关要紧的态度。

这句话说得多好：“人类非受制于命运，而只是禁锢于自身的思维。”换一种头脑，换一个全新的角度，所有的考验，权当是磨砺自我意志和背负使命的重量，承受下来，让人灵感思绪不断的广州就呈现在眼前。这座了不起的城市中挖掘不尽的宝藏，在等着我们耕耘与收获。

疲乏时，海珠区委宣传部的问候不期而至，足以让我在困顿中重新打起精神，将书写的热情再度唤醒。一切交给时间，如同我希望自己的研究和创作，能有交给时间审视和过滤的资格和价值。其他多是过眼烟云，听从内心的召唤，当行则行，当止则止，则天高云淡、风清气爽。

想起一位多年前认识的同行，曾写过一本聚焦她成长所在地云桂村的书《半城半郭河南地》，扉页的题记写着谨以此书礼敬河南地的山岗河涌花鸟鱼虫：“三十三村素馨花，琵琶洲头穿晚霞。大塘石榴鹭岗茄，小港埠头网鱼虾。”她多年从事岭南地方文化史的研究，其才华让人敬佩，其情深更让人感慨。

对于我来说，终于等到了研究海珠区文化的机缘，一直想完成对这个老城区的书写和研究，恰逢其时，期望与守候瓜熟蒂落。与海珠的迎面相遇，有一种被信任的温暖。

真正的研究，不是单纯地收集整理资料，而是打开全新的视野和格局，研——就是不断地思考和推敲，究——就是进一步地去探讨和论证，而这些，包括查阅、整理、调研、考据、书写等，都不是轻而易举的，研究的目的是探寻深入、认知深刻。

最大的挑战，莫过于更好地呈现全局视野下、历史纵深感下、时空变迁下的海珠。海珠，就像一个变幻的多棱镜，来自任何一个方向的光源打在不同的棱面上，都会闪现出霓虹光彩，而这光彩正穿越时空呈现在我们面前，这就是研究书写海珠带来的感触，也是不可复制的喜悦。

对于方方面面的支持协助，在此一并鞠躬致谢。时日绵长，每一种书写和记录都会留下印记，这是不能辜负的知遇。人与人、人与城的关系，或许就是这么建立起来的。关于海珠的讲述，我是一个接力者，沿着众多先行者踏出的道路，继续往前走一步，接棒写下海珠区文化研究的新篇章。

因为个人能力等各种局限，书中尚有不完善之处，敬请有缘者的指正。正是因为有众多热爱海珠、关心海珠的同行者合力，《江海明珠》才有缘面世，与大家一起分享关于海珠文化的千年传奇、百年辉煌。

最后，再次感谢海珠区委宣传部的信任与支持，特别要感谢的是策划、推进本专著的常委、宣传部部长孙伟，常务副部长何跃瑜、副部长管霞、科长潘云涛和吴旭东，还有众多参与本项目的海珠区委宣传部同事，从他们身上能感应到不可多得的礼遇、善待、支持和推动，他们的诚恳与热情让人温暖，他们的鼓励和信任更是不可辜负。还要感谢为书稿修改完善提出宝贵意见的广州市委党校教授李仁武、海珠区人大城建工委主任郭作冬，海珠区委宣传部还为本书提供了精美照片，对于拍摄照片的摄影师们和为专著出版付出辛勤劳动的广州出版社董事长柳宗慧、编辑部主任叶桂莲，一并致以衷心的感谢。